Mein Leben – ein Leben?!

(2)

Siegfried Massat

MEIN LEBEN – EIN LEBEN?!

Das war ich auch

Engelsdorfer Verlag
2012

Bibliografische Information durch
die Deutsche Nationalbibliothek:
Die Deutsche Nationalbibliothek verzeichnet diese Publikation in
der Deutschen Nationalbibliografie; detaillierte bibliografische
Daten sind im Internet über
http://dnb.d-nb.de abrufbar.

Alle Namen mussten verfälscht werden.

**Gefördert durch den Fonds
„Heimerziehung in der Bundesrepublik Deutschland
in den Jahren 1949 bis 1975"**

ISBN 978-3-95488-060-7

Copyright (2012) Engelsdorfer Verlag

Coverfoto © deviantART - Fotolia.com

Alle Rechte beim Autor

Hergestellt in Leipzig, Germany (EU)
www.engelsdorfer-verlag.de

12,80 Euro (D)

Inhalt

Vorwort 7
Prolog 8

Der erste Gefängnisaufenthalt als Erwachsener 15
Oberems 23
Flucht aus Oberems 35
Der Gefängnisarzt 55
Die Frau des Kohlenhändlers 65
Die erste Verurteilung im Ruhrgebiet 68
Die Mutteranstalt 71
Geschichten aus dem Knast – Erlebnisse mit Beamten ... 83
Es war einmal ein Mensch 98
Psychologen und Beamtinnen 102
Der Einbrecher 115
Der falsche Kamerad 120
Eine Zweckgemeinschaft 136
Der Nachschlüssel 145
Die Hauptverhandlung 158
Ein Fluchtversuch 168
Der Hungerstreik 174
Der Umgang mit der Einsamkeit 185
Die Ausbildungsstätte und der Lude 188
Knastbekanntschaften 194
Das Raub- und Einbruchstrio 205
Leben hinter Gittern 215
Mein permanentes Lernen 220
Einbruchswerkzeug Lkw 223
Einige Tage, einige Taten 229
Die Verhaftung 237

Als Revierarbeiter in Untersuchungshaft 248

Dank 261
Der Autor 262

Vorwort

Ich war in meiner Zeit als junger Mann einer, der sich nicht in eine gängige Form pressen ließ. Ich war keines der vielen Rädchen im System, ich schwamm gegen den Strom.

Heute kann ich sagen, dass dies gar nicht so verkehrt war, allerdings habe ich die Erkenntnis gewonnen, dass derjenige, der gegen den Strom schwimmt, bei aller Individualität nicht vergessen sollte, sich im legalen Fahrwasser zu bewegen.

Das Entscheidende ist, die Grenzen zu erkennen, wenn jemand, so wie ich damals, die Chance erhält und diese nicht nutzt. Für mich waren das entscheidende Momente in meinem Leben, denn mein Werdegang wurde zu dem, über den ich hier schreibe. Hätte ich auch nur eine der mir gebotenen Chancen genutzt, wäre mein Leben anders verlaufen.

Und schon sind wir beim Punkt: Viele Jugendliche bedürfen der Hilfestellung, aber nicht, indem ihnen dies oder jenes verboten wird. Nein, ihnen müssen Alternativen zu ihrem bisherigen Leben aufgezeigt werden, und diese können immer nur individueller Natur sein. Wer auch immer sich eines gefährdeten Menschen annimmt, muss wissen, wovon er spricht. Nur dann wird es möglich sein, einen Zugang zu diesem möglicherweise am Abgrund stehenden Menschen zu finden.

Individualismus ist also gar nicht das Problem, er sollte sich aber im Rahmen der bestehenden Gesetze bewegen. Nur so schafft es das Individuum, auf Dauer mit seinem Leben klarzukommen.

Prolog

Als junger Mann boten sich mir einige Chancen, einen anderen Weg einzuschlagen, doch ich nutzte sie nicht. Ich verwarf sie leichtfertig und alle Versuche, dies zu einem späteren Zeitpunkt zu revidieren, schlugen fehl.

Und doch beschäftigte ich mich mit dem anderen Weg. Während ich im Gefängnis war, gab es eine ehrenamtliche Betreuerin namens Margret sowie eine Aspirantin zur Sozialpädagogin, die als Protokollführerin eingesetzt war. Zusammen mit diesen beiden Damen und drei Mithäftlingen, die zu langjährigen Strafen verurteilt waren, versuchte ich jugendliche Straftäter, die auf der Kippe standen, davon abzuhalten, ihren eingeschlagenen Weg weiter zu bestreiten.

Margret hatte sich mit dem Amtsgericht in ihrer Stadt in Verbindung gesetzt und den dortigen Jugendrichter davon überzeugt, dass wir „vier erfahrene Knackis" in der Lage seien, jugendlichen Straftätern zu helfen. Anhand unseres eigenen Lebensweges konnten wir den Probanden aufzeigen, wie und wo ein solcher Weg enden konnte.

Nun, dies taten wir – ich kann voller Stolz sagen – mit Erfolg!

Natürlich gab es einige, die absolut beratungsresistent waren, doch die meisten brachten wir ins Grübeln. Eine oder zwei Personen konnten wir, solange ich dabei war, davon überzeugen, einen anderen Lebensweg als den bisherigen einzuschlagen. Und so war ich mit mir und meiner Arbeit zufrieden. Es ist möglich, dass die Gruppe nach meinem Ausscheiden weiter Erfolg verbuchen konnte, ich weiß es leider nicht.

Heute wird es die Heimproblematik, wie ich sie in Teil 1 „Das bin ich" meiner Trilogie geschildert habe, sicherlich so nicht mehr geben, aber sexuelle Übergriffe gibt es immer noch, vielleicht sogar noch viel ausgeprägter, ob im Heim, in der Kirche, bei den Pfadfindern, im CVJM, im Sportverein oder in anderen Vereinen und nicht zuletzt in der Schule oder im Elternhaus beziehungsweise in der Verwandtschaft. Auch körperliche Gewalt ist nicht aus unserer Gesellschaft verschwunden. Mit Sicherheit werden Kinder heute genauso gedemütigt, erniedrigt, zum reinen Objekt herabgestuft und somit kriminelle Karrieren herangezüchtet.

Die Achtung vor dem eigenen Leben geht dabei verloren und dadurch auch die Achtung vor dem Leben anderer. Wie soll ich zu einem selbstbewussten – mir meines eigenen Wertes bewussten – Menschen heranwachsen, wenn mir dauernd gesagt wird, wie unwert ich doch eigentlich sei.

„Du bist unfähig, du kannst nichts!"
„Aber nun komm her, mach dies, mach das!"
„Fass mich hier an!"
„Dafür bist du zu gebrauchen."
„Wenn du das tust, habe ich dich auch lieb."

Ja, meine Herrschaften, was für Werte werden einem hier vermittelt? Gar keine!

Wer als Kind anderen zu Willen ist, hat persönliche Vorteile und erhält für einige Zeit eine gewisse Aufmerksamkeit, bis er durch das nächste Kind abgelöst wird.

Unter diesen Gesichtspunkten erscheint es mir verwunderlich, dass nur wenige Personen aus dieser damaligen Heimzeit – meiner Heimzeit – kriminell, zu Totschlägern oder Kinderschändern wurden.

Ein Psychologe sagte einmal zu mir: „Ich muss Sie bewundern, dass Sie diese Zeiten so überstanden haben. Bei dem, was Ihnen widerfahren ist, hätte mich keine auch noch so abartige Straftat gewundert."

Und ein paar Monate später war er der Erste, der sagte, dass ich zurück in den festen Bau müsse. Er versuchte mir die größtmöglichen Schwierigkeiten zu bereiten, indem er bei meiner Verlegung in dem Transportschreiben und dem Schreiben für den festen Bau vermerkte, ich sei suizidgefährdet.

Dies war natürlich absolut unsinnig, hatte er doch dafür gesorgt, dass ich die drei Tage bis zu meiner Verlegung allein in einer Arrestzelle lag. Dort hätte ich an Selbstmord denken können – wenn denn überhaupt eine solche Neigung bei mir vorhanden gewesen wäre, was aber mit Sicherheit nicht der Fall war.

Ich muss mich wirklich fragen: Was ging in diesem Kopf vor? War es einfach nur das Desinteresse einem Inhaftierten gegenüber? Oder war es reine Bösartigkeit? War es Enttäuschung, weil ich in „seinem Haus" lag und einer strafbaren Handlung verdächtigt wurde?

Ich vermute, es war von allem etwas, aber eines weiß ich mit Sicherheit: Diese Art zu handeln ist eines Psychologen unwürdig. Ein Mitgefangener hätte sich nicht so verhalten. Ich hatte doch tatsächlich geglaubt, dieser Psychologe verfüge über Empathie und er könne sich in meine Situation hineinversetzen. – Über nichts dergleichen verfügte dieser Mensch, weder über Empathie noch über Mitgefühl, er ließ nicht einmal den nötigen Gerechtigkeitssinn erkennen.

Es stellte sich nachträglich heraus, dass ich nichts mit den im Raum stehenden Verdächtigungen zu tun hatte. Diese waren so hirnrissig, dass schon die Behauptung, ich könne von einem eventuell geplanten Drogengeschäft gewusst haben, absoluter Unsinn war. Außerdem hatte ich einem Mithäftling eine Adresse genannt, an die er sich wenden müsse, um eine Wohnung zu kaufen. Ich kannte den Vermittler, und wenn er aufgrund meiner Hinweise eine Wohnung verkauft hätte, hätte er mir von seinem Gewinn einen Obolus abgegeben. Dies alles brachten sie gegen mich vor.

Die Leitung des Hauses ging aufgrund dieser Vorwürfe mit einer Vehemenz gegen mich vor, die nicht zu begreifen war und bis heute nicht zu begreifen ist.

Lebensmittel wurden vernichtet, weil sie angeblich nicht mit dem Transport geschickt werden konnten. Aus demselben Grund wurde Obst vernichtet. Ich war aber noch drei Tage in einer Arrestzelle, in der mir dies alles hätte ausgehändigt werden können. Meine Bekleidung wurde mit den Schuhen in einem Karton geworfen, Töpfe und Pfannen mit der Bettwäsche zusammen, Fernseher und Radio beziehungsweise DVB-T-Gerät zusammen mit einem Teppich und meinem Besteck. Da ich in der offenen JVA sehr viel private Kleidung und zahlreiche Gegenstände besessen hatte – ich hatte in diesem Haus mein eigenes Zimmer gehabt, und weil ich im freien Beschäftigungsverhältnis war, hatte ich mein Zimmer auch selbst bezahlen müssen –, waren nun sehr viele Kartons gepackt worden. Außerdem besaß ich auch ein Auto, das

ich neu gekauft hatte und für das ich monatlich Raten zahlte. Auch dieser Besitz wurde mir mit der Verlegung in den geschlossenen Vollzug genommen, denn ich konnte die Raten nun nicht mehr bezahlen. Das Auto wurde sichergestellt und ich saß auf einen Schuldenberg, den ich nicht bewältigen konnte.
Und warum das alles?!

Was dieser Rückverlegung die Krone aufsetzte, war Folgendes: Meine Ehefrau und meine Tochter, mit denen ich täglich telefonierte, machten sich natürlich Sorgen über das Ausbleiben meiner Anrufe und darüber, dass ich mich nicht meldete. Meine Ehefrau befand sich zu dieser Zeit selbst noch in Haft und so bedurfte es unzähliger Versuche meiner Tochter, bis sie oben erwähnten Psychologen endlich erreichte, um zu erfahren, was mit mir los war und warum ich mich nicht mehr meldete.
Und jetzt kommt der Hammer: Wortwörtlich sagte der Psychologe zu meiner Tochter: „Ihr Vater ist wieder straffällig geworden, er ist nicht tragbar für den offenen Vollzug. Ich muss Ihnen sagen, Ihr Vater ist ein gieriger alter Mann."
Derartige Sprüche, gerichtet an Mitglieder meiner Familie, waren und sind das absolut Letzte, was ein Mensch von sich geben kann. Ganz sicher wäre nicht ein einziger meiner Mitgefangenen zu einer derartigen Bösartigkeit fähig gewesen, und dieser Mann – ein Psychologe! – sollte doch wohl gewusst haben, was er mit Worten wie diesen anrichtete.
Meine Ehefrau musste sich wegen meiner Rückverlegung die schlimmsten Anschuldigungen anhören: „Sehen Sie, Ihr Mann ist unverbesserlich. Was tut er Ihnen an? Er wird immer wieder straffällig werden ..."
Eine Frau, die nicht so gefestigt und stark ist wie die meine, hätte sich wahrscheinlich umgebracht.
Ich hatte diesem Psychologen geglaubt, hatte ihm vertraut, mich ihm offenbart und mein Leben vor ihm ausgebreitet. Er hatte den Anschein erweckt, als ob er mir zuhörte, als ob er mich zu verstehen versuchte.
Nichts verstand er und nichts versteht er. Er hat einen Job, verdient gutes Geld und druckt seine vorformulierten Standardsätze aus, um Beurteilungen zu schreiben.

Psychologen, die länger als zehn Jahre in einer Justizvollzugsanstalt arbeiten, sind für die Beurteilung von Gefangenen kaum noch zu gebrauchen – Ausnahmen bestätigen auch hier die Regel.

Warum schreibe ich dies?
Nun, um aufzuzeigen, wie jemand, der ihm anvertrauten Menschen helfen sollte beziehungsweise könnte, letztendlich mit diesen umgeht.
Wie fühlen sich Kinder und Jugendliche in Situationen, in denen ihnen niemand glaubt?
Wie fühlen sich Personen, die vom Schicksal gebeutelt sind und trotzdem immer wieder aufs Neue vertrauen? Und was ist, wenn dann dieses Vertrauen missachtet und damit aufgezeigt wird, dass nicht nur ihr Vertrauen nichts wert ist, sondern auch der das Vertrauen schenkende Mensch?
Ja, wie fühlt man sich, wie fühlte und fühle ich mich?
Mittlerweile weiß ich, was es doch für armselige Menschen sind, die sich hinter irgendwelchen Allgemeinplätzen verbergen.
Und um zu dieser Erkenntnis zu gelangen, brauchte ich lange Jahre der Entbehrungen, viele Jahre der Einsamkeit, in denen mir nur meine Familie Halt gab. Viele Jahre der Auseinandersetzungen, Demütigungen und Beleidigungen erfolgten, bis ich die nötige Gelassenheit hatte, um dies zu überstehen.

Ich schreibe diese Zeilen in erster Linie für mich, aber auch, um aufzuzeigen, was in unseren Heimen und Justizvollzugsanstalten los ist. Es geht so einiges ab in dieser „Schattenwelt im Spiegelbild der Gesellschaft".
Ich verarbeite die düsteren Jahre meines Lebens in meinem Büchern und hoffe, dass diese dem einen oder anderen Menschen helfen, derartige Erfahrungen erst gar nicht zu machen. Ich wäre in vielen Phasen meines Lebens über jede Hilfe erfreut gewesen, wenn mir denn eine zuteilgeworden wäre.
Die Erlebnisse mit dem genannten Psychologen gehören eigentlich zu meiner letzten Haftzeit. Er hätte mich unterstützen sollen. Stattdessen drückte er mich immer tiefer in die Scheiße.

Zu diesem Thema möchte ich abschließend noch Folgendes sagen:
Das gesamte Justizwesen, dieses gnadenlose System, ist – sobald es dich einmal erfasst hat – darauf angelegt, dir das Gefühl zu geben, machtlos zu sein. Dieses Gefühl der Machtlosigkeit, der Hilflosigkeit und der Hoffnungslosigkeit spült und reißt die Schwachen hinweg, hinaus in die Bedeutungslosigkeit. Nur die psychisch und physisch Starken überleben ein so gnadenloses System.
Wer diese Sätze liest, mag sagen: Was für ein Quatsch! Die meisten überleben doch das Gefängnis.
Ja, im Sinne des Überlebens mag das stimmen. Sie vegetieren dahin, sind unfähig, sich in der realen Welt zu behaupten. Kommen mit ihrem Dasein nicht mehr zurecht, zerbrechen an ihrer eigenen Antriebslosigkeit. Dies wird in den meisten Gefängnissen nicht nur geduldet, sondern bewusst oder unbewusst sogar gefördert, zum Beispiel durch das Erlauben von Fernsehgeräten. Etwa 75 Prozent der Straffälligen werden irgendwann wieder rückfällig, sind ihren Süchten ohne Gegenwehr ausgeliefert, konsumieren Drogen oder Alkohol. Jeder halbwegs normale Mensch weiß, dass Therapien dieser Art, wie sie heute durchgeführt werden, nur eines sind, nämlich ein riesiger aufgeblähter Kostenapparat, der in meinen Augen nur den Sinn hat, als Daseinsberechtigung für psychologische und sozialtherapeutische Dienste herzuhalten.
Für Sexualstraftäter zum Beispiel werden enorm kostenaufwendige Abteilungen in einzelnen Justizvollzugsanstalten eingerichtet. Psychologen, Sozialarbeiter und Beamte sind en masse vorhanden, jeder Sexualstraftäter hat seinen persönlichen Betreuer, sie können sich auf ihrer Abteilung frei bewegen, können kochen, Billard spielen oder an einem Computer arbeiten. Man versucht, die Psyche dieser Straftäter zu stärken, damit sie ihrer Sucht, sich an Kindern zu vergehen, Herr werden.
Aber was ist der Erfolg?
Einer wird mit einem Handy erwischt – und was findet man darauf?
Kinderpornos!
Und was passiert?
Ein Wochenende Einschluss und am Montag wieder brav zur Arbeit.

Vom Ansatz her ist es gut, dass man sich mit solchen Personen beschäftigt, aber das darf nicht in einem „normalen" Gefängnis geschehen. Für das rausgeschmissene Geld müssten eigene, ganz spezielle Gefängnisse eingerichtet werden. Sexualstraftäter sind sowieso stigmatisiert und sie bleiben es auch, von daher ist es egal, ob die Bevölkerung weiß, wer dort einsitzt. Ein Sexualstraftäter gehört nicht nach draußen, er hat so lange im Gefängnis zu bleiben, bis ein Psychologe – oder besser zwei – erklärt, dass dieser Mensch geheilt ist und nicht mehr als eine Gefahr für Kinder angesehen werden muss. Ich wäre gespannt, wer dann noch mit einer Entlassung rechnen kann, es sei denn, ein Psychologe mit ähnlicher Neigung nimmt die Begutachtung vor.

Die wenigen Starken sollen und müssen sich zu Wort melden, damit sie den Schwachen und Hilflosen Schutz und Hilfe leisten, insbesondere den jungen schwachen, die auf dem besten Weg sind, von diesem gnadenlosen Justizsystem gefressen zu werden.

Der erste Gefängnisaufenthalt als Erwachsener

Nach meinen beiden Jugendstrafen verbüßte ich meine erste Strafe als Erwachsener. Während dieser Zeit absolvierte ich meine Gesellenprüfung und machte meinen Meister, in sportlicher Hinsicht wie auch in der kriminaltechnischen Arbeit.
Das Gefängnis, in dem ich nun einsaß, war früher ein Zuchthaus gewesen. Mit der Abschaffung der Zuchthausstrafe erfolgte eine Umstellung und es gab hier nach und nach nur noch Strafgefangene. Diejenigen, die zu dem Zeitpunkt noch mit einer Zuchthausstrafe einsaßen, wurden nach Werl verlegt. Die Verlegungen nahmen einige Zeit in Anspruch, weil die Zuchthäusler die Neuen in den Betrieben erst anlernen mussten. Hinzu kam, dass die Betriebe lieber mit Langstraflern zusammenarbeiteten als mit Personen, die nur ein Jahr oder noch weniger Zeit abzusitzen hatten. Aus diesem Grunde waren Ztler und Blaue[1] noch in einigen Betrieben zusammen.
Die Zuchthäusler von den „normalen" Gefangenen zu trennen, war aus den angegebenen Gründen nicht immer möglich. Wo in dieser Zeit Zuchthäusler und Blaugefangene aufeinandertrafen, spielten sich nach einiger Zeit unglaubliche Dramen ab. Die Ztler schluckten ganze Bestecke, also Gabel, Messer oder Löffel, damit sie nicht verlegt wurden. Und warum das? Ist doch klar, es ging immer nur um Sex oder Geld, hier ging es um Liebe. Es war natürlich keine Liebe, es war Sex, und die jungen Blaugefangenen waren knackig, ihr Geschlechtsteil stand wie eine Eins und die Ztler ließen sich nur zu gerne auf gegenseitige sexuellen Handlungen ein.
Über alles, was dort ablief, war ich natürlich nicht informiert, aber über das meiste, denn Manfred Fass, mein Spannmann beim Sport und auf der Zelle, und ich waren bekannt und hatten einen „Namen". Aus

---

[1] Gefängnisinsassen trugen blaue Haftbekleidung ohne Karomuster, Zuchthausgefangene trugen braune Haftbekleidung mit Karomuster und Sicherungsverwahrte trugen schwarze Haftbekleidung mit Karomuster.

diesem Grunde trug man uns die wichtigsten Neuigkeiten zu, natürlich immer unter dem Siegel der Verschwiegenheit.

Manfred und ich verdienten für Knastverhältnisse ein Vermögen, machten Sport und beschützten einige Personen – wenn sie bezahlten. Einmal kam ein junger Bursche zu uns und fragte, ob wir ihn beschützen würden. „Kein Problem, was zahlst du?" Dieser Bursche bekam von Mama immer Geld zugesteckt und besaß schönen Schmuck. Diesen, zumindest eine goldene Halskette, hatte man ihm schon abgeluchst, die war schon draußen, beim Besuch rausgegeben, und die Burschen wollten mehr.

Ein paar dieser Burschen kannte ich, unter anderem den Zweimetermann, der zu mir sagte: „Siggi, das kannst du nicht machen, wir hatten den Vogel zuerst." Sie wollten ihn ausnehmen, aber ich gab an, dass er unter unserem Schutz stehe. Wir beschlossen, ein Armdrücken zu veranstalten. Der Gewinner sollte ihn haben. Ha, ich mit meinen 172 Zentimetern gegen ihn, den Zwei-Meter-Mann. Und doch hatte er keine Chance, er verlor sang- und klanglos. Er wurde sogar noch kiebig und wollte mir eine langen, aber bis der ausgeholt und zugeschlagen hatte, bekam er von mir schon zwei Faustschläge und ging in die Knie. Beim Runterrutschen – er hielt sich an mir fest – klaute er mir Blättchen. Egal, dieses Thema war geklärt und der Bursche, der uns um Hilfe gebeten hatte, kam zu uns auf die Zelle.

Die Mutter unseres Schützlings schickte ihrem Sohn Streifbandzeitungen, in die sie jedes Mal einen Fünfzig-Mark-Schein geklebt hatte. Und wenn Mama zu Besuch kam, gab es weitere Zuwendungen.

Um noch mehr Geld zu besitzen, fingen Manfred und Eberhard bei einem Betrieb an, der Gummibänder herstellte. Ich blieb auf der Zelle, las viel und versuchte über den Oberlehrer einen Lehrgang als Werbetexter zu erhalten.

In der Zelle befanden sich oberhalb der Tür viereckige Löcher. Ich konnte nicht in Erfahrung bringen, warum sie dort waren, aber für uns waren sie gut. Dazu folgende Vorgeschichte:

Manfred hatte mir erzählt, dass es bei seiner Firma Kupferspulen gab. Mit Kupferdraht ließen sich Imchen, das waren ganz simple Radios, herstellen. Da Radios und Fernsehgeräte im Gefängnis nicht geduldet wurden, waren Imchen sehr begehrt. Manfred hatte in der Firma eine kleine Kiste mit etwa hundert dieser Kupferdrahtspulen gefunden und diese gestohlen. Meine Aufgabe war es, sie zu Geld zu machen. Wir wickelten Kupferdraht auf einen Ferritstab, und je nachdem, wie viele Wicklungen wir verwendeten, ließen sich bis zu drei Sender empfangen. Auch Kopfhörer fertigten wir aus dem gestohlenen Material an. Die Imchen wurden in einem Stoffbeutel am Körper versteckt getragen, teilweise an delikaten Stellen, denn auch sie waren verboten.

Wir bekamen für jede Spule, die wir bauten, eine Stange Tabak oder eine entsprechende Menge Lebensmittel. Beim Einkauf flogen durch besagtes Loch in der Zellenwand kiloweise Lebensmittel – von Butter, Wurst, Nudeln, Suppendosen bis hin zu Eiern.

Manfred und ich aßen übrigens große Mengen an Eiern, weil wir jeden Tag trainierten und somit einen höheren Bedarf an Eiweiß hatten. Dementsprechend muskelbepackt sahen wir auch aus. Verschiedene Leute nahmen dies zum Anlass, von uns zu lernen. Nun gut, lernen konnten sie, aber alles hatte seinen Preis, also verkauften wir sogar unsere Trainingspläne.

Durch den Spulenverkauf hatten wir genügend Geld, Lebensmittel und was wir sonst noch benötigten. Deswegen konnten wir Eberhard nicht mehr gebrauchen, er ging uns auf die Nerven und wir wollten ihn wieder loswerden. Eberhard machte keinen Sport und Zeitungen hatten wir genug. Also überredeten wir ihn, in ein anderes Gefängnis zu wechseln.

Danach kamen verschiedene Inhaftierte zu uns auf die Zelle. Zwei oder drei von ihnen sollen hier Erwähnung finden:

Einer von ihnen, Max, ein großer, kräftiger Bursche, wollte unbedingt Sport machen und sich eine so gute Figur antrainieren, wie wir sie hatten. Nun war er aber total behaart. Wir klärten ihn auf: „So geht das nicht! Du musst deine Haare wegmachen lassen oder hast du schon einmal einen Bodybuilder gesehen, der so behaart war, wie du es bist?" Außerdem sagten wir: „Auf Granit wächst kein Gras."

Zuerst rasierte er sich die Brust, die Oberarme und den Rücken. Wenige Tage später begannen die Haare wieder zu sprießen.

Der Firma, für die Manfred arbeitete, verwendete zum Kleben ihrer Gummibänder einen Leim, und diesen brachte er eines Tages mit. Wir rieben unseren Zellengenossen mit dem Leim ein und warteten, bis dieser hart geworden war. Max lag auf dem Bett, die Hände um das Kopfgestell gekrallt und die Füße gegen die unteren Streben des Bettes gedrückt. Dann rief er: „Jetzt!"
Manfred riss von links und ich von rechts und mit einem Ruck hatten wir seinen Körper von dem Leim und einem kleinen Teil seiner Haare befreit. Die Enthaarungsstudios machen das heute schließlich auch nicht anders ... Die Prozedur muss für den armen Kerl sehr schmerzhaft gewesen sein. Für uns war sie jedenfalls sehr anstrengend. Wir waren sehr erfindungsreich, um den Vorgang der Enthaarung unseres Mithäftlings zu beschleunigen. Wir besorgten Eisenstäbe und Zangen, mit denen wir an dem Wachs rissen. Es war die reinste Sisyphusarbeit, weil auch diese Haare – wenn auch nicht ganz so schnell – wiederkamen.
Als Max unsere sportlichen Tätigkeiten auf die Dauer zu anstrengend wurden, verabschiedeten Manfred und ich uns von ihm. Natürlich erst nach Bezahlung der vereinbarten Summe. Das war wichtig, weil es uns als Schwäche hätte ausgelegt werden können, wenn wir ihm die Bezahlung erlassen hätten. Wenn man etwas vereinbart hatte, musste man es durchziehen.

Auf unserer Drei-Mann-Zelle war immer etwas los. Wenn Umschluss war, befanden wir uns manchmal mit fünf oder sechs Personen in diesem „Käfig", und geraucht wurde auch noch.
Wie schon erwähnt, kamen immer wieder neue Inhaftierte wegen der sportlichen Aktivitäten zu uns. Mit einigen von ihnen wetteten wir, wer wie viel von dieser oder jener Übung schaffen würde. Andere kamen um der Unterhaltung willen, denn bei uns war es immer lebendig, es wurde gezockt oder Schach gespielt. Wir spielten nur um Einsatz. Für uns war das kein Problem, aber diejenigen, die vorsichtig sein mussten, verloren dann auch noch, weil sie zu ängstlich waren oder eben zu vorsichtig. Dabei spielten sie gar nicht einmal so schlecht. Ich spielte

besser als Manfred und so forderte ich alle anderen heraus, angefangen bei Mühle, Dame oder weiß der Himmel was sonst für Spielen.

Manfred hatte einen Faible für sein eigenes Geschlecht. So kam fast jeden Tag irgendein Stricher, ein Bubi, zu uns in die Zelle. Die beiden hängten dann eine Wolldecke vor das untere Bett – genauer gesagt, die Wolldecke wurde in dem oberen Bett unter die Matratze geschoben und reichte dann bis zum unteren Bettrand.

Ich wollte nicht, dass ein Stricher auf unsere Zelle zog, aber dann kam dieser Jochen Dickkopf. Auch er war sehr sportlich und blieb als dritter Mann bei uns. Jochen und Manfred lagen fast jede Nacht zusammen im Bett. Ich störte mich nicht daran. Wenn es dunkel war, hörte ich Radio auf dem Imchen, und wenn es noch hell oder das Licht noch an war, dann las ich.

Eines Tages geschah etwas, das dazu führte, dass Stricher von da an Zellenverbot hatten. Wir bekamen Zellenbesuch von einem, der professionell anschaffte. Für Tabak konnte man seine sexuellen Neigungen an ihm abreagieren. Er lag zusammen mit einem anderen Typen, der auf unserer Zelle zu Besuch war, in unserem unteren Bett. Manfred zog, als es hinter der Wolldecke zur Sache ging, diese weg und sagte: „Ich gucke zu, das gibt ein halbes Pack! Jochen auch." Und so blieb mir nichts anderes übrig, als ebenfalls ein halbes Pack zu zahlen. Theoretisch hätte mich das vielleicht ja noch angemacht, aber das Gegrunze des einen Typen und das vergebliche Bemühen des Strichers, auf Touren zu kommen, erstickten jegliche Lust im Keim. Von diesem Tag an war Schluss mit lustig.

Was die Praktiken dieser Männer anbelangte, wusste ich in der Theorie über alles Bescheid. Ich hatte auch zahlreiche Bekannte, die bis auf die Knochen schwul waren. Andere waren „knastschwul", das waren diejenigen, die ihre Sexualität nicht mit sich selbst ausleben wollten. Sie suchten sich einen gleichgeschlechtlichen Partner mit demselben Ziel der gegenseitigen Befriedigung.

In diesem Zusammenhang erzählte mir Manfred noch ein paar Geschichten aus seiner früheren Zeit. Bevor er in dieses Gefängnis verlegt worden war, war er auf einem Kabelhof gewesen, wo die irrsten und wahnsinnigsten Typen überhaupt anzutreffen waren. Wenn man dort von einem der Ztler ein Butterbrot bekam, dann durfte man es nicht annehmen, denn ganz sicher hatte dieser vorher auf die Brotscheibe ejakuliert und anschließend Schmalz darauf gestrichen. Biss man dann in dieses „Butterbrot", wurde man ganz gewiss von dem Ztler beobachtet, der sich hinter einem Stapel Kabel oder Eisen verbarg und dabei onanierte.

Dort gab es Pärchen, das schon fünf oder zehn Jahre zusammen war. Doch wie auch bei anderen Paaren und Ehepaaren kam es oft zu Streitereien. Und die wurden ausgetragen, indem sie sich gegenseitig mit dicken Kupferkabeln auf den Kopf schlugen, bis einer von ihnen zusammenbrach. Dann war alles wieder gut und die nächsten zufriedenen Jahre konnten folgen.

Manfred erzählte auch von Hammer-Conny. Dieser lief immer mit einem Hammer herum und sagte: „Dieser Hammer ist noch zu weich für einen Menschenkopf; lass Ratten laufen, aber Menschen zertrete den Kopf." Er hatte eine ganze Bauernfamilie ausgerottet.

Wie war es dazu gekommen? Hammer-Conny war als Strafgefangener bei einem Bauern beschäftigt gewesen. Dieser hatte ihn immer getriezt, wenn er der Meinung war, der Gefangene würde zu langsam arbeiten. Der Bauer besaß ein Luftgewehr, bei dem man den Lauf herausdrehen konnte. In diesen Gewehrlauf brachte er einen Pfropfen ein, den er aus einer rohen Kartoffel geschnitten hatte. Damit schoss der Bauer auf den Gefangenen und traf dessen Oberschenkel, den Hintern und noch einige andere Körperteile. Der Gefangene hatte den Bauern gewarnt, aber der hatte die Sprüche nicht ernst genommen. Hätte er es nur getan ... Der Gefangene wurde eines Tages entlassen, fuhr zu diesem Bauernhof und schlug dann mit einem Hammer zuerst auf die Großeltern, dann auf die Eltern und schließlich auf drei Kinder ein. In keinem dieser Fälle war es Mord, denn alle Familienangehörigen lebten noch. Erst im Krankenhaus verstarben sie. Der Gefangene sagte später aus, er habe sie nur verletzen wollen. Er bekam fünfzehn Jahre und die Sicherungsverwahrung, jedoch kein „lebenslänglich".

Ein anderer Inhaftierter, von dem Manfred erzählte, war „Der Weiße Tod". Er fuhr mit einem VW-Bus, den er als Krankenwagen getarnt hatte, zu einer Schule, um angeblich Untersuchungen bei den Kindern durchzuführen. Dieser Typ misshandelte daraufhin die Schulkinder aufs Grausamste. Sein Urteil lautete: „lebenslänglich".

Ich werde aus dieser Zeit nichts mehr über Straftaten anderer schreiben, weil mir nur die ekelhaftesten Delikte in Erinnerung geblieben sind, und davon kommen noch genügend ans Licht, wenn ich über meine letzte Haftzeit schreibe, die mir noch viel lebendiger in Erinnerung ist.

Zurück zu meiner ersten Haftstrafe als Erwachsener: Wir hatten einen schwulen Oberlehrer, der die Bücherei leitete. Dorthin holte er sich seine Burschen. Meinen beantragten Lehrgang als Werbetexter genehmigte er nicht. Er wollte mir gebrauchte Lehrgangsunterlagen andrehen, und als ich dies mokierte, sagte er: „Einem geschenkten Gaul schaut man nicht ins Maul", woraufhin ich erwiderte: „Und einem geschenkten Barsch ...?"
„Aber Herr Massat", sagte er mit gerunzelter Stirn. „Was soll ich denn dazu sagen?" Es klang, als würde eine Tunte sprechen.
„Herr Oberlehrer, es ist doch so: Einen geschenkten Barsch schaut man nicht zwischen die Kiemen. Was haben Sie denn gedacht?!"
Wie das so ist: Wenn es dem Esel zu wohl ist, geht er aufs Eis. Und genau das taten Manfred und ich.

Es gab einen Beamten, der nicht auf unserer Seite war und uns ständig im Blick hatte. Wir hatten uns aus Reinigungsbenzin und Brennspiritus ein Gebräu gekocht, dieses mit Tee versetzt und dann getrunken. Oh weh, nie wieder! Und wenn es nichts anderes zu trinken gäbe ... niemals wieder!
Auf jeden Fall machten Manfred und ich Randale und dieser Beamte hatte Dienst. Es gab natürlich einen Gelben und zwei Tage später mussten wir zum Chef. Wir waren in der Zwischenzeit nicht untätig gewesen und hatten uns Folgendes überlegt. Mal mehr, mal weniger

theatralisch erzählten wir dem Anstaltsleiter, was uns der Beamte bisher so alles mit auf dem Weg gegeben hatte: „Euch hätte man, genau wie die Juden, vergasen müssen. Das Mindeste, was euch zusteht, wäre das Arbeitslager. In den Steinbruch gehört ihr. Den ganzen Mist auf den Müll, alles unwertes Leben."

Nun sagte der Anstaltsleiter: „Dies brauchen wir ja bei dem Vorfall, um den es hier geht, nicht mit aufzunehmen."

„Doch, doch!", antworteten wir. „Wir haben uns zwar nicht nur deswegen betrunken, aber es war zumindest einer der Anlässe."

„Also gut, die Meldungen werden zerrissen. Aber so geht das nicht weiter mit euch, ihr werdet auseinandergelegt."

Das war also beschlossene Sache, doch nun gingen wir auf die Barrikaden. Als uns einige Beamte aufsuchten, damit wir unsere Sachen packten, verkeilten wir die Tür und ich sagte so laut, dass man es draußen hören konnte: „Manni, du bekommst von mir das Tischbein, das andere behalte ich. Der Jochen bekommt auch eines und das andere bleibt in Reserve. Das bekommt derjenige, der sein Tischbein als Erster verloren hat. Sobald wir keines mehr haben, verteidigen wir uns mit allem, was wir haben, also mit Händen, Füßen und Zähnen."

Na, was soll ich sagen? In der Nacht war Ruhe, aber am nächsten Morgen flog die Tür auf und sechs oder sieben Beamte stürmten unsere Zelle. Wir wurden auf der Stelle auseinandergelegt, jeder kam in eine andere Zelle. Erst im Laufe des Tages konnten wir unsere Sachen holen.

Den Beamten, den wir zu Unrecht bezichtigt hatten, ein Nazi zu sein, sah ich nie wieder. Ob er freiwillig gegangen oder gegangen worden war, erfuhren wir nicht. Es war nicht die feine englische Art, wie wir gehandelt hatten, aber damals belastete uns dies nicht weiter.

Nach diesem Vorfall beantragte ich für mich eine Verlegung nach Oberems, der schließlich stattgegeben wurde.

Oberems

Oberems war ein riesiges Gebiet, es bestand damals aus circa dreißig bis vierzig Lägern, die jeweils mit circa vierzig Personen belegt waren. Wer dort einsaß, hatte zu arbeiten. Wer nicht arbeitsfähig war, kam zurück in den geschlossenen Vollzug, Oberems hieß bei uns nicht umsonst „Workuta".
Ich war insgesamt drei Mal in Oberems und erlebte dort die haarsträubendsten Dinge. Und diese so zahlreich, dass Oberems ein eigenes Buch wert wäre.

Der Transport nach Oberems war eine Katastrophe. Wir mussten einmal übernachten und kamen am nächsten Morgen vor die Kommission. Hinter drei zusammengeschobenen Tischen saßen fünf oder sechs Personen, der Anstaltsleiter in der Mitte, daneben ein Arzt, ein Sozialarbeiter und noch so einige Wichtigtuer.
Auf einmal höre ich folgende Frage: „Ist er gesund?"
Zuerst war ich nur sprachlos. In der dritten Person war ich schon ewig nicht mehr angesprochen worden.
Meine Antwort lautete dementsprechend: „Er ist gesund."
Nun schauten die Herren hoch. Wollte sie da einer auf die Rolle nehmen? Die Blicke der Herren wanderten weiter zum Arzt. „Ich bin fertig", sagte dieser.
Was ich denn gelernt hätte, wurde ich als Nächstes gefragt. Ich hatte eine abgebrochene Lehre als Terrazzoleger hinter mir, eine abgebrochene Maurerlehre und einen beendeten Lehrgang für Spanabhebende Berufe.
Einer der am Tisch Sitzenden sagte daraufhin: „Überall einsatzfähig."
Dieser erste Eintrag war das Tor zum immer wiederkehrenden Einsatz in Oberems. Ich kam in ein Außenlager.
Ein VW-Bus brachte mich zu meinem Lager. Ich begab mich zur Kammer, um mir die Anstaltssachen abzuholen. Anschließend half ich dem Koch bei der Zubereitung des Abendbrotes. Dieser klärte mich über die hier herrschenden Regeln – man könnte fast sagen: Gesetze –

auf. Ich hatte Glück, denn der Koch kannte mich vom Namen und er war mir wohlgesonnen.

Der Koch war der wichtigste Gefangene. Nicht nur, weil er für ein anständiges Essen zu sorgen hatte, nein, er war auch den ganzen Tag im Lager, wusste über alles und jeden Bescheid und der Lagerleiter bekam von ihm die Informationen, die er bekommen sollte. Dies geschah natürlich nur, wenn der Koch in Ordnung war. War dies nicht der Fall, dann schiss er alles und jeden an. Dieser Koch jedenfalls war in Ordnung, fand ich.

Der Lagerleiter wohnte mit seiner Familie ebenfalls in diesem Lager. Es war wie ein Zweifamilienhaus, sein Schlafzimmer grenzte an unseren Schlafsaal. Es wurde sehr großen Wert auf Zucht und Ordnung gelegt und es gab eine seltsame Eigenart, die ich noch nicht kannte: Abends wurden die Kleidungsstücke zusammengefaltet auf einen Schemel gelegt – jeder hatte seinen Platz am Tisch und auch seinen Schemel –, dann mussten wir im Nachthemd in Zweierreihe antreten und es wurde abgezählt. Kam am Ende nicht die Belegzahl heraus, war klar, dass einer fehlte, und es gab für das gesamte Lager eine Strafe. Wurde der fehlende Gefangene wieder aufgegriffen, bekam dieser eine Strafe von seinen Mitgefangenen.

Es gab den Lagersprecher, also den Lagerboss, den Schlafsaalboss, der der zweitwichtigste Mann im Lager war, denn er hatte für Ruhe im Schlafsaal und für einiges mehr zu sorgen, den Kartoffelschälboss, den Reinigungsboss und den Duschraumboss. Diese fünf Personen und der Koch bildeten den Kopf des Lagers. Danach kamen die Kolonnenbosse. Beim Arbeitseinsatz bei einem Bauern zum Beispiel sorgte einer von ihnen für das Tempo und die anderen mussten folgen. Schließlich gab es noch die Einzelgänger, dies waren Personen, die zum Beispiel bei einer Firma oder auf einem Hof allein arbeiteten.

Ich kam zunächst in eine Kolonne, die bei einer Firma arbeitete, welche Kleidung, Schuhe und dergleichen nach Afrika verkaufte. Manche Stoffe, Laken oder Handtücher wurden zerrissen und dann als Putztücher verkauft. Ich kam an einen Tisch und musste dort Pakete öffnen und die darin befindliche Kleidung sortieren. Ich erfuhr, dass dies alles Spenden an das Rote Kreuz gewesen waren. Der Chef dieser Firma

kaufte dem Roten Kreuz ganze Waggons gespendeter Textilien ab. Ich fand das ziemlich seltsam. Was wollten die mit so viel Kleidung? Aber auch beim Roten Kreuz hieß es: „Nur Bares ist Wahres."
Manchmal fand ich Briefe in den Paketen, die mich berührten. Etwa in der Art: „Lieber Unbekannter, hier ein paar ausgesuchte Kleidungsstücke meines verunglückten Sohnes. Ich hoffe, sie passen dir und helfen dir über eine schwere Zeit hinweg. Meinen Sohn können sie nicht mehr wärmen."
Diese Leute hatten die Pakete geschickt, um einem armen Wesen etwas Gutes zu tun. Dabei halfen sie nur dem Roten Kreuz. Einmal fand ich ein „Pfund", einen Zwanzig-Mark-Schein, ein anderes Mal einen kleinen beweglichen Metallfisch. Beides behielt ich. Irgendwann hatte ich keine Lust mehr, in dieser Kolonne zu arbeiten. Diese Praktik gefiel mir einfach nicht. Ich spendete später nie irgendwelche alten Kleidungsstücke an das Rote Kreuz, sondern fand eine andere Verwendung dafür.

Ich sprach mit dem Koch und hatte Glück, dass der Schlafsaalboss entlassen wurde. Dieser war als Einzelgänger beim „Oberst" beschäftigt. Ich wurde sein Nachfolger im Reitstall. Dort regierte der Oberst, der so genannt wurde, weil er Reitstiefel trug, die ihm ein militärisches Aussehen verliehen. Er pflegte dieses Image. Ich wurde aber auch dank der Mithilfe des Kochs sein Nachfolger als Schlafsaalboss. Es gab zwei, drei Tage Unruhe und dann war auch das geklärt.
Im Schlafsaal musste ich dafür sorgen, dass die Nachtruhe eingehalten wurde, aber manchmal war es so, dass in dem Schlafsaal auch ein oder zwei alte Knastbrüder waren, die in ihren Kolonnen durchgeschleppt wurden. Abends, wenn wir nach dem Appell in unseren Betten lagen, kam es schon mal vor, dass ein alter Knastbruder Geschichten von früher erzählte. Wenn er erst einmal anfing, dann konnte er die ganze Nacht erzählen und niemand schlief ein und niemand rief: „Nun will ich aber Ruhe haben!" Dieser Ruf wäre im Übrigen auch vergeblich gewesen. Ruhe durfte man ja verlangen, aber ob man sie bekam, war eine andere Frage. Verlangte man sie zu energisch, gab es etwas auf das Fell, denn die, die dem Erzähler lauschten, hatten die gleichen Rechte wie derjenige, der Ruhe haben wollte.

„Es ist mein gutes Recht, die Nacht mit Erzählen zu verbringen, und wem das nicht gefällt, der kann ja ausziehen und sich ein ruhigeres Plätzchen suchen. Ansonsten hat er schlechte Karten." Großes Gelächter folgte und dann ging es weiter: „Kennst du die Geschichte vom Drei-Finger-Karl ...?"
Nach einer solchen Nacht kam ich einmal mit einer Verwarnung davon, weil sich das Gelächter noch in Grenzen hielt. Der Lagerkommandant schlief, wie schon erwähnt, an der Wand, die an unseren Schlafsaal grenzte, nur ein Stück höher. „Worüber habt ihr denn so gelacht?", fragte er eines Tages.
„Tja", sagte ich, „einer hat mit seinem Arsch ein ganzes Trompetensolo geblasen und das war für die meisten sehr witzig."
Er lachte und sagte: „Pass auf, dass so etwas nicht zu oft passiert, sonst muss ich dir einmal den Marsch blasen ..."

In diesem Zusammenhang fällt mir eine kleine Geschichte ein, die mir ein Mithäftling in Oberems erzählte, und zwar in Form eines Gedichtes. Er sagte: „Nun frage dich einmal, ob ich dies selbst erlebt habe oder ob so etwas im wohlhabenden Deutschland möglich ist."

Weihnachtsstille, kille, kille.

Der Gabentisch ist öd und leer,
die Kinder schauen blöd umher.
Da lässt der Vater einen krachen,
die Kinder fangen an zu lachen.
So kann man auch mit kleinen Sachen
den Kindern große Freude machen.

Ich sagte: „Das ist ein schlechter Witz, den du mir da erzählst."
Aber er meinte: „Was glaubst du, warum ich hier bin?"
„Ich weiß nicht", sagte ich.
Da fing er an zu erzählen. „Weißt du, wenn du immer nur halb satt bist, immer durstig nach einer Flasche Wein, immer schlecht geschlafen hast, arbeitet der Gedanke an Geld ununterbrochen in dir."

Woran man wirklich dachte, war eine Veränderung der augenblicklichen Lage. Diese Lage ließ sich nur durch Geld ändern, und die Frage war, welche Mittel einem recht waren und inwieweit man bereit war, diese Mittel einzusetzen.

Ohne Geld ist es ein entwürdigendes und schäbiges Leben. Mit Geld bist du satt, nie durstig, hast Wein und alles, was du willst.

Der Mithäftling sagte dann noch: „Als die Weihnachtstage vorbei waren, bin ich losgezogen und habe meine Mittel eingesetzt. Ich kann dir sagen, wir haben Weihnachten nachgeholt und dies nicht zu knapp. Um zu gewinnen, muss man wagen."

Beim dritten Wagen war es dann vorbei gewesen mit Weihnachten nachholen, neun Jahre waren ein hübsches Weihnachtspaket. Was hatte diesen Mann dazu gebracht, so zu handeln? Auch er war kein geborener Bankräuber – es gibt nämlich keine geborenen Bankräuber, Mörder oder Einbrecher. Bei Sittenstrolchen bin ich mir nicht so sicher, bei den Pädophilien, den Päderasten gehe ich von einer zumindest zum Teil angeborenen Veranlagung aus –, aber ein Weihnachtsfest ohne alles, ohne Braten, ohne eine Kleinigkeit für die Kinder, welcher Vater kann dies so einfach wegstecken?

Nun, ich konnte ihn verstehen, ich konnte ihn sogar sehr gut verstehen, denn Gold beziehungsweise Geld ist eine verteufelte Sache, es verändert den Charakter. Man kann noch so viel haben, man möchte immer noch etwas dazu. Und um dieses „noch etwas dazu" zu bekommen, hört man auf, zwischen Recht und Unrecht zu unterscheiden.

Ehe ich zu meinem Job im Reitstall komme, muss ich noch erzählen, wie ein Kollege wegen einer Zwiebel zwölf Kilometer laufen musste. Wir hatten, wenn wir morgens ausrückten, immer einen Brotbeutel bei uns. In diesem befanden sich die Butterbrote, die tagsüber gegessen wurden. Der Kollege, um den es hier geht, war Freigänger bei einem Bauern und brachte sich von dort eine Zwiebel mit. Beim Einrücken wurden wir wie üblich gefilzt, das heißt kontrolliert, und bei ihm fand der Beamte diese Zwiebel.

„Wo hast du die Zwiebel her?"
„Vom Bauern."

„Hast du sie von ihm bekommen?"
„Ja."
Der Lagerleiter rief bei dem Bauern an und dieser gab an, dem Gefangenen keine Zwiebel geschenkt zu haben. Der Kollege hatte also diese Zwiebel gestohlen.
„Du bringst die Zwiebel wieder zurück."
Jeder dachte nun, er solle dem Bauern die Zwiebel am nächsten Tag zurückbringen, aber nein, der Lagerverwalter sagte: „Anziehen! Wir bringen die Zwiebel zurück."
Bis zu diesem Moment dachten wir, er würde die sechs Kilometer hin und die sechs Kilometer zurück mit der grünen Minna gefahren und eine kleine Strafe erhalten. Mitnichten, der Kollege musste Arbeitsschuhe anziehen, bekam Handschellen angelegt, die Zwiebel in der Hand, und dann ging es los. Der Lagerverwalter saß in seinem Privatwagen und der Kollege musste vor ihm hertraben. Und genau das tat er – mit den schweren Arbeitsschuhen hin und wieder zurück ... Halleluja, Bruder!

Jetzt aber zu meinem Job im Reitstall: Meine Aufgabe bestand darin, die Ställe auszumisten, für steinlose Abreitplätze zu sorgen und dergleichen mehr.
In dem Reitstall waren etwa vierzig Pferde untergestellt, fünfzehn von ihnen gehörten Personen, die in der Nähe wohnten und im Reitstall Boxen gemietet hatten. Weitere fünfzehn Pferde gehörten den Ferienkindern und zehn dem Reitstall.
Ich war damals ein leckeres Kerlchen und dessen war ich mir sehr wohl bewusst. Ich sah gut aus, hatte einen durchtrainierten Körper und konnte mich einigermaßen gut artikulieren.
Der Oberst hatte mich die ersten Wochen immer im Blick. Ich dagegen hatte eine Dame im Blick, die dort ihr Pferd untergestellt hatte. Leider hatte sie keinen Blick für mich, sondern nur für den Zuchthengst, der in einem separaten Stall stand. Dorthin ging sie jedes Mal, wenn sie zu ihrem Pferd kam, um einen Ausritt zu machen. Die Stuten standen in der Nähe der Ställe auf der Weide.

Eines Tages wollte der Oberst den Hengst auf eine entfernte Weide bringen. Er rief mich, holte den Hengst aber schon aus der Box. Dieser bekam wohl Witterung von irgendeiner rossigen Stute, stieg auf die Hinterbeine und der Oberst hing an der Trense. Ich sah, was passierte und sprintete zu ihm hin, bis auch ich an der Trense hing. Gemeinsam schafften wir es, den Hengst in seine Box zurückzubringen. Als der Hengst die rossige Stute gewittert hatte, war er natürlich voll ausgefahren und der Hengstpenis hatte eine beachtliche Größe erreicht. Ich sah aus dem Augenwinkel besagte Dame, die mich keines Blickes würdigte, sondern diesen Riesen beinahe mit den Augen verschlang.

Von diesem Augenblick an hatte ich einiges gut beim Oberst und er ließ mich hantieren, wie ich es wollte.

Die Dame würdigte mich nun auch und sprach ab und zu einen Satz mit mir. Ich überraschte sie einmal, also sie gerade dabei war, ihre Reitgerte in die sich öffnenden und schließenden Schamlippen ihrer rossigen Stute zu halten. Kurz darauf stellte sie sich vor die Box, in der der Hengst stand, und hielt ihm die Reitgerte vor die Nüstern. Der Hengst fuhr natürlich voll aus und wurde unruhig. Die Dame griff sich mit der Hand zwischen die Beine, bemerkte mich dann aber und verschwand. Danach sah ich sie tagelang nicht. In Zukunft kam sie nur noch abends, wenn ich zurück ins Lager musste.

Ein paar Tage später kamen die Ferienkinder, und was für welche! Es waren circa fünfzehn Mädchen und fünf Jungen. Diese Vierzehn- bis Fünfzehnjährigen schliefen auf dem Speicher in einem großen Raum auf Feldbetten, mussten ihre Ställe selbst ausmisten und auch sonst die harte Schule durchmachen. Der Witz war, dass zwei von ihnen mit dem Hubschrauber ankamen, während die anderen im Maybach, Daimler oder Rolls-Royce chauffiert wurden, um nur einige der noblen Karossen zu nennen. Die Eltern zahlten ein Heidengeld dafür, dass ihre Sprösslinge auch die Härten des Lebens kennenlernten.

Der Oberst sagte zu mir: „Lass dir nichts gefallen. Lass dich vor allem nicht in eine Falle locken, die Früchtchen sind mit allen Wassern gewaschen."

Die Mädchen hatten sämtliche Tricks drauf, sie reizten die Wallache oder Hengste, indem sie den Stiel einer Mistgabel in der Stute rieben und dann zu den Wallachen oder Hengsten gingen und diesen den Stil vor die Nüstern hielten. Dann riefen sie mich und sagten: „Siegfried, schau dir das an! Da können wir jetzt nicht reingehen. Kannst du das nicht für uns tun? Du bist doch ein Mann, uns greift das Tier eventuell noch an."

Ich habe ihnen natürlich etwas gehustet.

Sie riefen mich auch und baten mich: „Siegfried, kannst du mir den BH zumachen!" und allerhand dummes Zeug.

Für sie war es Freizeit und ich hatte diese Früchtchen nach zwei Wochen gut im Griff. Mit einem der Mädchen schrieb ich sogar Briefe hin und her, allerdings für eine sehr kurze Zeit.

Zum Abschied feierten die Jugendlichen eine kleine Fete, zu der sie sich alkoholische Getränke besorgt hatten. Ich, ganz cool, war ja schon groß, trank natürlich mit. Das war ein Fehler, denn beim Einrücken bemerkte der Beamte, dass ich etwas getrunken hatte. Der eine ließ so etwas durchgehen, der andere nicht.

Die Fürsprache des Oberst nützte mir zunächst nichts, denn ich musste meine Sachen packen und kam zurück in die Zelle. Die Konsequenz waren zehn Tage Arrest und eine Verlegung in ein anderes Lager, was wahrscheinlich noch eine milde Strafe war. Normalerweise ging man nach einem solchen Vorfall zurück in den geschlossenen Bau, aber weil ich ein guter Arbeiter war und der Oberst sich für mich starkgemacht hatte, durfte ich bleiben.

Der Tage des Arrests waren, im Nachhinein betrachtet, schnell vorbei. Ich trainierte und onanierte, wie ich es sonst auch tat, um mir die Langeweile zu vertreiben und die Tatsache zu vergessen, dass mir hier außer der Reihe niemand etwas brachte.

In dem neuen Lager wurde ich im Straßenbau eingesetzt und wir mussten Schotter auf einen Weg, der später eine Straße werden sollte, verteilen. Lkws kippten ihre Ladung ab, wir luden eine Schubkarre voll und kippten den Schotter dann an der benötigten Stelle auf dem Weg aus, wo dieser von zwei Männern verteilt wurde. Von dem fortwährenden Befüllen der Schubkarre war ich am ersten Abend ganz schön geschafft. Am nächsten Tag ging es so weiter und gegen Mittag hatte ich große wunde Flächen in meiner Hand. Ich machte jetzt öfter eine Pause, weil meine Hände schmerzten.

Es dauerte nicht lange und der Beamte stand bei mir. „Ich denke, du bist so fit. Hier wird sich nicht ausgeruht. Jetzt mach mal ein bisschen Tempo! Du bewegst dich ja wie eine schwangere Ameise."

Ich kam gar nicht dazu, irgendetwas zu sagen. Ich ging einen Schritt auf ihn zu, er einen auf mich, und schon hatte ich ihn berührt und seine Brille rutschte vielleicht fünf Millimeter nach unten.

„Ey du! Das war ein Angriff auf einen Beamten!" Er ging drei Schritte zurück und riss sich das Gewehr von der Schulter. „Stehen bleiben, Kreis ziehen! Schnürsenkel aus den Schuhen und Gürtel her!" Alles in einem Atemzug.

Ich stand in dem von mir selbst mit der Schuhspitze gezogenen Kreis mit ungefähr anderthalb Metern Durchmesser.

„Wenn du diesen Kreis verlässt, ist das ein Fluchtversuch und ich mache von der Schusswaffe Gebrauch."

Die restlichen fünf Stunden blieb ich in diesem Kreis und schwor mir beim nächsten Mal den Kreis größer zu ziehen, damit ich wenigstens einen Schritt gehen kann.

Nach zwei Tagen war ich schon wieder in der Auswahlanstalt für die Läger in Oberems. Ich hatte Glück, denn nachdem der Arzt und der Anstaltsleiter meine Hände gesehen hatten, konnte ich dort bleiben. Ich kam wieder in das gleiche Lager wie zuvor, hatte zwei Tage Pause und gelangte anschließend in die Kolonne bei einem Bauern.

Es gab einen Kolonnenboss, der das Tempo vorgab, während alle anderen folgten. Zum Glück war es gemäßigt, und doch war es in der Hitze auf diesen kilometerlangen Feldern mörderisch, Rüben zu vereinzeln. Zu trinken gab es Essigwasser mit zerbröseltem Schwarzbrot, was äußerst gewöhnungsbedürftig war, aber gegen unseren Durst half.

Zwischendurch kam hin und wieder der Bauer aufs Feld, und wenn er dem Beamten einen Briefumschlag gab, wussten wir, dass ab sofort noch härter zu arbeiten war. Sobald der Bauer sich verabschiedet hatte,

schaute der Beamte in den Umschlag und dann ging es los: „Dieses Feld muss heute noch fertig werden, also kommt jetzt mal in die Hufe! Und wehe, es bleibt einer zurück."
Und die Felder waren riesig, ein Ende war nicht abzusehen.
Es waren kleine Geldgeschenke, die die Beamten von den Bauern bekamen, meist 50 DM, und dann gab es kein Pardon mehr. Wurde anschließend von uns nicht mehr geleistet, hatten sich die Geldgeschenke erledigt.
Die Bauern, für die wir in dieser Gegend arbeiteten, waren meiner Meinung nach eine ganz besondere Sorte Mensch: stur, dickfällig und den Gefangenen nur als Arbeitsmaterial betrachtend. Vielleicht waren sie so geworden, weil sie es nur mit Gefangenen zu tun hatten, vielleicht hatte sich jede Menschlichkeit schon gerächt, ich weiß es nicht. Und wenn man so wie sie in dieser Form aufwuchs, kannte man es ja nicht anders.

In diesem Lager lernte ich einen Burschen kennen, der viele Jahre im Zirkus gearbeitet hatte, ein Trickser vor dem Herrn. Mit ihm durfte man nicht wetten. Er war ein Hütchenspieler, ein Ladendieb, ein richtiger Lebenskünstler. Er hatte von diesem Lager die Schnauze voll, genau wie ich. Er hatte bei den Beamten ebenfalls schlechte Karten, denn er hatte manche von ihnen vorgeführt. Da war zum Beispiel der Trick mit seinem Windrädchen. Dazu nahm er sich ein Hölzchen und schnitzte Kerben hinein. Er befestigte dieses Holz in der Mitte des Windrädchens und fragte: „Soll es sich drehen?" Uwe, so hieß der smarte Bursche, nahm einen Bleistift, rieb damit über die Kerben des Hölzchens und schon begann sich das Windrädchen zu drehen. Je schneller er über die Kerben rieb, desto schneller drehten sich die Flügel.
Großes Staunen war die Folge. „Wie machst du das? Lass mich auch mal!"
Aber niemand schaffte es, keiner, der es versuchte, konnte das Windrad bewegen.
Eines Tages, Uwe führte sein Kunststückchen einem Neuen vor und gewann eine Wette, kam ein Beamter namens Bauer in den Tagesraum

und fragte, was hier los sei. Es war derselbe Beamte, der bei der Arbeit im Straßenbau gemeint hatte, ich hätte ihn angegriffen.

„Sie bekommen das Windrädchen nicht zum Drehen", prophezeite Uwe.

„So ein Quatsch, gib mal her!" Der Beamte rieb über das eingekerbte Hölzchen, aber es bewegte sich nichts. „Wieso dreht sich das Windrädchen nicht? Was ist denn das?"

„Sie müssen das linke Bein hochheben", sagte Uwe. „Dann klappt das auch.

Der Beamte hob das linke Bein, aber es tat sich nichts. Er schaute Uwe fragend an und dieser sagte: „Mensch, ich habe mich vertan. Sie müssen das rechte Bein hochheben."

Der Beamte tat, wie ihm gesagt worden war, hob das rechte Bein und rieb über das Hölzchen, aber auch jetzt tat sich nichts. Das Windrädchen bewegte sich keinen Millimeter. Fragend schaute der Beamte zu Uwe und dieser schaute genauso fragend zurück.

Auf einmal schlug sich Uwe mit der flachen Hand vor die Stirn und sagte: „Ist doch klar, ich habe einen Fehler gemacht!"

„Was?", fragte der Beamte. „Was hast du für einen Fehler gemacht?" Sie müssen nicht das linke oder rechte Bein hochheben, Sie müssen beide Beine hochheben."

Der Beamte versuchte, beide Beine hochzuheben, doch das ging natürlich nicht. Er sprang in die Höhe und dann ging ihm ein Licht auf. „Du Idiot hast mich verarscht!", rief er und vergaß dabei, dass er der Idiot war, der gerade vorgeführt worden war. Er war sehr nachtragend und so hatte Uwe immer schlechte Karten, wenn der Beamte Bauer Dienst hatte.

Unsere Kolonne wurde zum Grabenreinigen verdonnert. Einige Gefangene mussten die Böschungen mähen, andere holten das Gras von der Böschung und ich stand mit Stiefeln bis zur Hüfte im Wasser und entfernte mit einer großen Gabel Gras und Gerümpel, welches im Wasser schwamm. Es schwamm alles um mich herum, Fäkalien und sogar Ratten. Ich war bedient und hatte die Nase voll.

Uwe war auch in der Kolonne, und als wir nachmittags in einem Waldstückchen waren, sagte ich: Wenn der Bauer vorne bei der Kolonne ist, sind wir weg. Uwe befand sich auf der Böschung und ich war sowieso der Letzte im Wasser. Sobald sich der Beamte auf den Weg nach vorne machte, sprinteten wir los.

Wie überall gab es auch hier einen Zuträger. Dieser sah uns weglaufen und rief: „Herr Bauer, Herr Bauer! Gefangene sind abgehauen."

Der Beamte riss sein Gewehr vom Rücken und ballerte uns hinterher. Von wegen Warnschüsse! Er schoss scharf und wir hörten die Kugeln durch die Blätter pfeifen.

Wir trugen Stiefel, Uwe normale Gummistiefel und ich riesige Schaftstiefel, die bis zur Hüfte reichten. Mobile Telefone kamen damals gerade erst auf den Markt, aber die Beamten hatten Funksprechgeräte dabei. So konnte Herr Bauer kurzfristig Verstärkung anfordern.

Ich hatte mir vorher etwas überlegt. Hinter diesem kleinen Waldstück war ein Kartoffelfeld, eines dieser kilometerlangen Felder. Ich rannte also zügig durch den Wald direkt auf das Kartoffelfeld zu und dann hinein in die Furchen. Solange es ging, liefen wir aufrecht, dann krochen wir auf allen Vieren und schließlich robbten wir auf dem Boden weiter. Als wir mitten im Kartoffelfeld waren, gruben wir uns in die Furchen ein. Wir waren nicht mehr zu sehen, waren einfach weg.

Die Beamten und die Bauern, die sich in derartigen Situationen gerne als Hilfspolizisten betätigten, fanden uns nicht und rätselten, wie wir es geschafft hatten, aus diesem kleinen Waldstück zu verschwinden. Sie suchten uns noch bis zum Einbruch der Dunkelheit und darüber hinaus zum Teil sogar noch mit Taschenlampen.

Wir blieben bis etwa 23 Uhr in der feuchten Erde liegen und krochen dann wieder zu einer Wiese. Wir sprangen und hüpften, damit wir wieder warm wurden, und machten uns auf den Weg in die nächstgrößere Stadt.

Flucht aus Oberems

Wir hatten Glück und sahen einige Bauwagen an der Straße, die gerade erneuert wurde. Wir brachen die Bauwagen auf und kleideten uns mit den darin befindlichen Klamotten ein. Dabei fanden wir auch halbwegs passende Schuhe und klauten uns im nächsten Ort Fahrräder, mit denen wir unseren Weg fortsetzten.

Am nächsten Morgen radelten wir durch einen kleineren Ort, in dem sich eine größere Baustelle sowie ein Supermarkt befanden. „Nun werde ich uns zuerst einmal etwas zu essen und zu trinken besorgen", schlug Uwe vor. Wir hatten nicht einen Pfennig Geld und er meinte: „Siegfried, keine Sorge, ich regle das schon. Aber bleib du draußen."

Ich hatte für Ladendiebstähle nicht viel übrig, doch Uwe kannte sich aus, er hatte diese Form des Diebstahls schon sein Leben lang praktiziert.

Ich blieb mit den Fahrrädern in der Nähe stehen und beobachtete, was Uwe tat. Er nahm sich einen Einkaufswagen und zog los. Der Wagen wurde immer voller und sein Gang immer tapsiger, er kam an die Kasse und ich sah, wie er mit der Verkäuferin sprach und gestikulierte. Dann schob er den vollen Einkaufswagen an die Seite und kam, nein, stolzierte mit staksigen Schritten auf mich zu und ging so weiter zu der Baustelle. Als er vom Laden aus nicht mehr gesehen werden konnte, blieb er stehen und wartete, bis ich bei ihm war. „So", sagte er, „pack weg!"

Ich bekam jede Menge Lebensmittel gereicht, von der Salami über Butter und Brot bis hin zu Zigaretten und Rotwein, sodass ich nicht mehr wusste, wohin damit. Mein Bauch hatte den doppelten Umfang angenommen. Wir stiegen auf die Räder und ab ging es.

Ich fragte: „Wie hast du das gemacht?"

Uwe antwortete: „Du hast doch gesehen, dass ich zwei lange Hosen angezogen habe."

Das hatte ich zwar bemerkt, doch war ich der Meinung, es wäre ihm nachts auf dem Rad zu kalt gewesen und er hätte deswegen die zweite Hose übergezogen.

Nein, er hatte die erste Hose an den Beinen zugebunden und im Laden immer ein Teil in die Hose gestopft und ein Teil in den Einkaufswagen gelegt. Sein Beinumfang war auf das Doppelte angewachsen, weshalb er nur noch so staksig hatte gehen können. An der Kasse hatte er so getan, als suchte er sein Portemonnaie. „Fräulein, lassen Sie den Wagen hier stehen. Nicht wegschieben bitte und vor allen Dingen nicht ausräumen! Ich arbeite hier vorne auf der Baustelle und habe mein Portemonnaie vergessen. Ich hole es eben und bin gleich wieder da, also bitte alles so lassen, wie es ist." Mit diesen Worten war er aus dem Laden verschwunden.

Uwe erzählte mir, er habe das schon immer so gemacht, er bezahlte nichts für Lebensmittel. Der Diebstahl wurde ja noch nicht einmal bemerkt, die würden später die Sachen aus dem Einkaufswagen wieder einräumen und fertig war die Kiste.

Wir hatten ein altes Kabelmesser und dieses diente uns als Gabel, Messer und auch Löffel. Als wir uns satt gegessen hatten, sah die ganze Situation schon wieder viel besser aus. Nun brauchten wir noch Geld und andere Dinge wie zum Beispiel einen Rasierer.

Wir fuhren weiter in das nächste Dorf beziehungsweise die nächste Stadt, Uwe suchte nach Straßen- oder Bauarbeitern und machte mit diesen dann das Hütchenspiel. Es ging eine Weile hin und her, und am Ende hatte Uwe 20 DM gewonnen und die Arbeiter waren noch nicht einmal sauer. Wir setzten unseren Weg fort und kamen zu einer Gaststätte, die Uwe für seine weiteren Pläne geeignet erschien. Auch hier ging das Spiel wieder los. Wir brauchten für unsere Getränke nichts zu bezahlen und hatten 20 DM dazugewonnen.

So radelten wir bis zur nächsten Stadt und Uwe sagte: „Warte, ich gehe dort in ein Kaufhaus. Welche Hemden- und Hosengröße hast du?
Ich nannte ihm die Größen und wartete.

Als Uwe wieder herauskam, hatte er eine große Sporttasche bei sich, in der sich aber nur Papier befand. Nachdem das Papier entfernt war, sagte Uwe: „Nun geht es richtig los!"

Ich mache es kurz: Er kam nach und nach mit allem wieder, was wir brauchten, vom Rasierspiegel bis zur Zahnbürste, von der Unterwäsche über Schuhe und Sportschuhe bis hin zu Strümpfen – einfach alles. In einer stillen Ecke zogen wir uns um, rasierten uns und sahen wieder wie zivilisierte Menschen aus.

Mit dem Fahrrad ging es weiter, und als ich im Vorbeifahren sah, dass eine Frau mit einem Pudel ihren Bungalow verließ, sagte ich zu Uwe: „So, jetzt will ich einmal sehen, ob ich etwas zu unserer Reise beitragen kann." Ich ging zu diesem Bungalow, schellte, und als keiner aufmachte, ging ich ums Haus herum und brach die Terrassentür auf. Die Welt war es nicht, was ich mitbrachte aber etwas Bargeld und ein paar Schmuckstücke brachte ich schon mit. Porzellan und Teppiche konnten wir auf unseren Rädern ja kaum transportieren.

Es war aber okay, wir hatten genug zu essen, zu rauchen und zu trinken und zudem Bargeld. So konnten wir jederzeit in eine Pension oder ein Hotel gehen, wenn Gefahr im Verzug wäre.

Unser nächstes Ziel war es, Manfred Fass, meinen altem Kumpel aus der Zeit meiner ersten Erwachsenenstrafe, zu besuchen.

Auf dem Weg dorthin kamen wir durch eine Stadt, in der wir abends an einem Kino vorbeikamen. Die Kasse war nicht besetzt, jedoch sahen wir eine offene Geldkassette, die ein Stück entfernt auf der Theke stand.

„Schnell, wir müssen eine Latte mit einem Nagel finden!", sagte ich.

Uwe hatte sofort kapiert, was ich meinte. Er suchte links und ich rechts, er fand eine Latte, aber ohne Nagel, ich ein breiteres Brett mit mehreren Nägeln. Mit einem Stein kloppten wir einen der Nägel aus dem Brett und schlugen diesen durch die Latte. Dann angelten wir uns mit der Latte die Geldkassette, entfernten das Kleingeldfach, nahmen die Scheine heraus und türmten erst einmal. Kurz danach kamen wir aber noch einmal zurück, um auch das Hartgeld zu holen, was uns ohne Zwischenfälle gelang.

Wir fuhren mit den Fahrrädern zum Bahnhof und stiegen in den nächsten Zug, der uns zu Manfred bringen sollte.

Am Zielbahnhof angekommen, gab es eine herzliche Begrüßung. Manni freute sich sehr. Er war verheiratet und ich lernte seine Frau

kennen. Leider konnten Uwe und ich nicht bei ihnen wohnen, sie hatten nur einen einzigen Raum zum Wohnen, Schlafen und Essen. Allerdings bot sich uns die Chance, im Ort eine Diskothek mit Gaststätte und Bar, in der wir auch wohnen konnten, zu mieten. Und so kam ich mangels Bargeld zu meinem ersten versuchten Banküberfall.
In der Gaststätte gab es ein paar krumme Vögel, von denen wir zwei auswählten: Bubu, den Fahrer, und Paul, den späteren Zinker.
Manni und ich machten uns auf die Suche nach einer geeigneten Bank.
Als so weit alles geplant war, fuhren wir zu viert in einem gestohlenen Mercedes los und gerieten noch fast in Lebensgefahr. Wir überdrehten das Lenkrad, das in den Kurven immer wieder einrastete. Was mich an dem Tag ängstigte, war ein paar Jahre später Grund genug, mich über diese Erinnerung zu amüsieren.
Paul und ich hatten eine Pistole. Uwe sollte über den Tresen springen und die Schubladen oder den Tresor leer räumen. So war unser Plan. Während der Fahrt sagte Uwe: „Das hier schlägt mir auf den Magen, ich muss mal kacken." Dann wandte er sich an mich und ergänzte: „Siegfried, komm mal kurz raus."
Ich folgte ihm und er gestand mir: „Siegfried, ich kann das nicht. Keinen Banküberfall! Du weißt, ich klaue dir alles, was du willst, aber so etwas bringe ich nicht."
„Okay", sagte ich, „fahr du zurück und ich regle das."
Nur noch zu dritt fuhren wir in dem Mercedes weiter. Nach einiger Zeit – wir waren kurz vor der kleinen Stadt, in der sich die Bank befand – zappelte Paul herum und jammerte: „Siggi, lass mich aussteigen! Ich bringe das nicht." Er gab mir die Pistole.
Was sollte ich machen. Man kann niemanden zu etwas zwingen, wenn er es nicht will.
Paul stieg aus und so waren wir nur noch zu zweit.
„Gib mir die Knarre, wir versuchen es zu zweit", erklärte Bubu. „Dann halten wir die offene Tür eben mit einer Latte offen."
Wir hielten direkt vor der Bank, zogen unsere Strumpfmasken über das Gesicht und betraten die Bank, Bubu vorneweg und ich dahinter. Auf einmal blieb er stehen und drängte mich zurück, und jetzt sah ich auch warum. Im Schalterraum befanden sich bestimmt fünfzehn bis zwanzig

Personen. Wir zogen uns zurück ich bin davon überzeugt, dass es nicht einmal bemerkt wurde, was gerade vor sich ging.
Einige Jahre später gewann ich die Erkenntnis, dass es gut ist, wenn viele Personen in der Schalterhalle sind, aber damals waren wir froh, als wir wieder draußen waren.
Der Witz an der Sache war der, dass wir vier bei den späteren Untersuchungen einen reuevollen Rücktritt vor der Tat erhielten, also nicht bestraft wurden. Wir hatten uns zwar mit der Planung und der Vorbereitung der Tat strafbar gemacht, hatten aber noch rechtzeitig einen Rückzieher gemacht. Im Gegensatz zu uns erhielt Manfred für diese nicht stattgefundene Tat ein Jahr Freiheitsstrafe. Er war nicht wie wir einsichtig gewesen, sondern hatte darauf gewartet, dass wir mit dem erbeuteten Geld zurückkommen würden.

Einige Zeit später konnten wir die angebotenen Räumlichkeiten dann doch anmieten und sie wurden unser neues Zuhause. Wir hatten aufgrund einiger erfolgreicher Einbrüche die Mittel zur Verfügung, um den Mietpreis zu begleichen. Zudem bezahlten wir den Besitzer der Diskothek, der auch gleichzeitig Spirituosengroßhändler war, mit alkoholischem Diebesgut.
Uwe hielt sich gern in den oberen Räumen über der Gaststätte auf. Hier wohnte eine Amateurnutte, die wir zur Untermiete mit ins Haus genommen hatten. Sie und Uwe mochten sich sehr, und soweit ich informiert bin, zogen sie später auch zusammen. Uwe hatte noch eine Reststrafe abzusitzen, von neuen Strafen weiß ich nichts. Ich hörte nie wieder von ihm.

Manfred, Paul, Bubu und ich verübten ein paar einträgliche Einbrüche. Spektakulär und medienträchtig waren zwei Schlägereien – eine mit einer Boxstaffel und eine in einem Club sowie eine angebliche Erpressung von Otze. Ich wollte keinen Spektakel, ich war auf der Flucht und wollte so wenig Aufmerksamkeit wie nur möglich.
Otze machte Musik und seine Band trat in unserer Diskothek auf. Interessant war, dass seinem Vater ein Möbelgeschäft gehörte, das auf der anderen Straßenseite, also genau gegenüber vom Club lag. Otze

leitete mit einundzwanzig Jahren das Geschäft, war aber eine traurige Wurst, hatte Angst vor Papa, Angst vor uns, eigentlich Angst vor allem. Zu der Schlägerei mit der Boxstaffel kam es, weil einer eine Flasche Schnaps klauen wollte. Erst wurde diskutiert und dann flogen die Fäuste, auf jeden Fall machten wir sie fertig, und ehe die Polizei da war, war ich auf dem Speicher verschwunden.

Von dem Tag an hatte ich meinen Ruf weg, ich war der große Hinlanger und mit der Zeit wurden es immer mehr Leute, die ich umgehauen hatte.
So kam es zu der Schlägerei in dem Club: Bubu hielt sich dort gerade mit einem Freund auf und geriet mit einem Gast in Streit. Er bekam etwas auf die Glocke und rief uns an. Zu viert eilten wir dorthin, stießen die Tür auf und ich sah etwa zehn Paare an den Tischen, vier Männer und zwei Frauen an der Theke. Bubu war, nachdem er draußen auf uns gewartet hatte, mit reingekommen und ich fragte ihn: „Wer war es?"
„Der da", antwortete er und deutete auf einen der Männer, die an der Theke saßen.
Ich ging auf den Mann zu, schlug ihn vom Hocker und riss diesen mit aller Gewalt aus seiner Verankerung. Dann ließ ich folgenden Spruch los: „Die Damen treten links raus und die anderen machen sich fertig zum Sterben." Zwei Mann versuchten sich zu wehren, aber das war ein hoffnungsloses Unterfangen. Wir waren auch ruck, zuck wieder weg, jedoch kam später alles ans Tageslicht, weil Paul und Otze uns verpfiffen hatten.

Danach kam es noch zu einem Wildwest-Szenario in der Stadtmitte. Manfred und ich waren im Studio Cabaret. Eine Bardame bat uns, sie vor einem Zuhälter zu beschützen. Wir entschieden uns, der Frau zu helfen. Danach riefen wir ein Taxi, um nach Hause zu fahren. Das Taxi hielt an einer Ampel und da kam eine Frau auf uns zugelaufen. „Helfen Sie mir!", rief sie. „Bitte helfen Sie mir!"
Ich sprang auf, zog sie zu mir heran und schob sie in das Taxi. Dann sah ich sechs Typen auf uns zukommen – Monsterbaby vorneweg.

Manfred stieg ebenfalls aus, zog seine 7,65er Automatik und schlug damit dem Ochsensepp mit voller Kraft auf die Stirn. Jeder normale Mensch wäre sofort umgefallen. Und was tat dieses Urvieh? Es schüttelt sich und kam uns noch ein paar Schritte näher. Nun wurde es Zeit, dass ich meinen Trommelrevolver herausholte. Ich schoss auf eine Häuserwand, und erst, als dort der Putz von der Wand spritzte, blieb dieser Mann stehen. Ich habe schon einige Monster gesehen, aber das war mit Abstand der dickste Brocken.

Die Zeitungen waren anschließend voll von dieser Wildwest-Geschichte.

Wir hatten, wie schon erwähnt, der Bardame Schutz versprochen und suchten deshalb nach diesem Zuhälter, sein Name war Dieter. Gegen vier Uhr trafen wir ihn in einem Lokal beim Großmarkt. Dieses hatte zweiundzwanzig Stunden am Tag geöffnet. Hier traf sich alles, wenn die Bars, Gaststätten und Clubs dichtmachten.

Manfred und Dieter beäugten sich und der Respekt voreinander war so groß, dass sie auf eine Auseinandersetzung verzichteten, keiner von beiden wollte am Ende der Verlierer sein.

Dieter war in Begleitung. Sein Freund, ein Zweimetermann mit den entsprechenden Proportionen, steigerte sich immer weiter in seine Begeisterung für mich hinein. Neben ihm wirkte ich mit meinen 172 Zentimetern sehr klein. Auf jeden Fall hatte ich die Nase voll von ihm. Er klopfte mir dauernd auf die Schulter und das nervte mich.

„Hör auf mit diesem Mist!", pflaumte ich ihn an.

Daraufhin griff er mich an.

Ich entfernte mich von der Theke, zog meinen Trommelrevolver und schoss auf die Fußballfähnchen, die an der Wand hingen. Von dem Moment an herrschte Ruhe. Ich trat die Flucht an und nahm Manfred, der noch immer draußen debattierte, mit.

Otze hatte uns zwischenzeitlich mit neuen Gardinen, neuen Möbeln und Teppichen versorgt. Geld bekam er dafür von uns nicht. Er durfte sich ab und zu mit unserer Amateurnutte vergnügen, und selbst diese bezahlte er noch.

Bevor die ganze Chose hochging, geschahen noch einige Episödchen:

Im „Pik As" lernte Manfred auch seine spätere Frau kennen. Er war zwar noch mit Uschi verheiratet, aber sie hatten sich nichts mehr zu sagen.
Es spielte sich folgendermaßen ab.
Unsere Disko, damals Kneipe, Bar und Tanzschuppen – montags, freitags, samstags und sonntags mit Otzes Band –, lag im Ruhrgebiet an der Stadtgrenze einer der vielen Städte. Nicht weit von unserer Diskothek gab es Grünflächen, Parkanlagen und auch eine Trabrennbahn und an einem Wochenende kamen ein paar Damen zu uns, wie man sie aus den Filmen aus England kennt, wenn ein Bericht über Ascott gebracht wird: große Hüte, Handtaschen verschiedenster Couleur, einfach ein Hauch englischer Rennatmosphäre, der in unser nicht berühmtes, aber berüchtigtes Lokal einkehrte. Die Damen hatten ihre eigenen Pferde am Start und an diesem Abend konnten ein paar Siege gefeiert werden.
Über der Theke hingen einige Fotos von Manfred und mir, unter die wir ein paar passende Unterschriften gesetzt hatten. Die Fotos zeigten Posen, wie sie beim Bodybuilding üblich sind.
Einige der Damen bekundeten mehr als nur Interesse, aber ich war damals mit Marion liiert, während Manfred mit Uschi schon auseinander war, obwohl sie noch zusammenlebten.
Es war schon spät und die Tanzfläche war leer, als ich am Diskopult eine Bewegung sah. Ich ging leise darauf zu und sah Manfred breitbeinig dastehen, während die feine Dame aus dem Sauerland auf den Knien vor ihn hockte und ihm einen blies, dass ihm Hörner wuchsen. Sie waren beide so vertieft in ihr Geschäft, dass sie um sich herum gar nichts bemerkten.
Manfred heiratete diese Dame später, dies war nach der Haftzeit, die wir wegen Körperverletzung und verschiedener Einbrüche erhielten. Sie besuchte ihn während der Haft und sorgte dafür, dass er Bewährung bekam, denn mit ihr war sein soziales Umfeld in Ordnung. Er zog zu ihr ins Sauerland und fuhr zwei Jahre später mit ihrem Mercedes vor den Pfeiler einer Autobahnbrücke. Wahrscheinlich hatte er, weil er

abgelenkt war, das Steuer verrissen, denn neben ihm saß ein Stricher, der ihn während der Fahrt oral befriedigt hatte. Niemand konnte sagen, was genau passiert war. Nur ein besonders delikates Detail wurde aktenkundig, weil dieser Typ mit seinem Kopf in Manfreds Schoß gefunden wurde, Manfreds Penis im Mund ... Wie wir erfuhren, hatte der Stricher wohl beim Aufprall kräftig zugebissen.

In den siebziger Jahren kamen Hotdogs groß in Mode. Ein Vertreter einer Firma, die ein Gerät für die Zubereitung von Hotdogs anbot, kam auch zu uns in die Gaststätte.
„Prima", meinte ich, „immer her damit!"
Wir bekamen hundert Würstchen, Brötchen, all die Dinge, die dazugehörten. Der Verkaufspreis lag bei 2 DM bei einem Einkaufspreis von 1,10 DM. Wenn wir gut verkauften, bekämen wir einen noch günstigeren Einkaufspreis. Für unsere Belegschaft bekamen wir zusätzlich fünf Würstchen zum Probieren. Sie schmeckten uns sehr gut, so dass wir sie weiterhin regelmäßig probierten, und zwar so lange, bis keine mehr da waren. Von den hundert Würstchen verkauften wir nur ein einziges.
Vier Wochen später kam der Vertreter wieder. Ich gab ihm 1,10 DM mit der Bemerkung: „Leider haben wir nur ein Würstchen verkauft. Die anderen haben wir gegessen, weil sie uns einfach zu gut geschmeckt haben."
Wir wollten auch keine neuen Würstchen mehr bestellen, denn wir würden sie sowieso nicht verkaufen, sondern selbst essen.
Die von uns verspeisten Würstchen haben wir natürlich nicht bezahlt.

Ein anderer Vorfall, der mich heute noch betrübt, war Folgender: Ich stand hinter der Theke und es waren nur wenige Gäste im Lokal. Einer von ihnen ging zur Toilette. Auf einmal höre ich hinten von der Bar ein Geräusch und ich sah einen jungen Mann, etwa fünfundzwanzig Jahre alt, der in Uschis Handtasche kramte. Ich sprang über die Theke und verpasste ihm links und rechts eine Ohrfeige. Doch der Junge war kräftig und es entwickelte sich eine Schlägerei. Dabei wurde es so laut, dass Manni es oben hörte und herunterkam, um nachzusehen, was los war. Der Bursche war schlau. Er schmiss sich auf den Boden und blieb dort liegen. Mittlerweile hatte einer der Gäste die Polizei gerufen. Dann kam auch Uschi von oben. Als sie hörte, dass der Mann an ihrer Handtasche gewesen war, griff sie sich den Totschläger, der in einer Schublade deponiert war, und schlug damit auf dem am Boden Liegenden ein. Ich musste zusehen, dass ich wegkam, weil ich ja immer noch auf der Flucht war. Bevor ich verschwand, nahm ich Uschi den Totschläger weg und legte ihn in die Schublade zurück. Manni stand dabei und sagte nichts.

Ich hatte mittlerweile ein Verhältnis mit Uschi angefangen. Deswegen mischte sich auch niemand ein, wenn ich ihr etwas sagte oder ihr die Leviten las.

Uschi holte sich den Totschläger wieder aus der Schublade, schlug wie von Sinnen auf den Mann am Boden ein und richtete ihn übel zu. Ich sah später die Fotos. Das Traurige an der Geschichte war, dass der Mann erst zwei Tage vorher aus der Haft entlassen worden war. Er hatte zwei Jahre wegen Diebstahls abgesessen. Wenn ich das gewusst hätte, wäre der Mann nie der Polizei übergeben worden. Aber auch so hätte man dies verhindern müssen, weil der Dieb von Uschi so sehr mit dem Totschläger misshandelt worden war, dass es auf den Fotos schon nicht mehr anzusehen war. Manfred hätte das alles verhindern können, doch er war unbeteiligt geblieben. Daher gab es einen kleinen Bruch in unserer Freundschaft. Vielleicht lag das aber auch daran, dass es ihn störte, dass ich mit Uschi zusammen war, obwohl sie schon längst kein Paar mehr waren.

Der Mann wurde wegen Diebstahls zu acht Monaten ohne Bewährung verurteilt. Er hatte aus Uschis Handtasche nichts weiter als ein Feuerzeug mitgenommen. Geld hatte er nicht finden können. Was für ein trauriges Schicksal: Er war gerade zwei Tage aus dem Gefängnis, bekam dann die fürchterlichen Schläge mit dem Totschläger, woraufhin er mit Blessuren im Krankenhaus lag, und schließlich acht Monate Gefängnis – wegen nichts! Der Mann war bedient für alle Zeiten, zumindest wäre es mir in seinem Falle so ergangen. Traurig, äußerst traurig.

Wie bereits erwähnt, war ich in dieser Zeit mit Marion liiert. Weil Marions Vater Polizist war und mich nicht mochte, gingen wir zu einer von Marions Freundinnen, die ebenfalls Marion hieß. Mit der hatte ich einmal Sex, während die Mutter total betrunken neben uns lag. Diese hätte das auch nie wissen dürfen. Die Mutter war sehr nett, sie hieß Anna und hatte ein riesengroßes Herz. Wenn sie noch einen Heiermann hatte und man hatte kein Geld mehr, bekam man 2,50 DM, allerdings auch nur, wenn sie einen mochte. Und mich mochte sie sehr. Anna hatte schon zwei Ehemänner unter die Erde gebracht, zwei Steiger, und bezog eine stattliche Rente. Sie hatte sieben Kinder zu versorgen und einen Mann, mit dem sie zusammenlebte. Dieser leistete seinen finanziellen Beitrag und doch war nie Geld im Haus, ab Mitte des Monats wurde es fast immer knapp.

Ich hatte bei Anna einen geklauten VW stehen, den ich mehr als sechs Monate fuhr. Wenn ich mit diesem unterwegs war, brachte ich Anna meistens etwas mit. Einmal brach ich in einem Konsum ein, wo ich zunächst nach Geld suchte. Ich hatte eine gute Nase und meistens fand ich auch, wonach ich suchte. Hier war jedoch kein Geld zu finden. Also packte ich jede Menge Lebensmittel ein. Ich nahm alles: Eier, Brot, Käse, Kaffee für mich und für Anna, und da Annas Kinder gern Obst aßen – ich selbst übrigens auch – nahm ich noch Äpfel, Apfelsinen, Bananen und anderes Obst mit, und siehe da, unter den Apfelsinen versteckt fand ich die Tageseinnahmen in einer Papiertüte. Ich muss dazu sagen, dass solche Verstecke die besten sind. Einmal fand ich Geld im Gemüsefach eines Kühlschranks, ein anderes Mal war ein kleiner Tresor als Salatkopf getarnt und lag zwischen anderen Salatköpfen und Wirsing im Gemüsefach – es gab nichts, was es nicht gab. Auf jeden Fall waren diese Verstecke besser als kleine Schrank- oder Wandtresore. Das nur nebenbei.

Natürlich nahm ich auch Alkoholisches und Zigaretten mit. Diese Dinge verbrauchten wir in unserer Gaststätte. Bei Anna wurde immer nur Bier getrunken. Ich vertrug nicht viel, obwohl ich reichlich becherte. Wenn ich zu Anna ging, nahm ich mindestens einen Kasten Bier mit und ein paar kleine Schachteln Underberg.

Anna hatte einen kleinen Pudel, einen „Fotzenlecker" vom Allerfeinsten. Anna stritt es immer ab, doch eine merkwürdige Situation brachte

mich dazu, so etwas zu vermuten. Überhaupt erlebte ich mit Anna viele komische Situationen, dass ich vor Lachen fast gestorben wäre.
Eines Sonntags gingen Marion und ich zu Anna. Wir nahmen die üblichen Getränke mit. Anna sagte dann, wie immer, aber wirklich wie immer: „Nein, letztes Mal war es zu viel! Nun gut, eine Flasche werden wir miteinander trinken, aber zuerst einen Underberg." Und dann ging es los. Es waren auch immer jede Menge Leute bei Anna, die sich gern zum Mittrinken einladen ließen. Ich hatte an diesem Tage Marion gut befingert und ihr einige Höhepunkte beschert. Meine Finger rochen dementsprechend. Auf einmal hieß es nur noch: „Hinsetzen, Bonanza kommt!" Wir setzten uns alle auf die Couch und schauen Bonanza. Auf einmal fing das Bild an zu flackern. Anna schrie: „Halt die Antenne ruhig, sonst gibt's was zwischen die Ohren." Es war so, dass die Antenne auf dem Dach kaputt war und bei Filmen, die Anna interessierten, eines der Kinder raus musste, um die Antenne auf einer bestimmten Höhe zu halten, damit das Bild nicht lief.
Ich war total verdattert und fragte: „Warum kaufst du dir kein vernünftiges Fernsehgerät?"
„Wieso?", fragte Anna. „Das Gerät ist doch gut."
Bonanza war zu Ende und das Fernsehgerät wurde ausgeschaltet.
Anna holte ein Radio, doch es spielte nicht. Wir reichten es von einem zum anderen. Jeder fummelte daran herum, aber nichts passierte. In der Zwischenzeit war auch der Pudel wieder da, er war zwischenzeitlich mit Annas Lebensgefährten Gassi gegangen. Wir machten unsere Witze über das Radio und Anna wurde sauer. Sie nahm das Radio an sich und warf es in Ecke des Zimmers. Und was passierte? Es fing tatsächlich an zu spielen! Ich musste so lachen, dass ich von der Couch fiel und nicht mehr aufstehen konnte. Ich wäre vor Lachen fast erstickt. Zum Glück kamen mir die beiden Marions zu Hilfe und klopften mir auf den Rücken. Langsam bekam ich wieder Luft.
Doch mir blieb nicht viel Zeit, mich zu erholen, denn nun kam der Pudel und schnüffelte an mir herum. Als er meine Hand erreichte, war es um ihn geschehen. Er leckte und schleckte erst meine Finger und dann die ganze Hand ab. Egal wohin ich die Hand auch hielt, er ließ keine Ruhe und gebärdete sich wie verrückt. Und wieder musste ich so

lachen, dass mir bald der Kopf platzte. Niemand kannte den Grund für meinen Lachanfall. Beim Radio war es noch allen klar gewesen, aber jetzt ...

Ich weihte nur Marion ein, die ganz verlegen wurde. Dann verriet ich auch Anna, warum ich so hatte lachen müssen. Doch sie stritt ab, dass ihr Pudel auf diesen Geruch scharf war. Ein anderes Mal, als sie etwas stärker alkoholisiert war, deutete sie allerdings etwas in der Richtung an, nein, sie gab es zu.

Das schärfste Ding passierte etwa vierzehn Tage später, ebenfalls bei Anna. Wir saßen wieder alle auf ihrer Couch oder im Sessel und tranken. Ich frage Anna: „Wo ist denn dein Lebensabschnittspartner?"
Sie deutete gegenüber auf die Tür, hinter der sich, wie ich wusste, ihr Schlafzimmer befand. „Der pennt bestimmt noch. Wir haben gestern einen über den Durst getrunken." Sie stand auf, ging zur Tür und öffnete diese. Direkt hinter der Tür stand ihr Lebensabschnittspartner in einem kurzen Unterhemdchen, unter dem sein dicker Bauch und ein kleiner Pipimann hervorlugten. Pipimann deswegen, weil mir das Geschlechtsteil so vorkam wie bei einem Jungen von acht bis zehn Jahren. Er sah uns, merkte, dass wir von dem Anblick alle wie erstarrt waren, wusste, dass gleich das große Gelächter losgehen würde, und ließ erkennen, dass er sich am liebsten ganz schnell verstecken würde. Anstatt die Tür zu schließen, drehte er sich um und steckte seinen Kopf unter die Bettdecke. Nun präsentierte er uns sein imposantes Hinterteil mit diesem kleinen Beutelchen und dem Zipfelchen. Und wieder fiel ich vor Lachen von der Couch. Ich konnte einfach nicht mehr aufhören zu lachen.
Ich ging dann eine ganze Weile nicht mehr hin, um diesen Mann nicht noch mehr in Verlegenheit zu bringen.

Zwischenzeitlich wohnte ich bei Uschi und fuhr nur noch gelegentlich zu Marion. Ich tätowierte Uschi meine Anfangsbuchstaben auf den Po – auf die eine Pobacke ein großes S und auf die andere ein großes M. Die Tusche hatte ich selbst aus verbrannter Gummisohle und Urin hergestellt. Die Tätowiernadel hatte ich aus drei Nähnadeln gefertigt, in ihrer Mitte befand sich ein Streichholz. Mit Nähgarn hatte ich die Nadeln an dem Streichholz festgebunden. Und es waren dicke, fette Buchstaben, die ich mit dieser Konstruktion zustande brachte!

Von Uschi erhielt ich ein Handgelenkkettchen aus 750er Gold. Als sie es mir schenkte, sagte sie: „Achte gut darauf. Es ist ein Zeichen meiner Liebe."
Doch ich verlor das Kettchen, und das kam so:
Ich fuhr zwischendurch immer mal wieder zu Marion oder zu Anna, einfach nur, um Spaß zu haben und zu lachen. Eines Abends war es wieder mal sehr lustig und launig gewesen. Ich hatte darüber die Zeit vergessen und dass ich ja eigentlich mit Uschi noch wegwollte. Als mir die Verabredung wieder einfiel, versuchte ich mir ein Taxi zu bestellen, doch es kam keins! Mir wurden Wartezeiten von einer Stunde und mehr vorausgesagt. So ging ich raus und begab mich zur nächsten Kneipe. Diese hatte aber schon geschlossen, obwohl noch Gäste in der Gaststube waren. Die Eingangstür hatte sehr schöne bunte Butzenscheiben und ich zögerte nicht lange, sondern haute die Faust durch die Scheibe, drehte von innen den Schlüssel um, öffne die Tür, betrat die Kneipe, bestellte ein Bier und sagte: „Rufen Sie mir ein Taxi, aber sofort!"
Beim Einschlagen der Scheibe hatte ich mir den Mittelfinger verletzt. Es blutete, als ob ich ein Schwein abgestochen hätte. Weil ich aber ziemlich besäuselt und mit Adrenalin vollgepumpt war, bemerkte ich es gar nicht. Ich fuchtelte weiter mit meiner Hand herum und verteilte auf diese Art mein Blut gleichmäßig in der Gaststätte.
Der Wirt schrie vor lauter Wut: „Du wirst die Scheibe bezahlen!"
Ein anderer rief: „Der sieht aus wie ein Schwuler."
Ich hatte damals lange, blond gefärbte Haare. Ob diese Tatsache ihn zu der Äußerung verleitet hatte? Dieser Mann bekam als Erster eine aufs Haupt. Danach saß er auf dem Boden und sagte kein Wort mehr. Der Nächste, der sich meldete, weil er meinte, er hätte etwas zu sagen, bekam ein paar Ohrlaschen. Danach war endlich Ruhe.
Als ich mitbekam, dass der Wirt telefonierte, hörte ich so etwas wie: „Randaliert hier ... Gäste geschlagen ... Einrichtung zerstört ..." Ich

nahm die Beine in die Hand und verschwand so schnell, wie ich gekommen war. Ich folgte der Straße und nach einer Weile kam ich zu einem Bahnübergang. Die Schranke war unten. Kurze Zeit später kam ein VW angefahren und hielt vor der Schranke. Ich zögerte nicht lange, lief zu dem Auto, riss die Tür auf, setzte mich auf den Beifahrersitz und befahl: „Fahr mich zu meiner Frau!" Daraufhin nannte ich ihm die Adresse und ergänzte: „Aber sofort!"
Der Mann sagte kein Wort. Er brachte mich ohne zu murren zur angegebenen Adresse. Dort gab ich ihm einen Heiermann und sagte: „Für die Reinigung." Dann ging ich ins Haus.
Oben bei Uschi merkte ich, dass mein Goldkettchen weg war. Leider bemerkte Uschi es auch. Als ich sie dann auch noch Marion nannte, war dieser Abend gelaufen und es gab richtig Ärger. Wir blieben zwar noch etliche Monate zusammen, auch die ersten drei Monate meiner Haftzeit schrieb sie noch regelmäßig und besuchte mich. Aber dann, nach weiteren drei Monaten, lernte sie einen amerikanischen Soldaten kennen und ging mit ihm in die USA. Nichts war mehr mit ihrem „geliebten Tarzan". So hatte sie mich immer in ihren Briefen genannt.

Zu der Zeit, als mit Uschi noch alles im Lot war, verbrachten wir bis zu meiner Verhaftung turbulente Tage zusammen und fochten so manches Kämpfchen aus. Sie schien es zu mögen, wenn ich unangenehm auffiel.
Eines Abends saßen wir in einem Restaurant. Wir hatten Essen bestellt und tranken einen Aperitif. Uschi sagte auf einmal: „Siegfried, siehst du nicht, wie der Geschäftsführer guckt?"
Ich sagte: „Lass ihn doch gucken! Du siehst gut aus, also lass ihn gucken."
„Aber er hat dem Kellner etwas ins Ohr geflüstert!"
„Ja, und? Was ist eigentlich dein Problem, Uschi?"
So ging das eine ganze Weile, bis ich mich einige Male nach dem Geschäftsführer umdrehte. Er bemerkte es, kam nach einiger Zeit zu uns an den Tisch und fragte, ob alles in Ordnung sei, weil wir doch immer zu ihm geschaut hätten.
Ich sagte: „Schauen Sie meine Gattin nicht so herablassend an!"

Worauf er entrüstet entgegnete: „Ich schaue Ihre Gattin nicht an."
Ich dann wieder: „Ist sie es nicht wert, dass man sie anschaut?"
Er: „So habe ich das nicht gemeint."
„Ja, wie haben Sie es denn gemeint?" Ich verwirrte ihn total. Er fing an zu haspeln und zu stottern, woraufhin ich sagte: „Verpiss dich! Noch einmal glotzen und es setzt was."
„Was erlauben Sie sich?", regte er sich auf.
So ging es eine Weile weiter. Das Wortgefecht endete damit, dass er eine Ohrfeige kassierte und Uschi und ich, ohne gespeist zu haben, von dannen zogen. Immer Theater, immer Aktion.

Geschlechtsverkehr während einer Zugfahrt? Mit Uschi kein Problem. Auf meinem Schoß sitzend, einen langen Rock, der alles verdeckte, mein Lümmel in ihrer Dose und der Schaffner kontrollierte die Fahrkarten. Das machte sie richtig heiß.
In einem Nobelrestaurant in der City nebeneinander auf einer gepolsterten Bank sitzend, ihre Hand, von einer langen Tischdecke verdeckt, in meiner Hose, während ich sie mit dem Finger zum Orgasmus brachte. Und dann so stöhnen, dass alle Anwesenden aufmerksam wurden. Nun noch schnell das Sperma von den Fingern wischen – das war Uschi! Manchmal war es schön mit ihr, manchmal auch aufregend, aber meistens anstrengend und sehr, sehr stressig.

Ich wurde nach meiner Flucht aus Oberems ja immer noch gesucht, aber nun ermittelte die Kripo auch noch wegen verschiedener Einbrüche und es gelang ihnen, meinen Aufenthaltsort ausfindig zu machen.
Die Polizei – meistens kamen die Grünen – kam immer wieder mal bei Uschi vorbei und suchte nach mir, aber ich hatte ein gutes Versteck, und zwar in der Couch. Man konnte sie hochklappen und sah mich trotzdem nicht, denn sie war breit, und wenn ich bis zur anderen Couchwand durchrutschte und Uschi einige Wäschestücke hinter mich legte, konnten man mich nicht sehen.
Uschi hatte nur ein Zimmer in dem Häuschen, und dieses war direkt an einem Fußballplatz gelegen. Weil sonntags immer Fußballspiele stattfanden, zogen wir es an diesen Tagen meist vor, das Haus zu verlassen.

Vom Fenster aus konnten wir ganz gut sehen, wer das Haus betrat. Einmal kam die Polizei, schellte und ich versteckte mich in der Couch. Meine Schuhe hatte ich aber neben dem Sessel stehen lassen und zwei Kaffeegedecke standen auf dem Tisch. Die Bullen kamen zu zweit – sie kamen grundsätzlich mindestens zu zweit – und einer nahm im Sessel Platz. Der andere schaute in den Schrank und vermutete, nachdem er darin nichts gefunden hatte: „Dann liegt er wohl in der Couch."
„Sicher liegt er da", sagte Uschi. „Ihr müsst nur nachschauen."
Einer der Polizisten forderte sie auf: „Du sagst uns Bescheid, wenn er auftaucht, nicht wahr?"
„Sicher", bestätigte Uschi. „Sicher sage ich euch Bescheid."

Situationen wie diese wiederholten sich oft und manchmal fragte ich mich, nach welchen Kriterien man bei der Polizei und auch bei der Justiz eingestellt wurde. Bei der Justiz weiß ich es mittlerweile. Wer das erfährt, fällt vom Glauben ab! Aber das ist jetzt nicht das Thema, ich schweife wieder ab. Aber es gibt so vieles, über das ich berichten muss, dass die Erinnerungen nur so hervorsprudeln.

Nun aber wieder zurück zu Uschi.
Wie bereits erwähnt, fuhren wir sonntags meistens zu meiner Mutter. Ich hatte dort noch immer ein Zimmer, aber aus Platzgründen wohnte während meiner Abwesenheit mein älterer Bruder Heinz oder mein jüngerer Bruder Helmut darin. Wenn Uschi und ich kamen, schliefen wir im Wohnzimmer oder einer meiner Brüder schlief dort und wir in meinem Zimmer.
Meine Mutter mochte Uschi nicht und auch Marion wurde von ihr nur geduldet. Meine Mutter mochte überhaupt keine der Frauen, die ich ihr vorstellte. Immer hatte sie etwas zu mäkeln.
Eines Tages saßen wir gemeinsam im Wohnzimmer und aßen ein Stück Kuchen, den ich wie immer, wenn wir meine Mutter besuchten, mitgebracht hatte. Da sagte meine Mutter wie aus heiterem Himmel: „Die mit den langen blonden Haaren war hier und hat gesagt, dass sie ein Kind von dir bekommt. Sie hatte auch schon ein dementsprechendes Bäuchlein."

Und schon ging das Gekeife los. „Woher weiß die Chinesin, wo deine Mutter wohnt?" Marion hatte leicht verengte, schräg gestellte Augen, was ihr einen chinesischen Ausdruck verlieh. „Du warst bestimmt schon mit ihr hier. Du betrügst mich!"
Ich wusste aus Erfahrung, dass jedes Wort der Verteidigung bei Uschi nur noch mehr Theater hervorrief. So entgegnete ich: „Komm mit."
Wir gingen in mein Zimmer. Dort wurde gerangelt und es gab einige leichte Hiebe. Das Ganze endete damit, das Uschi und ich im Bett lagen und eine Nummer schoben.
Im Übrigen stellte sich heraus, dass Marion in die Trickkiste gegriffen und sich ein Kissen untergeschoben hatte, als sie meiner Mutter von ihrer Schwangerschaft vorgelogen hatte. Auf diesem Weg wollte sie mich zurückgewinnen.

Bei meiner Mutter hatte ich auf dem Kleiderschrank einen gepackten Koffer liegen, in den ich von der Zahnbürste bis hin zu Schuhen und Mantel alles eingepackt hatte, was ich für eine eventuelle Flucht brauchte. Ein aufgebohrter Trommelrevolver befand sich auch darin.
Eines Sonntags ging ich mit Uschi zum Tanzen. Die Stimmung war großartig. Uschi zog ihre Stöckelschuhe aus, wir beide tanzten und die Leute standen im Kreis um uns herum und klatschten. Uschis Dekolleté rutschte immer tiefer – sie hatte „Mördertitten", das muss ich einfach sagen – und die Leute feuerten sie an. Sie war einfach nur noch glücklich und ich war zufrieden. Gegen vier Uhr am Morgen fuhren wir zu meiner Mutter, hatten guten Sex und schliefen entspannt ein. Auf einmal wurde ich unsanft geweckt. Fünf Polizisten standen in dem kleinen Zimmer, zwei von ihnen mit gezogener Pistole.
Insgesamt waren sie mit neun Polizisten angerückt, zwei befanden sich in der Küche und zwei warteten draußen vor der Treppe mit zwei Schäferhunden.
Uschi und ich lagen nackt im Bett. Zwei Polizisten rissen uns die Bettdecke weg und legten mir Handschellen an. Als dies erledigt war, konnten sich die Beamten angenehmeren Dingen zuwenden. Uschi und ich wurden eingehend ge- und bemustert. Uschi schien ihnen zu gefallen.

„Deck dich zu!", rief ich ihr zu. „Denn Gucken kostet Geld."
Sie zog die Decke über ihren Körper, als einer der Polizisten befahl: „Stehen Sie auf! Wo ist die Waffe?"
Uschi schaute ganz verdattert. „Was für eine Waffe?", fragte sie. Dabei zog sie sich an, während ich noch immer nackt und mit auf dem Rücken gefesselten Händen mitten im Raum stand.
„Gebt mir meine Sachen", bat ich. „Ich will mich anziehen."
Die Handschellen wurden geöffnet und vorne wieder geschlossen. Jetzt konnte ich mir Unterhose, Hose und Strümpfe anziehen. Um mein Hemd, die Weste und das Jackett anzuziehen, wurde zunächst eine Hand von den Handschellen befreit, ich zog mich ein Stück weiter an, die Handschellen wurden wieder geschlossen, und dann vollzog sich das gleiche Prozedere mit der anderen Hand. So ging es hin und her, bis ich vollständig bekleidet war.
Ich wurde langsam sauer, zumal ich mitbekam, wie die Bullen sich gegenseitig beglückwünschten, als ob sie ein gefährliches Raubtier erlegt hätten. Als viele Jahre später meine Frau dies zum ersten Mal erlebte, war sie völlig perplex. Als sie mir diesen Sachverhalt später schilderte, sagte sie: „Die haben sich auf die Schulter geklopft und gegenseitig zu ihrem Erfolg gratuliert. Ja, bist du denn ein Raubtier, das man wieder eingefangen hat?" In dieser Zeit verlor sie das Vertrauen in die Exekutive und hat es bis heute, ebenso wie ich, nicht zurückgewonnen.
Die Situation bei meiner Mutter wurde nun langsam kritisch, denn die Polizisten wollten meine Pistole haben. Sie fragten abwechselnd meine Mutter, Uschi und mich: „Wo ist die Waffe?"
„Was für eine Waffe?", fragte ich gespielt ahnungslos.
„Wir stellen die Wohnung deiner Mutter total auf den Kopf, wenn du die Waffe nicht herausgibst."
Bei dieser Streitmacht, mit der sie angerückt waren, war mir klar, dass sie den Worten auch Taten folgen lassen würden, wenn ich nicht mit der Waffe rausrückte. „Okay, ich gehe sie holen", sagte ich.
Sofort sprang einer der Männer auf mich zu. „Du bleibst hier. Sag uns, wo sie ist, dann holen wir sie selbst."
„Ich weiß nicht, wo sie ist. Meine Mutter hat den Koffer weggepackt und in ihr Schlafzimmer gehe ich nicht."

„Nun gut, dann soll deine Mutter den Koffer holen."
„Ich sagte: „Mutti, holst du bitte den Revolver aus dem Koffer, den ich für mich gepackt habe?!"
Meine Mutter ging durch den Raum. Zwei Polizisten folgten ihr. Als diese allerdings mit ins Schlafzimmer gehen wollten, versperrte meine Mutter ihnen den Weg und sprach: „Von Ihnen kommt mir keiner in mein Schlafzimmer!" Nach einigem Hin und Her ging meine Mutter allein in ihr Zimmer und schloss die Tür hinter sich ab, während zwei oder drei Polizisten ungeduldig vor der Tür standen und warteten.
Nach einigen Minuten ging die Tür wieder auf und meine Mutter kam mit ausgestrecktem Arm, den Revolver in der Hand, aus dem Schlafzimmer, die Mündung der Pistole auf die Polizisten gerichtet.
Meine Herren, da sah man aber, wie schnell so ein Bulle hüpfen kann!
„Frau Massat, machen Sie keinen Unsinn! Geben Sie uns die Waffe. Machen Sie sich nicht unglücklich", sagte einer der Männer.
Ich konnte förmlich sehen, wie ihm der Zapfen in die Hose rutschte. Ich bildete mir ein, seinen Angstschweiß riechen zu können.
Meine Mutter schaute den Mann entsetzt an. Sie wusste überhaupt nicht, was er meinte. Sie hielt den Revolver am Griff und wollte ihn nur abgeben.
Endlich merkte dieser Mensch, dass meine Mutter ihn gar nicht bedrohen wollte und riss ihr den Revolver aus der Hand.

So endete meine Flucht und der Abstecher in die Freiheit fand ein jähes Ende. Ich landete wieder im Gefängnis – wo ich nach Meinung des Jugendamtes und der Polizei auch hingehörte.
Ich kam in Haft, und zwar in die mir bestens bekannte Untersuchungshaftanstalt. Mit jeder neuen Verhaftung wurde es schlimmer. Von dort ging es wieder mit dem Transporter Richtung Oberems. In der dortigen Auswahlanstalt holte ich mir meinen Arrest ab.

Der Gefängnisarzt

Von der Auswahlanstalt für die Läger in Oberems (deswegen, weil es noch eine Auswahlanstalt in Hagen – früher Duisburg-Hamborn – gibt, wo alle Gefangenen hinkommen, die einen deutschen Pass haben und die zu einer Strafe von mehr als zwei Jahren verurteilt worden sind) wurde ich in einen alten Gefängnisbau ganz im Westen unserer Republik verbracht. In diesen Altbau kam ich auch nach meiner letzten Verhaftung, als ich mich mit der verhaftenden Polizei prügelte. Dies war am 30. Dezember 2002, ein Tag vor Silvester.
Es war derselbe Bau wie früher, nur die Kübel waren weg. Es war eine einzige Katastrophe. Dort rettete mich nur der Arzt. Ich weiß heute gar nicht mehr, wie er hieß, nur an seinen Gefängnisnamen erinnere ich mich. Unter den Gefangenen wurde er „Luftschlange" genannt. Er hatte für die meisten von uns immer denselben Spruch parat: „Was haben Sie? Magenschmerzen? Hat meine Frau auch. Drei Gelonida. Der Nächste! Was haben Sie? Kopfschmerzen? Hat meine Frau auch. Drei Gelonida." So ging es in fast jeder Sprechstunde zu. Wenn jemand allerdings ernsthaft krank war, wurde ihm auch geholfen.
Ich bekam eine große Einzelzelle, es gab fließendes Wasser, aber keine Toilette. Jedem Morgen musste der Kübel geleert werden.
Zur Zugangsuntersuchung wurde ich dem Arzt vorgeführt. In der Regel war bei jeder Untersuchung auch ein Sanitätsbeamter anwesend, so auch hier. „Sind sie gesund?" Er schaute in meine Krankenakte. „Aha, Sie waren in Oberems, dann sind Sie ja topfit."
„Ja, ja", sagte ich, „topfit."
Dies war meine erste Begegnung mit dem Gefängnisarzt.
Ich wurde zur Zellenarbeit für eine Firma eingeteilt, die Nadeln und andere Kleinteile verpackte. Das bedeutete, ich hatte täglich nur eine Stunde Freigang auf dem Hof, ansonsten war morgens und abends Kübeln angesagt, da ging ich gerade mal dreißig Meter über den Flur bis hin zur Spülzelle und zurück. Arbeiten und Schlafen, mehr gab es zu der Zeit für mich nicht. Ich empfand das als eine absolute Katastrophe. Ich kann mich zwar sehr gut mit mir selbst, mit Büchern oder

irgendwelchen anderen Arbeiten beschäftigen, aber ich bin auch ein Mensch, der viel Sport treibt und gern an der frischen Luft ist.

Meine Zelle war verhältnismäßig groß, etwas größer sogar als eine normale Einzelzelle. Ich konnte dort zumindest ein paar sportliche Übungen machen.

Die Arbeit war Mist, ich musste Druckknöpfe zusammenfügen, Sicherheitsnadeln und Nähnadeln packen oder sortieren, alles in allem ein stupider Arbeitsvorgang. Der einzige Vorteil war, ich konnte meinen Gedanken nachhängen.

Im Sommer trug ich beim Kübeln oder Essenfassen nur ein Unterhemd. So konnten die Mitgefangenen sehen, dass ich sehr gut trainiert war. Über den Sport fand ich sehr schnell Kontakt zu anderen Inhaftierten. Wir fachsimpelten über Liegestütze und Ähnliches. Manch einem gefiel es mit Sicherheit nicht, dass ich auf einmal so interessiert gefragt wurde, während das allgemeine Interesse für denjenigen nachließ.

Einer von ihnen wollte sich wohl unbedingt an mir reiben. Es begann harmlos mit der Frage: „Wie viele Liegestütze machst du?"

Ich antwortete: „Korrekte, also runter mit der Brust bis auf den Boden und die Arme gestreckt schaffe ich hundertzwanzig Liegestütze."

Abends nach Einschluss ging es los. Es wurde von Tür zu Tür geschrien: „Du spinnst! Das schaffst du niemals!"

Wegen dieser Geschichte bekamen wir uns so in die Haare, dass dieser Mithäftling mich, während wir zur Freistunde ausrückten, schlagen wollte. Es kam aber nicht dazu, denn ich war schneller. Ich versetzte ihm einen Faustschlag aufs Auge und erwischte auch seine Nase. Er blutete, und als er sich die Nase putzte, konnte ich anschließend sehen, wie sich sein Auge schloss. Ich erhielt sieben Tage Arrest, während er ohne Strafe davonkam. Und das, obwohl der Streit von ihm ausgegangen war.

Wer sich in Arrest befand, wurde in mehr oder weniger regelmäßigen Abständen vom Arzt aufgesucht. Während meines Arrests fragte mich der Arzt, wie es mir ginge, ob ich gesund sei – das Übliche eben. Dabei kamen wir ins Erzählen.

Nach sieben Tagen kam ich wieder in meine Zelle und auf der Abteilung war Ruhe.

Eine Woche später spielte sich Folgendes ab: Nach der Freistunde – es war drückend warm – dreht ich den Wasserhahn auf, stellte mich auf den Stuhl und kletterte in das auf Kipp stehende Oberteil des Fensters. Unten konnte ich das Fenster nicht öffnen, nur oben ließ es sich ein Stück aufklappen. Und dort legte ich mich hinein. Ich trug nur meine Turnhose und mein Körper fing einige Sonnenstrahlen ein. Unten im Hof lief die Nachmittagsfreistunde und es dauerte nicht lange, bis ich im Oberlicht entdeckt wurde. Die Beamten bekamen dies natürlich auch mit, und ruck, zuck standen zwei von ihnen bei mir in der Zelle.
„Was machen Sie da?"
Ich dachte, was das für eine doofe Frage sei, sagte aber: „Ich sonne mich."
„Aha, und warum läuft das Wasser?", wurde ich gefragt.
„Nun", antwortete ich, „wenn ich die Augen zumache, in der Sonne liege und das Wasser plätschern höre, dann denke ich, ich liege in Spanien am Strand."
Jetzt wurden die Beamten sauer und unisono hieß es: „Komm da runter, aber etwas zügig!"
Es dauerte wohl alles etwas lange und schon bekam ich wieder eine Meldung, wurde von der Zelle verlegt und erhielt zudem auch noch sieben Tage Arrest.
Zuerst die Verlegung: eine Gittertür, dahinter ein langer Gang auf der einen Seite, große Fenster mit Blick auf den Innenhof. Auf der anderen Seite Türen, die dort, wo sonst der Spion war, ein mit Gitter versperrtes Viereck hatten – circa zwanzig mal zwanzig Zentimeter groß. Hinter der Tür befand sich ein an der Zellenwand befestigtes Bett und auf der anderen Seite ein ebenfalls befestigter Spind. Hinter dem Bett, also an der gegenüber der Tür liegenden Wand, gab es noch einen kleinen Tisch und einen Hocker. Tagsüber waren die Türen zu diesen Hühnerkäfigen offen und ich konnte mich mit den anderen Gefangenen auf dem Gang bewegen. Wir durften dort essen und bis zum Einschluss Schach oder andere Spiele spielen. Für einen Hundezwinger war dieses

Räumchen viel zu klein, deswegen nenne ich es Hühnerkäfig. Hier bekam jeder einmal Platzangst, so auch ich. Manches Mal hatte ich das Gefühl, die Wände würden mich erdrücken.

Bevor ich überhaupt ausgeräumt hatte, ging es allerdings wieder ins Loch. Nach drei Tagen besuchte mich der Arzt, mit dem ich ein gutes und langes Gespräch hatte. Er meinte: „Man hätte dich für das, was du getan hast, nicht bestrafen, sondern dich loben sollen, weil du dir einen kleinen Urlaub gönnen wolltest. Und da du nicht rauskannst, hast du dir den Urlaub ins Gefängnis geholt, finde ich gut!"

Er verschrieb mir Milch und Obst und nachdem ich aus dem Arrest kam, zeigte ich ihm, wie ich Liegestütze machte. Er holte mich außerhalb der Sprechzeiten zu sich ins Arztzimmer und ich spielte mit ihm Schach. Beim zweiten Mal untersuchte er mich nach „Sackratten", also Filzläusen. Dazu zog ich mich nackt aus und meine Geschlechtsteile wurden unter einer starken Lampe einer genauen Untersuchung unterzogen. Dies geschah nur einmal, der Arzt wollte wohl wissen, wie es bei mir um die Reinlichkeit bestellt war.

Mir wurde nun dieselbe Arbeit zugeteilt wie zuvor, jedoch wurde ich diesmal im Betrieb untergebracht und sollte dort mein Pensum schaffen. Wegen meiner starken Sehbehinderung auf dem rechten Auge sorgte der Arzt dafür, dass ich nur ein halbes Pensum schaffen musste. Somit konnte ich es etwas langsamer angehen lassen und musste nicht mehr den ganzen Tag pujacken. In den Betriebsräumen unter dem Dach war es im Sommer höllisch warm und zum Ausgleich dafür im Winter eisig kalt.

Einmal in der Woche ging ich zum Arzt und es wurde jedes Mal ein Plauderstündchen daraus – im wahrsten Sinne des Wortes. Dieser Arzt war derjenige, der das Feld bestellte. Er pflanzte die Saat des Selbstbewusstseins, die Kraft des Wortes – des gesprochenen sowie des geschriebenen – mehr zu schätzen als die reine Körperkraft. Ich erkannte, dass beides zusammen ein Ganzes ergab.

Der Arzt war ein reiner Kopfmensch und beneidete mich zumindest ein kleines bisschen um meine körperliche Fitness. Es machte ihm Spaß

zu sehen, wie ich alles aufsog, was er zum Besten gab. Er sagte: „Massat, du bist ein Schwamm, ein riesengroßer Schwamm, und du kannst noch jede Menge Wissen aufsaugen. Mach weiter so!"
Ich habe mich stets an diese Empfehlung gehalten und stehle auch heute noch mit den Augen und den Ohren.
Wir sprachen zum Beispiel darüber, ob ein Mensch einen Gedanken ganz für sich allein hat. Unser Fazit war: Kein Mensch hat einen Gedanken ganz für sich allein und es hat noch nie jemand ganz für sich allein eine originelle Idee gehabt. Jede neue Idee ist das Kristallisationsprodukt tausend verschiedener Ideen, die mehrere Menschen haben oder hatten. Einer von ihnen findet dann plötzlich zur rechten Zeit das rechte Wort und den richtigen Ausdruck für die neue Idee. Sobald nun das Wort da ist, erinnern sich Hunderte von Menschen, dass sie diese Idee schon lange vorher im Kopf gehabt haben.
Wenn im Kopf eines Menschen ein Plan entsteht, der Gedanke, etwas Bestimmtes zu unternehmen, heranreift, darf man sicher sein, dass zahlreiche Menschen in seiner Nähe den gleichen oder einen ähnlichen Plan haben. Wer nun letztendlich seinen Plan, seinen Gedanken verwirklicht, unterscheidet sich von den ewigen, den dauernden Plänemachern, die erst viel zu spät hinterherschreien: „Das war meine Idee! Das hätte ich auch gekonnt."
In diesem Zusammenhang ist auch das Bedauern zu sehen, das die meisten Menschen erst am Ende ihres Lebens empfinden und das sie zu folgenden Gedanken führt:

Der Mensch!

Der Mensch ist ein Gewohnheitstier.
Der Mensch trinkt sein Gewohnheitsbier.
Spielt Lotto, Toto oder Skat,
ist krank, wenn er die Masern hat.
Kriegt Kinder, eins bis sieben Stück,
verspielt sein Leben, verspielt sein Glück.
Und dann auf seinem Sterbebett,
da sagt der Mensch:
„Ach, hätt ich, hätt ..."

Wer mein erstes Buch bereits gelesen hat, wird sagen: „Dieses Gedicht kenne ich ja schon!" Richtig, Sie haben recht. Aber es passt auch hier so gut, dass ich es mir und Ihnen noch einmal ins Gedächtnis rufen wollte.

Der Arzt war sehr daran interessiert zu erfahren, wie die Gefangenen mit ihrer Sexualität im Gefängnis umgingen. Dieses Thema beschäftigte aber auch Frauen. Ich sprach einmal mit einer Richterin über dieses Thema, teilweise auch mit Sozialarbeiterinnen. Seit im Männergefängnis Frauen als Wärterinnen tätig waren, kam es auch zu Gesprächen mit ihnen.

Die Frage nach der Sexualität war eine Frage des Alters und der sexuellen Orientierung. Ausgehend von meinem damaligen Alter und meinen sexuellen Fantasien gebe ich hier das wieder, was ich damals dem Doktor erzählte:

Im Gefängnis verloren die Gefangenen oft ihr seelisches Gleichgewicht, vor allen Dingen auch deshalb, weil sie sexuell ausgehungert waren. Wir Inhaftierten waren wie besessen von einem quälenden Verlangen nach Frauen, der Sanftheit und der Liebe eines Weibes. Bei dem Gedanken an die weichen, süßen, geheimnisvollen, herrlichen Tiefen einer Frau hätte man wahnsinnig werden können. Man stellte sich ihre glatten Schenkel vor, rund und warm, und es war, als läge man auf ihr und spürte das Fleisch ihres Gesäßes, ihrer festen Hinterbacken in den Händen und eine weiche wogende Brust unter sich. Es war zum Verrücktwerden, zum Davonlaufen, zum Abhauen! Von diesen Gedanken, aus diesen Überlegungen heraus wurden viele Fluchtpläne geschmiedet, wurden Gedanken gewälzt: Wie schaffte man es zur nächsten Stadt, zu seiner Frau, zu seiner Freundin? Wenn ich es geschafft hätte, wenn ich rausgekommen wäre, hätte ich die Frau meines Herzens geliebt, sie angebetet, alles für sie getan, weil sie auf das heiße drängende Gefühl reagiert hätte. Und ich wäre glücklich gewesen, solange sie da gewesen wäre …

Das waren in etwa die Träume und Gedanken, die ich im Gefängnis hatte. Die anderen Inhaftierten sicher auch. Ich schrieb ja bereits, dass wir im Gefängnis leicht unser seelisches Gleichgewicht verloren. Und was blieb uns am Schluss übrig?

Feuchte Träume hatte ich genug, also griff ich zur Selbsthilfe, hing meinen Träumen nach und fand eine – wenn auch nur kurz anhaltende – Entspannung.

In diesem Zusammenhang möchte ich eine Erzählung des Doktors zu Papier bringen. Es ist eine Geschichte aus dem Gerichtssaal:
Ein Bauer wurde verurteilt, weil man eine Brennerei bei ihm entdeckt hatte. Er besaß alles, was man benötigte, um Schnaps zu brennen, aber weiter fand man nichts bei ihm. Keinen gebrannten Schnaps, nichts! Lediglich die Vorrichtung, um Schnaps zu brennen, war vorhanden. Der Amtsrichter verurteilte den Bauern zu einer Geldstrafe von 5.000 DM.
Der Bauer fragte: „Wofür werde ich verurteilt? Ich habe keinen Schnaps gebrannt."
„Ja", sagte der Richter. „Sie haben keinen Schnaps gebrannt, aber Sie besitzen die Vorrichtung dafür."
Der nunmehr Verurteilte erhob sich daraufhin und fragte den Amtsrichter, ob er ihn etwas fragen dürfe.
„Nur zu", sagte dieser.
Der Bauer fragte darauf den Amtsrichter, ob dieser schon wegen Vergewaltigung verurteilt worden sei. Ein entrüstetes Nein des Amtsrichters war die Folge. Er wollte wissen, wie der Bauer dazu komme, so etwas zu fragen. „Das wird noch Folgen für Sie haben!", drohte er.
Nun entgegnete der Bauer: „Was wollen Sie eigentlich? Sie haben doch die Vorrichtung dafür, eine Vergewaltigung zu begehen, ebenso wie ich eine Vorrichtung dafür habe, Schnaps zu brennen. Ich werde verurteilt und Sie nicht. Ist das gerecht?"
In zweiter Instanz wurde der Bauer freigesprochen.

Einmal brachte mir der Arzt den „Kaukasischen Kreidekreis" von Bertolt Brecht mit, um dann eine Woche später mit mir darüber zu diskutieren. Es ging um den selbstherrlichen Richter Azdak, der trotz aller Willkür ein salomonisches Urteil über die Mütterlichen spricht und dieses auch präzisiert. „Wie er es schlichte, wie er es richte …", sagte Bertolt Brecht.

Projiziert auf meine damalige Situation muss ich sagen, dass so mancher Anstaltsleiter, Flügelverwalter oder ADL[2] sich so verhielt wie der selbstherrliche Richter Azdak, nur kam dabei in den wenigsten Fällen ein salomonisches Urteil heraus.

Die Bediensteten vergaßen nach einigen Jahren, dass sie es im Gefängnis mit Menschen zu tun hatten und nicht mit Brettern oder irgendwelchen Eisenplatten, die einfach weggestapelt wurden. Jede Entscheidung, die getroffen wurde, konnte gravierenden Einfluss auf das sogenannte Vollzugsziel haben, konnte einen Inhaftierten um Jahre zurückwerfen, kostete wertvolle Lebensjahre.

Die Justizvollzugsanstalten sind für mich ebenso ein rotes Tuch wie die Jugendämter, um die es ja im ersten Teil meiner Trilogie hauptsächlich ging. Willkür, wo ich ging oder stand – Ausnahmen bestätigen nur die Regel –, im Allgemeinen sieht man ähnliche Personen Erzieherinnen/Erzieher, Justizvollzugsbeamtinnen/Justizvollzugsbeamte, Sozialarbeiterinnen/Sozialarbeiter, harte Augen, harte Herzen. Reden können sie alle, vor allen Dingen über Empathie, über soziales Miteinander, über soziale Kompetenz. Sie aber selbst besitzen nichts davon! Sie nennen sich Sozialarbeiter und wissen noch nicht einmal, was „sozial" überhaupt bedeutet. Wie gesagt, und das möchte ich noch einmal betonen: Ausnahmen bestätigen die Regel.

Ich konnte mich sehr gut auch mit anderen Gefängnisärzten unterhalten, so zum Beispiel während einer anderen Haft mit einem Perser/Iraner. Er war ein gottesfürchtiger Mann, der etwas für seine Patienten tat, wenn sie Hilfe brauchten. Ich kann das beurteilen, denn ich war zu der Zeit sechzehn Monate lang Lazarettkalfaktor und hatte meine Zelle im Revier. Aber dazu später mehr.

Ich schreibe dies deshalb, weil ich, anders als die meisten Gefangenen, eine Sicht und einen Einblick in das Innere dieses Mikrokosmos hatte. Ich wusste und weiß mich in jeder Hinsicht zu wehren. Beamtinnen und Beamte offenbarten mir ihre Schwierigkeiten im privaten wie im

---

[2] Abkürzung für: Aufsichtsdienstleiter

beruflichen Bereich. Einige Beamte begleitete ich von den Anfängen ihres Dienstes bis hin zu ihrer Pensionierung. Ich bin beileibe nicht stolz darauf. Leider ist es so, aber genau deswegen kann ich mir ein Urteil erlauben, und zwar ein fundiertes.

Ich weiß, ich müsste systematischer vorgehen. Aber manchmal überkommt es mich, wenn ich an die vielen Ungerechtigkeiten denke und dann den Mist höre, den sie verzapfen, nur weil sie das Glück hatten, in ihrer Jugend nicht mit ihren Taten aufgefallen zu sein oder weil sie einen milden Richter hatten und nun vor der Tür standen und nicht hinter ihr.

Genug davon.

In diesem alten Gefängnisbau hatte ich irgendwann das Negative fast verdrängt, den Raum, in dem ich mich – wenn das Bett heruntergeklappt war – kaum drehen konnte. Ich musste seitwärts gehen, damit ich zwischen der Wand und dem Bett durchkam. Die Kübel, die Enge, überall Enge, keine fünfzig Meter freies Gehen ohne Türen oder Mauern, sogar der Freistundenhof war weniger als fünfzig Meter lang.

Entspannung fand ich nur in Büchern. Wenn ich las, vergaß ich darüber zum Teil sogar die Situation, in der ich mich gerade befand.

Wir Inhaftierten sprachen über Entspannung. Nicht über die körperliche – die fand ich in meinen Übungen, die ich mindestens fünf Mal in der Woche absolvierte. Als ich in der kleinen Kopfzelle lag, machte ich meine Übungen auf dem Flur und hatte auch bald viele Mitstreiter. Nein, ich meine die herbeigesehnte, die totale geistige Entspannung, die ich aber nur zum Teil fand. Wenn ich mir diese vollkommene, die totale Entspannung als einen Raum vorstelle, so muss ich sagen, dass es sicherlich viele Türen gab, durch die ich diesen Raum betreten konnte. Ich fand zumindest für eine gewisse Zeit meine Entspannung in der Literatur, denn das Lesen war eine dieser Türen.

Aus heutiger Sicht kann ich sagen, dass in einem Gefängnis ein großes Wissen vorhanden ist. In diesem Mikrokosmos, in dieser subkulturellen Welt gibt es Ärzte, Rechtsanwälte, Banker, Pfarrer ebenso wie BWL-Absolventen oder Computergenies. Allerdings ist die Zahl der Dummen relativ hoch und in dieser komprimierten Welt schon die Normalität. Daher fallen Personen, die sich halbwegs gebildet artikulieren können, auch sofort auf und finden sich fast immer in begehrten und gesuchten Positionen wieder.

Ich habe den größten Teil meiner Haftzeit in der Bücherei verbracht. Heute wird leider nicht mehr so viel gelesen wie früher, denn es gibt DVDs und CDs, die ausgeliehen werden können. Jetzt wird nicht nur jeder Mist im Fernsehen geglotzt, sondern man kann ihn sich auch fünf oder zehn Mal in der Wiederholung anschauen. Heute wird noch weniger geschrieben als früher, noch weniger nachgedacht, kaum eigene Kreativität entwickelt – es wird nur noch geglotzt.

Mit der Einführung der Fernsehgeräte hat das Justizministerium beziehungsweise die Justizverwaltung das Ei des Kolumbus neu entdeckt. Es ist wieder Ruhe im Karton. Heute haben fünfzig Prozent der Gefangenen keine Arbeit. Was wird also gemacht? Es wird in die Röhre geschaut, und zwar bis zum Erbrechen, morgens wird nicht aufgestanden – es gibt morgens kein Frühstück mehr, das bekommt man abends schon mit serviert, weil morgens sowieso keiner aufsteht. Sehr geschickt, die Justiz. Wie gesagt, hier wurde das Rad neu erfunden oder das Ei des Kolumbus wiederentdeckt.

In diesem alten Gefängnis machte ich den Rest meiner Strafe ab – ich hatte ja mit meiner Flucht aus Oberems die Strafverbüßung unterbrochen –, allerdings sollte ich, bedingt durch die Straftaten, die ich im Ruhrgebiet begangen hatte, nach Beendigung dieser Strafe direkt in Untersuchungshaft kommen. Deswegen war bei mir Überhaft notiert, das heißt, nach Strafverbüßung gab es für mich keine Entlassung, sondern es ging nahtlos weiter mit der Untersuchungshaftanstalt.

Nun, aus irgendeinem Grunde geschah dies nicht und ich wurde aus Versehen entlassen. So schnell, wie ich damals meine Sachen verpackte, packte ich nie wieder. Ich hatte ja nicht viel mitzunehmen. Was ich zu tragen hatte, passte in einen Pappkarton und eine Sporttasche.

Und dann ging es auf Richtung Heimat. Uschi war nicht mehr da und Marion hatte ich verabschiedet. Und so blieb wie immer nur Mutti übrig.

Die Frau des Kohlenhändlers

Ich wusste genau, dass es nicht lange dauern würde, bis man mich wieder verhaften würde. Die Einbrüche aus der Zeit nach der Flucht aus Oberems waren noch offen und würden mit Sicherheit nicht einfach eingestellt werden. Abhauen konnte ich nicht, dafür hatte ich nicht genug Geld. Während dieser Zeit einen neuen Bruch zu machen, war ein zu großes Risiko. Die Polizisten kannten mich in der Stadt, in der ich bei meiner Mutter wohnte, und so wäre ich bei jeder noch so unbedeutenden Kontrolle aufgefallen.

Dann kam es zu folgender Begebenheit:

Keine 150 Meter von der Wohnung meiner Mutter entfernt war eine Kohlenhandlung. Der Besitzer war verstorben und seine Frau – eine circa 160 Zentimeter große, korpulente Person – rief mich eines Sonntagmorgens zu sich, als ich auf dem Weg zu einer Milchbar war, in der ich hin und wieder beim Bedienen aushalf.

„Siegfried!", rief die Frau des Kohlenhändlers. „Wo soll es hingehen?"

„Zur Milchbar, ein paar Bekannte treffen und ein Gläschen trinken", war meine Antwort.

„Kannst du für einen Moment zu mir kommen? Ich hätte da ein paar Fragen", sagte sie. „Es soll dein Schaden nicht sein."

Na ja, dachte ich. Was habe ich schon zu versäumen.

Wir setzten uns in ihr Wohnzimmer, sie öffnete eine Flasche Wein und nach den ersten Schlückchen ging die Fragerei auch schon los: „Wie war es denn im Gefängnis? Was hast du ohne Frauen gemacht?"

Aha, dachte ich. So soll der Hase laufen. Ich erzählte ihr, dass die meisten Gefangenen masturbierten, aber manch einer seine sexuellen Bedürfnisse mit einem Mitgefangenen auslebte.

Die Flasche Wein wurde schnell leer und auf dem Tisch stand ein kleines Fässchen, allerdings nicht mit Wein, sondern mit Cognac gefüllt. Ich vertrug nicht viel Alkohol und war nach dem zweiten Gläschen schon ziemlich angeschlagen, während die Frau des verstorbenen Kohlenhändlers noch immer munter wie ein Reh war.

„Du hast bestimmt wenig Geld und auch große Sehnsucht nach Frauen", sagte sie verständnisvoll.
„Natürlich, aber klar!" Kaum hatte ich das gesagt, hatte ich schon meine Hose geöffnet. Sie war noch nicht einmal zu Boden gefallen, da hatte sie schon meinen Penis im Mund.
„Warte einen Moment!" Sie stand auf, zog sich ihr Kleid aus und stieg dann aus ihrem Korsett. Die Unterhose, der BH, alles flog zur Seite, bis sie nackt vor mir stand. Sie war ziemlich kräftig gebaut und hatte einen dicken Bauch, ich konnte ihre Schamhaare und ihre Schnecke nicht sehen.
„Komm, leck mich", lockte sie mich. „Dann kannst du mich ficken. Aber du musst auf mich spritzen und nicht in mich hinein."
Es lief prima und zum Schluss gab sie mir auch noch einen Hunderter. Ich ging nach Hause. Zwei Tage später stand sie bei uns vor der Tür und fragte, ob ich ihr helfen könne. Ich folgte ihr und sie horchte mich aus: „Warst du weg? Ich habe dich überhaupt nicht gesehen. Warst du bei einer anderen Frau?"
Ich erzählte ihr, dass ich aus Versehen entlassen worden sei und dass es aus diesem Grunde wohl nicht lange dauern würde, bis mich die Polizei suchen würde.
„Ja, dann kommst du zu mir. Hier sucht dich keiner", bot sie mir an. „Wir müssen aber auf die Arbeiter aufpassen, die dürfen dich nicht sehen. Sonst wird zu viel gequatscht."
So ging es ein paar Monate gut. Dann griff mich die Polizei auf und setzte dieser Prostitution ein Ende. In der Zwischenzeit war ich mit meiner Liebschaft häufiger zum Einkaufen gewesen. Ich war nun im Besitz vieler neuer Kleidungsstücke wie ein neuer Anzug, Unterwäsche, Hemden, Schuhe und dergleichen mehr. Dies war eine einmalige Angelegenheit, die sich mir in dieser Form nie wieder bot. Für die Frau und mich war es ein gutes „Geschäft" gewesen. Sie hatte mir geholfen und ich hatte auf meine Weise für ihre Unterstützung gezahlt.
Später sah ich diese Frau noch einmal wieder und sie machte erneut gewisse Andeutungen. Doch bedrängte sie mich nicht, obwohl ich mich sicher ein zweites Mal auf sie eingelassen hätte. Solange sie in der Nachbarschaft meiner Mutter wohnte, konnte ich auf sie zählen. Sie

war trotz unseres Altersunterschiedes von fünfundzwanzig bis dreißig Jahren stets eine gute Freundin für mich.

Da ich es noch nicht erwähnt habe, möchte ich es hier tun: Während der Zeit nach meiner Flucht aus Oberems lernte ich meine heutige Frau kennen. Solange ich inhaftiert war, schrieben wir uns regelmäßig und auch nach meiner versehentlichen Entlassung ließ der Kontakt nicht nach. Wir heirateten am 23. Dezember 1973. Diese Ehe hat bis zum heutigen Tage Bestand.

Die erste Verurteilung im Ruhrgebiet

Nachdem mich die Polizei aufgegriffen hatte, war ich kurz in Untersuchungshaft, bis der Termin stattfand. Die Zeitungen waren damals voll von unseren Geschichten: „Waffenlager hinter der Theke", „Racket aus dem Ruhrgebiet verurteilt" und so weiter. Hier wurden nun die bereits geschilderten Straftaten geahndet.
Manni bekam ein Jahr mehr für den geplanten und nicht zurückgetretenen Bankraub, ansonsten blieb es gleich. Körperverletzung, Erpressung, Einbruch, unerlaubter Waffenbesitz. Das hört sich nach wer weiß was an, in Wirklichkeit war alles nur Mist.
Für eine Lachsalve sorgte unser „Amateurnuttchen". Sie musste als Zeugin für die angebliche Erpressung von Otze aussagen. Dabei wurde sie unter anderem nach ihrem Beruf gefragt. Ihre Antwort war „Kunststickerin". Sie sprach nur leider etwas undeutlich, und da kurz zuvor über ihre Nebentätigkeit als Hure gesprochen worden war, verstand jeder, aber auch jeder: „Kunstfickerin". In diesem Moment tat sie mir leid, weil sie – blutrot angelaufen – dem Gespött der Anwesenden ausgesetzt war. Soweit ich mich erinnere, lachten der Staatsanwalt und die Mitglieder der Strafkammer am lautesten. Nun, ich muss gestehen, dass ich auch lachte. Dennoch tat sie mir leid. Dabei hätte ich mir lieber selbst leidtun sollen. Manni bekam viereinhalb Jahre, ich drei Jahre und drei Monate.

Vom Gefängnis im Ruhrgebiet ging es dann von November bis Januar in die damalige Auswahlanstalt – ebenfalls im Ruhrgebiet. Hier wurden die Fähigkeiten von Inhaftierten getestet. Man versuchte festzustellen, ob die Gefahr bestand, dass sie auch in Zukunft kriminell sein würden. Es wurde alles, aber auch alles gespeichert und notiert. Und sie stellten unbequeme Fragen:
„Mit wem hast du Kontakt?"
„Wer kommt dich besuchen?"
„Stehst du im Schriftwechsel mit anderen Strafgefangenen?"
Und so weiter.

Auf jeden Fall erfuhr ich hier, was ich im Gefängnis die Ausbildung betreffend tun konnte. In der Zwischenzeit war die Situation so, dass meine damalige Verlobte, also meine heutige Frau, täglich mehrmals bei der Staatsanwaltschaft anrief, um für unsere Hochzeit eine Strafunterbrechung zu erreichen. Sie kämpfte wie eine Löwin für mich.
Anfang Dezember erhielt ich einen Anruf von der Staatsanwaltschaft. Ich war sehr neugierig, denn ich wusste ja, dass meine Verlobte mehrmals täglich dort angerufen hatte.
„Herr Massat", sagte der Staatsanwalt, „Sie bekommen zehn Tage Haftunterbrechung. In dieser Zeit können Sie heiraten. Sagen Sie Ihrer Zukünftigen, sie soll uns nicht mehr anrufen. Sie möchte uns bitte nur noch den Termin Ihrer Trauung mitteilen und dann will ich nichts mehr von Ihnen hören. Danach wird es auch keine Haftunterbrechung mehr geben."
Die Hartnäckigkeit meiner Verlobten hatte sich also bezahlt gemacht. Sie bemühte sich, so schnell wie möglich einen standesamtlichen Trauungstermin zu erhalten. Unser Hochzeitstag, der 23. Dezember 1973, war ein wunderschöner Sonnentag mitten im Winter. Meine Ehefrau kann heute noch voller Freude davon berichten. Wenn ich allerdings bedenke, was in den vielen Jahren danach alles geschehen ist, fragen wir uns heute beide, ob dieser Tag tatsächlich ein Freudentag war. Aus damaliger Sicht war er es auf jeden Fall.
Nach meiner Heirat und dem Ende meiner Haftunterbrechung kehrte ich wieder in die Auswahlanstalt zurück. Das entsprach zwar nicht meinem Naturell und ich tat es auch nur aus Vernunftgründen, wohl wissend, dass dann einer Verlegung in den offenen Vollzug nichts mehr im Wege stand. In der Auswahlanstalt wurde auch freundlicherweise notiert, dass ich eine Ausbildung machen sollte beziehungsweise wollte. Allerdings ging es nun zunächst zu meiner Mutteranstalt.

Ich war zum ersten Mal in meiner Mutteranstalt. Mutteranstalt deswegen, weil sie in der Nähe meines Heimatortes war.
Ich begann nun, zielbewusst vorzugehen und war bemüht, mich im Bereich Elektronik fortzubilden. Ohne elektronische Kenntnisse war

man aufgeschmissen, wenn man etwas halbwegs Lohnendes machen wollte.

Zur damaligen Zeit, also Anfang der Siebzigerjahre, wurden vom Arbeitsamt Ausbildungslehrgänge angeboten, unter anderem auch einer als Starkstromelektriker. Um diese Ausbildung bemühte ich mich. Sie dauerte achtzehn Monate und mit Vorlauf würde ich circa einundzwanzig Monate in dieser Auswahlanstalt sein. Bis zur Verlegung würde es allerdings noch ein paar Monate dauern und diese verbrachte ich in der Mutteranstalt.

Die Mutteranstalt

Ich gebe nun einige in meiner Mutteranstalt erlebte Geschichten wieder, zunächst einmal nur ein paar, die anderen werden nach und nach dazukommen. Mit jedem meiner Aufenthalte dort wurden die Geschichten auch brisanter.
In der Anfangszeit war ich unter anderem in der Küche eingesetzt, später fast nur in der Bücherei. In der Küche wurde ich an der Schwenkpfanne angelernt. An dieser arbeitete ein Rotschopf, ein seltsamer Typ, der sich immer auf dem Kopf kratzte und dabei allerhand Schorf verlor, der scheinbar unbemerkt in der Pfanne verschwand. Ich aß, nachdem ich das beobachtet hatte, nichts mehr von seinen Gerichten. Nach einer Woche war ich der Pfannenmann, während der Rothaarige auf der Kammer blieb. Ich muss erwähnen, dass ich hier sehr viele Personen kannte, aber das lag in der Natur der Sache, war meine Heimatstadt doch nur eine halbe Stunde entfernt. Mit dem Metzger, der ebenfalls in der Küche arbeitete, war ich früher zur Schule gegangen. Er wurde von allen „Pille" gerufen. Und von ihm gibt es so einige nette Geschichten zu berichten. Ich erzähle sie hier im Zusammenhang, obwohl sie sich während meiner verschiedenen Haftstrafen abspielten.

Pille wurde zwei Mal wegen Banküberfalls verurteilt. Nach der Schulzeit trafen wir uns erstmals im Gefängnis wieder. Wie schon erwähnt, war Pille Metzger. Er schnitt die Wurst oder den Käse für die Gefangenen, räumte das Kühlhaus ein und so weiter. Die angelieferten Rinder- und Schweinehälften mussten abgeladen werden. Jeder, der in der Küche beschäftigt war, hatte dabei zu helfen. Als nach einer Lieferung alles im Kühlhaus untergebracht war, kam Pille zu mir und sagte voller Stolz: „Siggi, morgen fange ich an, die Rinderhälften zu zerlegen. Für uns beide schneide ich die Filetstücke raus. Ha, dann haben wir endlich mal wieder ein vernünftiges Stück Fleisch für uns. Ich schneide die Stücke raus und du brätst sie für uns."
„Klar!", sagte ich. „Da freue ich mich schon drauf."

Am nächsten Tag kam Pille zu mir. „Die Filetstücke sind weg!"
„Wie konnte das passieren?", fragte ich. „Wer soll die denn rausgeschnitten haben!"
„Ein Gefangener sicher nicht", mutmaßte Pille. „Der Beamte im Nachtdienst – wahrscheinlich auch ein Koch oder ein Metzger – muss die Filetstücke großzügig herausgetrennt und sie mit nach Hause genommen haben."
Da hatte ich von einem Filetstück geträumt – und schon war der Traum geplatzt.

An der Pfanne hatte ich nicht jeden Tag zu tun. Wenn es zum Beispiel Suppe gab, half ich Pille beim Wurst- oder Käseschneiden. Ich belegte die Bleche für die einzelnen Abteilungen – 45 Personen waren auf einer Abteilung, also kamen 45 Portionen auf das Blech. Jedem Gefangenen standen ein gewisser Verpflegungssatz und eine bestimmte Menge zu. Pille stellte bei Wurst, Käse oder Fleisch die Schneidemaschine entsprechend ein.
Etwa einmal im Monat kam entweder der Küchenchef oder dessen Stellvertreter zu Pille und sagte beispielsweise: „Mensch, Pille, uns fehlt eine Hartwurst. Weiß der Teufel, wo die geblieben ist. Wir müssen die Fehlmenge wieder rausholen, nicht, dass wir bei der Kontrolle zu wenig davon haben."
Und was geschah in einem solchen Fall? Die Einstellungen an der Maschine wurden so verändert, dass die Wurst- oder Käsescheiben für die Gefangenen einen Millimeter dünner ausfielen als üblich. Und so waren bei etwa 450 Männern und 120 Frauen wie durch Zauberei wieder etliche Kilo Wurst, Fleisch oder was auch immer mehr zur Verfügung.
Nicht jeder Beamte bediente sich auf diese Weise, aber ich kenne etliche, die vom Bleistift über Toilettenpapier und Zahnbürste bis hin zur Wurst alles mit nach Hause nahmen.
Heute sind diese Diebstähle nicht mehr so leicht möglich, denn die Beamten werden sowohl beim Eintreten in die JVA als auch beim Ausrücken kontrolliert. Traurig, aber wahr! Und doch gelingt es dem einen oder anderen von ihnen, beispielsweise Mobiltelefone oder

Drogen einzuschmuggeln. Damit verdienen sie am meisten. Die Spunde, die dort anfangen, verdienen gerade das Salz in der Suppe, deswegen essen auch so viele Gefängniskost, nehmen sich Joghurt, Brot, Obst, alles Mögliche mit nach Hause. Sogar Fernseher – für die Kinder – oder alte Bücher, um diese im Internet zu verkaufen. Steine, Holz, Papier, Druckerpatronen, Kugelschreiber, Bleistifte, Eddings, Radierer, Klebestifte, weiß der Kuckuck was noch, alles wird zu Hause gebraucht und gerne mitgenommen.

Wenn ich als Gefangener auch nur ein einziges Blatt Papier mitnahm, ha, dann war das Diebstahl! „Wie kommen Sie dazu? Sie dürfen nichts mitnehmen", sagte mir irgendwann einmal einer der Beamten. Aber er nahm in der Mittagspause seine Aktentasche mit, voll beladen mit Druckerpapier, Druckerpatronen und anderem. Es war so viel, dass er die Tasche kaum tragen konnte. Außerdem war er mittags schon besoffen, aber er schleppte die Tasche zum Auto – wohlgemerkt: in der Mittagspause! Ich werde zu diesen Sachverhalten wohl noch konkretere Beispiele liefern und auch liefern müssen.

In der Druckerei wurden private Arbeiten durchgeführt, natürlich ohne Bezahlung. Nachdem dies ein Gefangener über seinen Anwalt dem Justizministerium zur Kenntnis gebracht hatte, wurde er abgelöst und zwei Monate später in den offenen Vollzug verlegt, damit alles unter den Teppich gekehrt werden konnte. Ich war mit diesem Gefangenen im offenen Vollzug und kenne ihn gut. Daher weiß ich von diesen Dingen.

In der Untersuchungshaftanstalt wurde eine Unmenge an Medikamenten bestellt, wie zum Beispiel Vitaminpillen, Vitamin-B-Komplex B1 bis B12. Und wer spritzte sich diese Ampullen? – Der Leiter des Reviers, ein ganz furchtbarer Mensch, auf den ich später noch zu sprechen komme.

Plante einer der Beamten eine Reise in die Tropen, so wurden alle in Frage kommenden Medikamente über die JVA bestellt und niemand fragte, was ein Gefangener mit einem Moskitonetz anfangen sollte oder mit Pillen zur Vorbeugung gegen Malaria. Es ist mir bis heute ein Rätsel, warum so etwas nicht hinterfragt wurde.

Ich bin zwar noch beim Thema, schweife aber schon wieder ab.
Ich möchte erneut betonen, dass ich hier nur das erzähle, was ich auch selbst erlebt und mitgemacht habe oder was mir von anderen Gefangenen wie dem aus der Druckerei, der absolut vertrauenswürdig war und dessen Erzählungen belegbar waren, zugetragen wurde. Früher geschah alles nach der Devise „Leben und leben lassen", trotzdem kannte jeder seinen Platz. Aber auch hier kann ich nur für mich sprechen, ich kam mit diesen Menschen klar, weil ich überleben wollte. Ich wollte nicht nur überleben, ich wollte gut überleben. Daher heulte ich so manches Mal mit den Wölfen, aber nicht auf Kosten meiner Mitgefangenen, sondern meine Person war dafür gut genug.
Ich hatte einen guten Namen, den ich mir im Laufe der Jahre erworben hatte. Es war bekannt, dass auf mich Verlass war. Auf der anderen Seite musste ich mit ansehen, wie Gefangene die Treppe runtergezogen wurden und ihr Kopf auf den Treppenstufen aufschlug. Es klang, als ob auf einem Kürbis geschlagen wurde.
Zu den einzelnen Beamten komme ich später noch.
Der spätere Küchenchef war ein feiner und integrer Mensch. Wie die Situation allerdings heute ist, ist mir nicht bekannt. Ich weiß nur, dass sich die Küche jetzt im neu gebauten Frauenbau befindet.

Jetzt aber wieder zu Pille, meinem alten Schulkameraden.
Pille und ich lagen auf derselben Abteilung, wo wir von unserem Zellenfenster zum Frauenhaus hinüberschauen konnten. Das taten wir auch ausgiebig, und das nicht nur mit bloßem Auge, sondern wir benutzten Ferngläser. Ich verwendete ein Teleskop, besser gesagt die Hälfte eines Teleskops, die andere Hälfte hatte Pille. Es gab sogar einen Spezialisten, der sich aus Brillengläsern ein Fernglas bastelte. Natürlich waren solche Hilfsmittel verboten und wir mussten höllisch aufpassen, dass wir uns nicht durch die Spiegelung des Knastmondes verrieten, wenn wir zu nahe ans Fenster gingen. Obwohl jeder von uns auf sein Fernglas aufpasste wie auf seinen Augapfel, passierte es immer wieder

einmal, dass die Beamten einen erwischten. Man brauchte nur zu dicht am Gitter stehen, schon spiegelte sich der Scheinwerfer im Glas, reflektierte das Licht, tja, und das war es dann.

Ein anderes Beispiel: Bei einer Zellenkontrolle wurde ein nicht so gut verstecktes Fernglas gefunden.

Es ging aber noch besser, und daran war Pille schuld:

Eines Nachts wurde ich durch ein lautes Gepolter aus dem Schlaf gerissen und hörte ein schmerzvolles Stöhnen. Ich klopfe an die Wand und frage Pille, der in der Zelle nebenan lag, was denn los sei.

„Siggi, ich bin vom Stuhl gefallen! Ich habe mir wahrscheinlich das Handgelenk gebrochen, aber das erzähle ich dir morgen genauer."

Kurz darauf höre ich, wie nebenan die Tür aufging und der Sanitäter Pilles Handgelenk schiente. Am nächsten Tag wurde Pille in die Klinik gefahren, damit seine Hand fachmännisch verarztet werden konnte. Später erfuhr ich den genauen Hergang des nächtlichen Vorfalls. Pille hatte sich wegen der möglichen verräterischen Lichtsignale beim Blick durch sein Fernglas in die Mitte der Zelle zurückgezogen, um mit seiner Freundin zu kommunizieren – auf welche Art auch immer. Damit sie seine Zeichen sah, musste er allerdings höher stehen als am Fenster. Also hatte er sich ein äußerst wackliges Hochgestell gebaut: Den Tisch stellte er in die Mitte der Zelle, den Stuhl auf den Tisch, das Fernglas befestigte er an der Stuhllehne, mit einer Hand schrieb er und hielt sich fest und mit der anderen Hand onanierte er. Als er so richtig in Ekstase geriet, fiel er vom Stuhl. Für ihn war es eine sehr unangenehme und peinliche Geschichte, für alle anderen, die diese Geschichte hörten, jedoch eine äußerst amüsante.

Ich muss feststellen, dass ich sehr viel über Sex schreibe, im Folgenden werde ich dies auf ein Minimum reduzieren. Aber leider Gottes waren die Sittenstrolche meine Nachbarn im Gefängnis und bei den Geschichten, die mit dem Jugendamt zu tun haben, handelt auch vieles von diesem Mist. Außerdem gehöre ich zu den besonders wissbegierigen Menschen, die immer alles ganz genau wissen müssen. Ich wurde und werde natürlich auch durch meine Umgebung mit vielen Dingen konfrontiert, zum Beispiel durch meinen Tatgenossen bei unseren

Raubüberfällen oder durch einen Beamten des LKA, als ich einen Metzgermeister verprügeln ließ. Wobei ich das Geld von diesem Beamten des LKA erhielt, dies an die Farbigen weitergab, damit diese anschließend diesen Drecksack verprügelten. Auch das werde ich noch ausführlicher schildern.
Meine damalige Welt, meine subkulturelle Welt, mein Mikrokosmos, in dem ich damals lebte, war voll von diesen schlimmen Dingen, da war eine Geschichte wie die mit Pille ein richtig lustiges Erlebnis, das fast schon positiv aus all den negativen Ereignissen herausragte. Ich denke, das muss an dieser Stelle erwähnt sein, denn sonst könnte der Eindruck entstehen, mein Leben, insbesondere mein Gefängnisleben, hätte nur aus solchen oder ähnlichen Begebenheiten bestanden.

Eine andere Geschichte mit Pille war die mit meinem Schmuck.
Pille war ein Liebeskasper im positiven Sinne, für seine Familie und seine Frau tat er alles. Allerdings geschah dies nicht immer im Interesse seiner Frau. So ging Pilles erste Ehe in die Brüche. Er hatte zu viel gearbeitet, um seiner Frau ein schönes Leben zu ermöglichen. Weil Pille wegen der vielen Arbeit fast nie zu Hause war, nutzte sie die freie Zeit, von der sie jede Menge zur Verfügung hatte, um fremdzugehen. Jetzt brauchte sie erst recht Geld, wollte noch mehr. Pille konnte mit seiner Arbeit aber nicht so viel verdienen, also verübte er seinen ersten Banküberfall. Und schon war der erste Zehner[3] im Sack. Von dieser Frau wurde Pille während seiner ersten Haftzeit geschieden. Die Geschichte wiederholte sich allerdings mit einer anderen Frau. Nach einem erneuten Banküberfall bekam Pille einen Elfer. Zuletzt heiratete er seine Freundin, die er im Gefängnis kennengelernt hatte, und soweit ich weiß, sind sie heute noch verheiratet und, allen Unkenrufen zum Trotz, glücklich.
Auf jeden Fall war Pille damals mit einer Frau verheiratet und wollte ihr und seinen Töchtern etwas Schönes schenken. Ich weiß nicht mehr, für welchen besonderen Tag es sein sollte, aber es sollte ein ganz außergewöhnliches Geschenk sein. Pille fragte mich: „Mensch, Siggi, hast du

---

[3] die ersten zehn Jahre Gefängnis

nichts Schönes, was ich meiner Frau schenken könnte? Du weißt, ich bezahle, ich bleibe dir nichts schuldig."

Ich wusste, dass er aufrichtig war, also antwortete ich: „Gut, ich habe etwas sehr Schönes für dich beziehungsweise deine Frau."

Beim nächsten Besuch bat ich meine Frau, sie möge mir die Weißgold-Kollektion mit Smaragden mitbringen. Ich muss dazu sagen, meine Frau trug und trägt nur wenig Schmuck, und auch nur solchen, von dem sie weiß, dass ich ihn gekauft habe und wo ich ihn gekauft habe. Meine Frau brachte mir also bei ihrem nächsten Besuch ein Collier, ein Armband und einen Ring mit, alles aus Weißgold und mit Smaragden besetzt.

Oh je, Pille fiel fast vom Glauben ab, als er die Schmuckstücke sah. „Ist das alles echt?", fragte er mich.

„Du kannst den Schmuck prüfen lassen", versicherte ich ihm. „Gib den Ring deinem Vater mit, wenn er dich besucht. Der kann damit zum Juwelier gehen. Wenn alles klar ist, bekommst du die anderen Teile. Und ich bekomme von dir 1.000 DM in monatlichen Raten á 50 DM. Klar oder nicht klar?"

„Okay, Siggi, so machen wir das."

Natürlich waren Schmuckstücke wie diese im Gefängnis verboten, das Geschäft musste also unbemerkt über die Bühne gehen. Seinem Vater den Ring zu übergeben, bekam Pille ja noch geregelt, aber dann ...

Pilles Vater berichtete beim nächsten Besuch: „Alles klar, Junge, der Schmuck ist echt."

Pille bekam von mir die restlichen Schmuckstücke und ich erhielt die erste Rate von 50 DM. Wenn ich durch den Verkauf von Tabak oder Kaffee Geld einnahm, gab ich es immer meiner Frau mit. In dem Fall des Schmuckverkaufs waren Pilles Töchter mitgekommen und Pille zeigte ihnen stolz, welch schöne Schmuckstücke er erworben hatte. Dann ging es los:

„Boah, wie schön!"

„Ich bekomme die Halskette!"

„Ich das Armband!"

Den Ring wollte jede von ihnen haben.

Sie waren einfach nicht vorsichtig genug und schon wurde der Beamte aufmerksam. Natürlich war der Schmuck dann weg und lag nun bei der damaligen Polizeiinspektorin.

Diese befragte Pille: „Herr Panzer, woher haben Sie den Schmuck? Sie wollen uns doch nicht erzählen, Sie hätten solch teuren Schmuck gekauft!"

Pille war kein Ganove im klassischen Sinne, er war aus der bereits geschilderten Situation ein Räuber geworden – wie so mancher, den ich kenne.

Auch ich bezeichne mich nicht als den klassischen Dieb. Ich gehöre einer aussterbenden Rasse an, ich war einer der letzten Edelganoven. Das LKA nannte mich den „Dinosaurier der Ganoven", ein Fossil. Solche wie mich gibt es nicht mehr oder man kann sie an den Fingern einer Hand abzählen.

Pille jedenfalls packte nach der eindringlichen Befragung aus: „Den Schmuck habe ich von Siggi bekommen. Ich wollte ihn meiner Familie schenken. Siggi hat ihn mir verkauft. Woher er ihn hat, weiß ich nicht.

Dieser Sachverhalt war mir noch nicht bekannt, als ich kurz darauf zur Polizeiinspektorin gerufen wurde und man mich strahlend anschaute – mit diesem Blick, der sagte: „Jetzt habe ich dich!"

Ich war damals nicht wohlgelitten bei der Anstaltsleitung, hatte ich doch eine Aussage zugunsten eines Gefangenen gemacht, der sich aus Verzweiflung selbst angezündet hatte.

Ich hatte die Vorgeschichte akustisch mitbekommen. Der Gefangene lag auf einer Einzelzelle und machte Zellenarbeit – er verlötete Kabelenden. Ich lag zu dieser Zeit auf derselben Abteilung einige Zellen weiter. Ich hörte eine lautstarke Diskussion und vernahm, wie der Gefangene schrie: „Dann bringe ich mich um. Ich verbrenne mich!"

Daraufhin war der Beamte zu hören: „Ja, mach doch!"

Die Tür wurde abgeschlossen und zunächst war es ruhig. Keine fünfzehn Minuten später hörte ich ein schauderhaftes Geschrei, furchtbar, ganz furchtbar. Der Gefangene hatte sich mit einem Lösungsmittel oder einer Verdünnung übergossen und diese dann angezündet. Es dauerte eine ganze Weile, bis endlich jemand kam und die Tür aufsperrte. Aber es war fast zu spät, die Haut des Gefangenen war völlig verbrannt. Der Mann wurde sofort in ein Krankenhaus und danach in eine Spczialklinik gebracht, wo er um sein Leben kämpfte. Nach einem halben Jahr kam er wieder. Er war immer noch in Folie eingehüllt. Wenn er sich jemandem zuwenden wollte, drehte er den ganzen Körper, weil die nachwachsende Haut gerissen wäre, wenn er nur seinen Kopf gedreht hätte.

Der Mann erstattete Anzeige und erwirkte einen Artikel in der Zeitung. Zu diesem Sachverhalt wurde ich als Zeuge gehört, weil der damalige Beamte abgestritten hatte, dass der Gefangene damit gedroht hatte, sich zu verbrennen, wenn dies oder das nicht geklärt werden würde. Angeblich hätten sie gar nicht miteinander diskutiert. Ich sagte aus, was ich wusste und nannte die Fakten. Das Fazit war, dass daraufhin die für Sicherheit und Ordnung Zuständigen gegen mich waren. Sie hatten vergeblich versucht, mich von meiner Aussage abzubringen.

Damals begannen einige Personen in der JVA Selbstmord, einer der Inhaftierten erhängte sich in der Arrestzelle. Eine Untersuchung wurde eingeleitet. So war es immer, wenn etwas ans Tageslicht kam. Sobald sich aber die Öffentlichkeit beruhigt hatte und etwas Zeit vergangen war, wurde die Geschichte unter dem Teppich gekehrt. In manchen Gefängnissen müsste der Teppich in einer Höhe von zwei Metern über dem Boden liegen, so viel Dreck wurde schon darunter gekehrt.

Diese Vorgehensweise hat mich mein ganzes Leben lang begleitet. Schon als Kind wurde ich meiner Würde beraubt, sie wurde mir genommen und ich konnte mich nicht dagegen wehren. Bis zum heutigen Tage versucht die Behörde – hier das Jugendamt, die evangelische Kirche sowie der Staat –, mir meine Würde zu nehmen, indem mir ein Mindestmaß an Wiedergutmachung streitig gemacht wird. Ich betone es nochmals: Es ist nichts mehr gutzumachen, aber es sollte doch zumindest versucht werden, einen Ausgleich zu schaffen.

Durch das Verhalten, das die Behörde an den Tag legt, fühle ich mich wieder würdelos, ich kämpfe dagegen an, möchte die Achtung, den Respekt meiner Mitmenschen erringen, ja sogar erzwingen, aber in diesen Institutionen, Heimen, Justizvollzugsanstalten, Forensischen

Kliniken oder auch in verschiedenen Altersheimen wird man seiner Würde beraubt.

Es wird einfach alles unter den Teppich gekehrt. Nichts soll diesen Mikrokosmos verlassen, Zutritt wird nur Eingeweihten oder deren Opfern gewährt.

Derjenige, der darüber berichten will, hat keine Lobby, ihm hört auch niemand zu. Wen interessieren diese Ausgegliederten? Das System hat sie ausgesondert, sie sind Abfall in der großen Tonne, nur interessant für die Verwalter der Tonne, weil diese am Ende des Monats dafür ihren Gehaltsscheck erhalten.

Wenn dann – aus welchem Grund auch immer – einer der Ausgesonderten aufbegehrt, unter Umständen sogar etwas einfordert – etwas, das ihm zusteht, ihm aber nicht zugestanden wird –, ist das Geschrei groß. Was bleibt ihm an diesem Ort der Einsamkeit, der Verzweiflung und größter Verlassenheit? Es bleibt ihm nur noch die Selbstzerstörung, die Selbstvernichtung, ja manchmal nur die Selbstverbrennung, damit die Öffentlichkeit das auch wahrnimmt. Irgendetwas muss nach außen dringen, damit überhaupt etwas wahrgenommen wird.

Heute soll es anders sein? Dass ich nicht lache! Die Mittel sind subtiler – deswegen umso grausamer –, auch heute dringt nur gefilterter Müll ans Tageslicht. Geändert? Geändert hat sich überhaupt nichts.

Dies war also der Grund, warum die Freude bei der Polizeiinspektorin groß war, als sie mich mit der Aussage von Pille konfrontierte. „Haben Sie Herrn Panzer diesen Schmuck verkauft?" Bei dieser Frage zeigte sie mir die Schmuckstücke, die ich Pille verkauft hatte.

Ich sagte: „Ja, das ist meiner, ich habe Herrn Panzer diesen Schmuck verkauft. Aber er hat ihn ja jetzt nicht mehr. Bekomme ich meinen Schmuck nun wieder zurück?"

Entrüstete Blicke waren die Antwort. „Wollen Sie damit sagen, dies hier ist Ihr Schmuck?"

„Natürlich ist das mein Schmuck. Ich habe ihn gekauft, aber meine Frau wollte ihn nicht haben, sie mag kein Weißgold. Deswegen habe ich ihn an Pille verkauft, ich kenne ihn. Ob der Schmuck bei mir rumliegt oder ob Pille ihn kauft, diese Frage habe ich mir gestellt. Um

meinen Einsatz wiederzubekommen, bot ich Pille den Schmuck an, als er mich fragte, ob ich etwas Schönes für seine Frau oder seine Töchter hätte."
Nach dieser Rede blieb die Polizeiinspektorin erst einmal stumm und schaute mich an, als ob sie noch nie einen Menschen gesehen hätte.
„Sie haben also derart teuren Schmuck im Nachttisch-Schränkchen?"
„Warum auch nicht!", entgegnete ich.
„Das werde ich überprüfen", musste ich mir anhören. „Und so lange bleibt der Schmuck beschlagnahmt.
Ich hatte den Schmuck tatsächlich in einem Kaufhaus gekauft und so teuer war er gar nicht gewesen. Er war echt, aber die Steine waren nicht besonders hochwertig und alles zusammen hatte eben unter 1.000 DM gekostet. Bei Pille hatte ich nichts verdienen, aber auch nichts günstiger weggeben wollen. Ich hätte das der Polizeiinspektorin ja sagen können, aber das wollte ich nicht. So versuchte sie zwei Jahre lang zu beweisen, dass der Schmuck aus einem Einbruch stammte, was ihr natürlich nicht gelang. Nach zwei Jahren bekam ich beziehungsweise meine Frau den Schmuck wieder. Pille, der nun nichts Schönes für seine Frau und die Töchter hatte, musste 600 DM Strafe zahlen, was er auch anstandslos tat.

Später sah ich Pille noch ein paar Mal in unserem Kiosk. Er kam ins Geschäft und sagte: „Siggi, du musst mir helfen, ich bin in einer schwierigen Situation!" Pille arbeitete als Metzger und verdiente gutes Geld. Eines Tages hatte er in der Zeitung gelesen, dass Eigentumswohnungen zu verkaufen seien. Beim Kauf einer dieser Wohnungen sollte er noch 10.000 DM draufzu bekommen. Er bekam dieses Geld auch. Hocherfreut kaufte Pille eine Wohnung von 50 Quadratmetern für 170.000 DM.
Meine Herren, dachte ich, wie doof muss einer sein, um auf diesen Mist reinzufallen?!
Pille brachte alles an Unterlagen mit und dann las etwas von einer Anzahlung in Höhe von 30.000 DM. Ich fragte ihn, ob er die gezahlt hätte.

„Nein", sagte er. „Das haben der Notar und der Makler so formuliert, damit ich den Kredit bekomme."
Da er noch nichts unterschrieben hatte, sagte ich: „Du wirst von dem Vertrag wieder zurücktreten und lässt dir die 30.000 DM wiedergeben, die du gezahlt hast, 10.000 DM davon sind für mich."
„Wie? Ich habe doch nichts gezahlt!", sagte Pille.
„Tja", sagte ich. „Aber hier steht es schwarz auf weiß: Du hast das Geld bezahlt und der Notar und der Makler haben das unterzeichnet."
Zuerst wurde Pille gedroht. Daraufhin riet ich ihm, die Sache zur Anzeige zu bringen. Es klappte alles wunderbar, Pille erhielt 30.000 D-Mark – die er nicht gezahlt hatte – „zurück" und zahlte mir ein Drittel davon, 10.000 DM. Gegen den Notar, den Makler und den Filialleiter eines Geldinstitutes, der später Selbstmord beging, wurden Ermittlungen eingeleitet. Es kam zum Prozess, aber das interessierte mich nicht mehr. Nach dieser Geschichte sah ich Pille nie wieder. Soweit ich weiß, lebt er in einer Kleinstadt mit seiner dritten Frau.

Damals machte ich Geschäfte mit einem Beamten. Allerdings ging es weder um Alkohol noch um Drogen, ich verkaufte nur Kaffee und Tabak. Ein Päckchen Tabak für 5 DM und eine Bombe Kaffee – das waren 200 Gramm Nescafé – für 20 DM. Paul, so nenne ich jetzt mal den Beamten, kaufte die Sachen in Holland ein. Der Preis für den Tabak lag bei 2,50 DM und der Kaffee kostete 10 DM. Den Gewinn, den wir durch den Verkauf erzielten, teilten wir uns.
Ich besorgte ihm Karten von einer Firma, die Geburtstagskarten und alle möglichen anderen Karten von den Gefangenen sortieren ließ. Im Verlauf unserer Zusammenarbeit besorgte ich ihm bestimmt tausend Stück, aber auch Aufnehmer, Besen, Schrubber, Schuhcreme und was weiß ich – alles, was im Haushalt gebraucht wurde.
Die Geschichte ging etwa zwei Jahre, bis ich in eine Auswahlanstalt verlegt wurde und meinen ersten Lehrgang als Elektriker machte.

Geschichten aus dem Knast – Erlebnisse mit Beamten

Nachdem ich wieder eingefahren war – ich war gerade zwei bis drei Wochen in meiner Mutteranstalt – ging eines Abends – es war nach Einschluss, ich lag schon im Bett und las ein Buch – die Tür auf. Eine blonde Beamtin trat in die Zelle und sagte: „Guten Abend, Siggi. Schöne Grüße von Paul soll ich dir bestellen."
Ich wusste im ersten Moment nicht, wen sie meinte und fragte nach: „Von welchem Paul?"
Sie antwortete: „Ich bin die Frau von Paul" und fing an zu weinen. Nachdem ich sie etwas beruhigt hatte, erzählte sie mir folgende Geschichte: Ich war gerade drei Wochen weg, da ließ sich Paul mit einem Drogendealer ein. Er schmuggelte Haschisch ins Gefängnis. Dies ging – ich möchte schon sagen: natürlich – nicht lange gut, denn die anderen Dealer machten kaum noch Geschäfte. Irgendeiner erzählte bei den Drogenfreaks immer: „Da kannst du dich blind drauf verlassen." Als Paul morgens zum Dienst kam, wurde er mit seiner Tasche kontrolliert, in der eine Platte Haschisch gefunden wurde. Paul kam nach Köln in Untersuchungshaft. Er gab vor Gericht zu, mit Drogen zu tun gehabt zu haben. Er kam mit einer Freiheitsstrafe von zehn Monaten davon. Ein paar Monate war er in Untersuchungshaft, den Rest bekam er auf Bewährung. Er konnte weiter im Justizdienst bleiben, machte allerdings nur noch Pfortendienst.
Pauls Frau bedankte sich bei mir fürs Zuhören und sagte dann noch: „Paul hat immer wieder gesagt: ‚Hätte ich doch nur auf den Siggi gehört, dann wäre mir das nicht passiert!'"
Ja, so war es gewesen. Ich hatte Paul tatsächlich immer wieder gewarnt: „Paul, keine Drogen, keinen Schnaps! Das können die meisten nicht vertragen." Es gibt zwar viel zu verdienen, aber auch jede Menge zu verlieren. Lieber klein, aber fein – so hatten wir es gehalten, bis ich auf Transport ging.

Eine andere Geschichte mit einem Beamten spielte sich in der Untersuchungshaft ab. Ich lag mit einem Mann namens Erwin auf einer Drei-Mann-Zelle. Ein Beamter kam zu uns und fragte, ob wir jemanden wüssten, der ihm 10.000 DM leihen könne. Um keinen falschen Eindruck zu erwecken, muss ich hinzufügen, dass es nicht üblich war, dass Beamte mit einem solchen Anliegen zu den Inhaftierten kamen. Erwin und ich aber kannten den Beamten schon länger. Wir hatten uns oft mit ihm unterhalten und so hatte sich ein Vertrauensverhältnis aufgebaut. Wir wussten, dass er gerade ein Haus baute und dass die Arbeiten stockten, weil ihm 10.000 DM fehlten. Erwin hatte vierzehn Tage zuvor seinen Anteil an einer Bar verkauft und hatte dafür genau den genannten Betrag erhalten. Er gab dem Beamten die Summe, natürlich als Leihgabe.

Wenn dieser Beamte – sein Name war Harry – Nachtdienst hatte, brachte er uns Schwarzbrot, Butter, Schwarzwälder Schinken, eine gute Flasche Cognac oder Whisky mit. Diese Dinge wurden selbstverständlich von den 10.000 DM abgezogen.

Erwin entpuppte sich in der folgenden Zeit aber immer mehr als Arschloch. Er wollte mehr Alkohol haben, aber Harry wollte nicht mitziehen. Er hatte Angst vor Randale unter Alkoholeinfluss. Bei mir rannte Harry mit seinen Bedenken offene Türen ein. Erwin forderte mehr, aber Harry spurte nicht. Nachdem nun auch angeblich eine Rate nicht zurückgezahlt worden war, wollte Erwin sein restliches Geld wiederhaben, und zwar alles. Er wusste, dass er den Beamten in der Hand hatte. Ich sprach mit Harry und bekam eine Einzelzelle. Mit Erwin war einfach nicht mehr auszukommen.

Harry konnte Erwin das restliche Geld nicht auf einmal zurückzahlen. Daraufhin zeigte Erwin den Beamten an. Und nicht nur den Beamten, sondern auch noch den Kaufmann, der alle vierzehn Tage im Gefängnis seine Waren verkaufte. Ich weiß nicht, warum er ihn anzeigt, aber er tat es. Er meinte beweisen zu müssen, was für ein toller Hecht er sei.

Ich unterhielt mich noch häufiger mit Harry und beruhigte ihn, damit er sich keine Sorgen machte. Ich bekam nie etwas von ihm und auch sonst keiner von den anderen.

Eines Tages nahm sich das LKA der Sache an. Sie kamen zu mir, um mich zu einer Aussage zu bewegen. Ich sagte aus, dass es nichts auszusagen gäbe. Folglich sei damit die Geschichte für mich erledigt. Die Beamten vom LKA waren sauer und versuchten es erneut: „Sie haben doch mit dem Erwin auf einer Zelle gelegen. Dann haben Sie sicher gesehen, dass der Beamte Harry während seines Nachtdienstes Alkohol, Schinken und anderes mitgebracht hat."
„Das wüsste ich aber. Ich pflege in der Nacht zu schlafen, zumindest dann, wenn ich im Gefängnis bin. Ich erhalte in der Nacht keine Besuche von Beamten", konterte ich.
Harry hatte lediglich zugegeben, sich von Erwin 10.000 DM geliehen zu haben, weitere Details hatte er nicht ausgesagt. Und das war auch richtig so, denn ohne meine Aussage konnte ihm nicht bewiesen werden, dass er uns etwas in die Zelle gebracht hatte.
Als ich wieder in meine Mutteranstalt verlegt wurde, war dieser Harry auf dem Krankenrevier als Beamter eingesetzt. Bei der Zugangsuntersuchung war auch er zugegen. Er wurde puterrot, als er mich sah. Das sprach für ihn.
Etwa vierzehn Tage später war ich auf dem Weg zum Revier. Ich kam ins Zimmer und sah Harry dort sitzen. „Mensch, Siggi", sagte er, „ich möchte mich für deine damalige Aussage bedanken. Wenn du etwas brauchst, Vitamintabletten oder so, komm zu mir und du bekommst es."
„Ich weiß gar nicht, wovon du sprichst, Harry. Lass es gut sein! Aber dein Angebot mit den Vitamintabletten nehme ich gerne an." So hielt ich es. Ich sprach mit niemandem darüber. Harry brauchte sich keine Sorgen zu machen, dass ich jemals etwas sagen würde.

In der Zeit, in der ich mit Paul Geschäfte machte, wusste ich über jeden Zugang Bescheid und kannte die Straftaten der Neuen. Wir – „wir" deshalb, weil ich damals einen Trainingskameraden hatte, der auch mein Spannmann war. Er war ein Sinti und wurde Botscha genannt – übernahmen verschiedene Beschützerfunktionen, unter anderem auch bei dem Zwerg mit der Peitsche. Dieser Mensch war kleinwüchsig und er war bekannt, weil seine Geschichte in einer Illustrierten veröffentlicht worden war. Er hatte einige Prostituierte ausgepeitscht und lag auf unserer Abteilung. Zu den Inhaftierten auf unserer Abteilung gehörte auch Theo, der seine Schwester vergewaltigt hatte, ein Mann von enormer Körperkraft. Er war psychisch krank, nicht so krank, dass er eingewiesen wurde, aber doch so krank, dass er täglich Medikamente einnehmen musste, weil er ansonsten zu aggressiv war. Er griff Beamte, aber auch Mitgefangene an, wenn er keine Tabletten nahm. Ganz besonders hatte er es auf diesen Kleinwüchsigen abgesehen. „Ich schmeiße ihn über die Mauer!", drohte er. Er hatte schon einige Zeit keine Tabletten mehr genommen, steckte sie immer nur in den Mund und spuckte sie wieder aus, sobald der Beamte aus dem Blickfeld war. Das erfuhr ich von Harry.

Botscha und ich hatten den Auftrag des Kleinwüchsigen angenommen, ihn zu beschützen. Insofern mussten wir auch dafür Sorge tragen, dass ihm nichts geschah. So nahmen wir sicherheitshalber jeder ein Schemelbein mit zur Freistunde. Obwohl wir beide sehr stark waren – ich schaffte 140 Kilogramm im Bankdrücken, Botscha 120 Kilogramm –, hatten wir gegen diesen Menschen mit seiner urwüchsigen Kraft keine Chance, zumindest nicht ohne irgendwelche Hilfsmittel.

An diesem Tage kam Theo aus seiner Zelle mit dem Ziel, den Kleinen in der Freistunde plattzumachen. Er drängte und schubste sogar einen Beamten weg.

„Halt! Wohin so schnell?" Der Beamte wollte ihn festhalten, als sich Theo umdrehte und den Beamten schlug, ihn packte und zu Boden warf. Es ging heftig zur Sache. Sogleich ertönte die Sirene und wir hörten eine Lautsprecherdurchsage: „Alles einschließen, Beamte nach C III oder C IV", eben dahin, wo der Tumult war. Gegen eine Horde von Beamten hatte auch Theo keine Chance. Er bekam seine Abreibung und wurde in eine psychiatrische Klinik gebracht.

Nach drei Monaten kam er wieder, er wirkte auf mich wie ein Zombie. Schleppenden Schrittes ging er zur Freistunde. „So, geh schön zum Blumenbeet, da machst du dann das Unkraut raus ..." Während einer Freistunde zupfte er in Zeitlupe zwei, drei Halme aus dem Beet und erweckte den Anschein, glücklich darüber zu sein. Natürlich war er ruhiggestellt und vollgepumpt mit Psychopharmaka. Jemanden mit

Tabletten ruhigzustellen war viel einfacher, als ihn zu behandeln. Geringe Arbeit – große Wirkung.

Auf diese Weise verfuhr man auch mit Rocker-Mann. Das war ein Mann mit Tätowierungen am ganzen Körper, sogar im Gesicht. Zu der damaligen Zeit war so etwas schon sehr ungewöhnlich. Heute treten die Menschen damit in Fernsehsendungen auf.

Ich war zu der Zeit Sportwart und holte mir Botscha als Hilfskraft hinzu. Übrigens – ein kurzes Abschweifen sei erlaubt – ist mein damaliger Sportbeamter heute ADL, also Aufsichtsdienstleiter. Mehr konnte man als Beamter im unteren – oder ist es der mittlere? – Dienst nicht werden. Er ist auch einer von vier Amtsinspektoren, ADL, Kammerleiter, Küchenchef und Lazarettleiter. Er war ein korrekter Beamter und er konnte sich auch auf mich verlassen.

Rocker-Mann war ebenfalls in der Sportgruppe und manchmal mit Tabletten so vollgedröhnt, dass er kaum noch stehen konnte. Er lag auf einer Gemeinschaftszelle und bei Bedarf vergewaltigte er einen seiner Mithäftlinge. Es kam auf seine „Lust" an. Einer der Betroffenen hatte besonders darunter zu leiden und dieser sprach mit mir über das Problem. Von diesem Burschen wollten wir keine Gegenleistung für unsere Hilfe haben, aber wir bekamen – nachdem wir ihm nachhaltig geholfen hatten – jeder ein kleines, selbst gefertigtes Kupferbild. Wir hatten diese Angelegenheit zu unser aller Zufriedenheit geregelt. Rocker-Mann unterließ nach unserem Eingreifen derartige Vergewaltigungen.

Ein Beamter, ein sehr guter Sportsmann, ein wunderbarer Mensch, ging auch allein zu diesen verhaltensgestörten Menschen, wenn einer von ihnen wieder einmal aus der Rolle fiel. Der Beamte brachte denjenigen relativ schnell zur Räson – allein, wohlgemerkt. Damit erwarb er sich den allergrößten Respekt bei den Gefangenen, aber soweit ich weiß, auch bei dem größten Teil seiner Kollegen. Hilfsbereit, freundlich, sich seiner Stärke sehr wohl bewusst, hatte dieser Mann niemals Schwierigkeiten im Umgang mit seinen Mitmenschen. Leider sind korrekte Beamte in der Minderzahl, aber diese Menschen machen einem Inhaftierten den Aufenthalt im Gefängnis zumindest an manchen Tagen erträglich.

Das Gegenteil sah so aus: In der Ausbildungsanstalt hörte ich häufiger folgenden Ausspruch: „Die Gefangenen stehlen, rauben oder vergewaltigen. Sie kommen zu uns, erhalten die Chance, einen Beruf zu erlernen, werden dafür auch noch bezahlt, fahren regelmäßig in Urlaub und lassen es sich gut gehen – bis zum nächsten Mal, auf ein Neues. Sie werden erneut straffällig und bekommen trotzdem wieder einen Ausbildungsplatz. Und wer bezahlt dies alles? Wir Steuerzahler sind es, die löhnen müssen!"

Diese Meinung war vorherrschend unter den Beamten. Die jungen Neuen suchten sich die Gefangenen aus, von denen sie annahmen, dass sie sich nicht zur Wehr setzten. Die Zellen wurden mutwillig auseinandergerissen, Post wurde gelesen und so weiter. Bei den anderen Gefangenen wurde auf eine gute Gelegenheit gewartet, bis einer von ihnen einen Fehler machte. Und Fehler geschahen immer. Wer als Beamter etwas finden wollte, der fand auch etwas. Und wenn einem Gefangenen einfach etwas untergeschoben wurde – meist von den Mitgefangenen –, selbst dafür war sich so mancher Beamte nicht zu schade. Einige Beispiele hierfür werden noch folgen.

Die „Alten" ließen mich in Ruhe, aber bei den Jungen, den Ehrgeizigen, musste ich manchmal bissig werden. Einer schmiss mit Verbalinjurien den Gefangenen gegenüber nur um sich, hier tat er sich besonders hervor: „Die Gefangenen sind Schweine! Ihre Zellen sehen aus wie Sau, sie selbst auch. In so einem Saustall kann doch keiner leben!" Die heftigeren Beleidigungen erspare ich Ihnen.

Zu Ostern sagte mir dieser Beamte, als er mich um 15 Uhr weg- beziehungsweise einschloss: „Gute Nacht und schöne Feiertage!"

Ich fragte ihn: „Gehst du jetzt ins Bett?"

„Nein", antwortete er und sah mich fragend an.

Ich sagte daraufhin: „Wieso wünschst du mir dann Gute Nacht? Gehe ich jetzt zu Bett?"

„Weiß ich nicht, sagt man doch so", meinte er.

„Wer ist ‚man'?", wollte ich wissen. „Nicht man, sondern du hast das gesagt. Und ich sage dir: Ich werde keine schönen Feiertage haben. Du hast schöne Feiertage, aber ich bin eingesperrt. Wie kann ich da schöne Feiertage haben? Wenn du mir besinnliche, nachdenkliche oder ruhige

Feiertage gewünscht hättest, dann wäre das okay gewesen. Aber schöne?"
„Mensch, Siggi, reg dich doch nicht auf. Ich habe nicht darüber nachgedacht", rechtfertigte er sich mit hochrotem Kopf.
„Nun", fuhr ich fort, „dann wird es langsam Zeit, dass du es tust."
Kurz danach – ich war in der Hofkolonne – kam ein Gefangener in den Aufenthaltsraum gerannt und rief: „Da hat einer an den Baum geschissen!"
Auf diesem Hof befand sich ein kleines Blumenbeet, in dem ein Baum stand. An diesem hatte in der Nacht ein Beamter seine Notdurft verrichtet, obwohl die Toilette nur zehn Sekunden entfernt war. Es musste ein Beamter gewesen sein, weil in der Nacht keine Gefangenen auf den Hof gelangen konnten.
Der Hofbeamte rief die Zentrale an, aber angeblich konnte nicht festgestellt werden, wem die Schweinerei zuzuschreiben war.
Als ich mittags auf der Abteilung war, bemerkte ich in Gegenwart dieses Beamten: „Pfui Teufel, was sind die Beamten doch für Drecksäcke! Scheißen auf dem Hof, benutzen keine Toilette – ganz furchtbar."
Jetzt war er sauer. „Wie kannst du so etwas sagen?", brauste er auf.
„Stimmt doch!", entgegnete ich.
Ich schilderte ihm den Sachverhalt. Er glaubte mir nicht. Warum eigentlich nicht? Wieso sollte ich so etwas erfinden? Natürlich, auch hier galt: Alle Gefangenen lügen! So wie ich als Kind die Erfahrung hatte machen müssen, dass grundsätzlich auch alle Heimkinder logen.
Nachdem er sich vergewissert hatte, gab er zu: „Nun ja, es war ein Beamter. Aber du kannst doch nicht alle über einen Kamm scheren."
„Machst du es denn anders?", provozierte ich ihn. „Du sagst doch auch, alle Gefangenen sind Schweine, nur weil einer seinen Haftraum verkommen lässt."

Monate später zahlte es mir dieser Beamte heim. Ich war in der Bücherei beschäftigt und wurde von ihm zum Besuch abgeholt. Erst gab er sich ausgesprochen freundlich: „Wie geht es denn so? Was macht die Gesundheit?" Allerhand dumme Fragen musste ich mir anhören. Das hätte mich schon stutzig machen müssen, aber ich war mit den Gedanken schon bei meinem Besuch. Kurz vor dem Besuchsraum standen drei Beamte. Ich dachte mir nichts dabei, denn sie standen ja immer irgendwo und irgendwie herum, um zu quatschen. Aber dann ging es sehr schnell. Ich wurde umringt, einer von ihnen forderte mich auf: „Kommen Sie mit in die Beruhigungszelle." Sein Ton wurde schärfer. Auf einmal hieß es: „Alles ausziehen, aber zügig, sonst werden wir dir helfen!"

Die Vorgeschichte ist schnell erzählt. Der Flügelleiter, ein älterer Beamter, holte mich zu sich in den Raum und sagte: „Siggi, deine Mitgefangenen haben dich angeschissen. Einige behaupten, dass du Geld hast und dass du auch Geld verliehen hast. Gib es raus oder verstecke es, aber mach keine Geschäfte mehr. Ich muss sonst der Sache nachgehen. Es waren in den letzten Wochen bestimmt zehn Mitgefangene hier, die dich angeschwärzt haben."

Es stimmte, ich hatte Geld und hatte mir von anderen Gefangenen Einkauf mitbringen lassen – 50 Euro für 50 Euro Einkauf.

Wenn ich verhaftet wurde, hatte ich meistens noch die Gelegenheit, Geld zu „verbunkern", das heißt, ich schob mir ein Röllchen Geld in den Hintern, damit ich die ersten Monate gut über die Runden kam. Manchmal klappte es, manchmal nicht. In diesem Falle hatte es geklappt, aber ich hatte den Rest meines Geldes rausgeben wollen, denn ich hatte meine Arbeit, meinen Einkauf und hatte einiges an Vorrat angelegt.

Ich hatte das alles zu lange rausgezögert, und als ich nun zum Besuch ging, hatte ich 350 Euro in der Tasche. Das Gesicht des Beamten hätten Sie sehen sollen, als er das Geld fand. Ich hatte die Warnung nicht richtig gewertet. Nun war ich meine Arbeitsstelle los und war ein Jahr ohne Arbeit. Zu den kleinen „Aufmerksamkeiten", die mich nun erwarteten, gehörten wöchentliche Zellenkontrollen und Taschenkontrollen bei der Freistunde.

Dieselbe Geschichte passierte mir dann noch ein zweites Mal mit einem Mobiltelefon. Auch danach hatte ich ein Jahr lang keine Arbeit und musste jede Woche eine Zellenkontrolle über mich ergehen lassen. Ich weiß nicht, wie das geschehen konnte, auch da hatte mich vermutlich jemand angeschwärzt, was wieder einmal beweist, wie sehr sich Hilfsbereitschaft rächt.

Johnny, ein Mitgefangener kam zu mir und sagte: „Siggi, ich habe Palaver mit meiner Alten. Kannst du mir nicht dein Telefon leihen? Ich mache es auch wieder gut."

Ich antwortete: „Ich habe kein Telefon, aber wenn ich dir eins besorgen kann, dann vertelefoniere nicht gleich das ganze Guthaben. Ruf an und lass dich zurückrufen."

„Kannst dich hundertprozentig auf mich verlassen", versprach er mir.

Ich lieh ihm das Telefon übers Wochenende. Am Montag bekam ich es zurück und es war nicht ein Cent Guthaben mehr darauf. Natürlich machte ich Theater. Dabei stellte sich heraus, dass Johnny das Handy weiterverliehen hatte. Jedenfalls machte ich ihn zur Schnecke.

Am darauf folgenden Mittwoch wurde der Betrieb, in dem ich seit vier Wochen arbeitete, durchsucht. Axel, der sehr gute Sportsmann, der, obwohl Beamter, ein wunderbarer Mensch geblieben war, war Chef eines Papierbetriebes und hatte mich zu sich geholt, damit ich bis zum Einsatz in der Bücherei Arbeit hatte. Ich war ja nach der ersten Jahressperre ohne Beschäftigung. Wir waren mit sechs Mann in dem Betrieb, aber die Beamten, die die Durchsuchung durchführten, kamen, nachdem sie mit Axel gesprochen hatten, direkt zu mir.

Einer von ihnen kam gleich auf den Punkt: „Siggi, wir stellen die ganze Bude auf den Kopf. Gib uns lieber gleich das Telefon und damit ist die Sache hier erledigt."

Die Sache im Betrieb wäre erledigt, für mich jedoch nicht. Ich wollte nicht, dass bei der Durchsuchung wer weiß was gefunden würde, so gab ich das Telefon heraus. Wie gesagt, für mich gab es wieder ein Jahr Pop-Shop, was so viel bedeutete wie Einschluss, keine Freizeit, keinen Sport und so weiter.

Axel kam später zu mir und schimpfte: „Siggi, wie alt musst du werden, bis du gescheit wirst? Du kannst niemandem, ich sage niemandem und damit meine ich niemandem, vertrauen. Du wirst einfach nicht schlau. Immer wieder vertraust du jemandem, und immer wieder fällst du damit auf die Nase."

„Aber du vertraust doch auch."

„Tja", meinte er, „aber ich vertraue wohl den richtigen Leuten."
Axel ist heute pensioniert. Kurz bevor ich entlassen wurde, ging er in Pension. Ein wirklich feiner Mensch.

Die meisten Beamten oder Angestellten, so sind meine Erfahrungen, machen einfach ihren Job, und das Einzige, was sie interessiert, ist die Frage, ob ihr Gehalt pünktlich auf ihrem Konto eingeht. Diese Frage kann bejaht werden, denn das Land zahlt regelmäßig, pünktlich, rechtzeitig.
Es gibt aber auch die Gefangenenhasser, und die zeigen es offen. Das kann ich akzeptieren, denn da weiß ich immer, woran ich bin. Aber diejenigen, die ihren Hass verstecken und die sich betont kumpelhaft verhalten, vor denen sollte man sich in acht nehmen. Die sind wirklich gefährlich. Sie freuen sich, wenn ein Gesuch abgelehnt wird, heucheln dann aber das Gegenteil. „Mensch, was für eine Scheiße! Bei xy haben sie das Gesuch genehmigt, bei dir lehnen sie es ab. Also, das sind doch richtige Drecksäcke!"
Wenn ein Gefangener, der diese Machenschaften noch nicht durchschaut, Vertrauen aufgebaut hat, geht es los: „Weißt du nicht, was xy auf der Zelle hat, mit wem er Geschäfte macht? Hat er ein Handy? Nimmt oder verkauft er Drogen? Du weißt, ich schreibe deine Beurteilung. Ich kann dir versprechen, die wird anders aussehen als deine letzte. Wir werden dich schon rausholen."
Worauf der Gefangene, der darauf reinfällt, sich mit Sicherheit verlassen kann, ist, dass er eine hundert Prozent schlechtere Beurteilung erhält. Offiziell steht dann da geschrieben: „Der Gefangene arbeitet am Vollzugsziel mit, ist freundlich und höflich den Beamten und seinen Mitgefangenen gegenüber." Zwischen den Zeilen gelesen erfährt man aber: „Der Gefangene kriecht den Beamten in den Arsch und horcht seine Mitgefangenen aus."
Dieser Beamte wird dann letztendlich, nachdem er den Gefangenen ausgelutscht hat, diesen nicht mehr beachten und ihn abwimmeln: „Ich habe keine Zeit, geh zu meinem Kollegen." Diese Personen sind die absolut schlimmsten, weil sie freundlich erscheinen. Sie heucheln Mitleid, wissen aber nicht einmal, wie man das schreibt. Mitleid muss es

auch gar nicht sein, was die Beamten auszeichnen sollte, aber Empathie oder zumindest ein wenig Mitgefühl sollte wenigstens ansatzweise vorhanden sein.

Hatte ein Gefangener noch irgendwelche Werte versteckt, dann versuchten manche Beamte, auch noch den Ärmsten der Armen auszubeuten. Bei mir war es so, dass jeder wusste, dass ich reichlich Schmuck erbeutet hatte. Also wurde ich gefragt: „Mensch, Siggi, hast du nicht eine Kette für mich? Meine Frau hat Geburtstag. Ich mach es wieder gut."

Der Sozialarbeiter in meiner Mutteranstalt fragte mich: „Wo hast du denn dein Geld vergraben? Ich weiß doch, dass du einiges gebunkert hast. Wir können ja eine Ausführung machen." Angebote wie diese hörte ich häufiger.

Ich muss darauf achten, dass ich keine Namen nenne. Das habe ich bisher allerdings auch nicht getan. Alle Namen sind verändert, während die Spitznamen echt sind. Die Personen, um die es hier geht, leben ja größtenteils noch und mancher wird nicht erfreut sein, wenn er die Wahrheit über sich in den verschiedenen Situationen liest. Aber wahr ist wahr, da brauche ich mich auch nicht einen Deut zurückzuhalten.

Nachdem ich diesem Sozialarbeiter mehr als einmal meine Meinung gesagt hatte, sprach er mich eines Tages auf dem Flur an: „Hör mal, bei Ihnen – auf einmal siezte er mich – müssen wir darüber nachdenken, ob wir nicht einen Antrag wegen einer nachträglichen Sicherungsverwahrung stellen."

Was glauben Sie, wie einen so eine Äußerung umhaut! Ich wurde drei Mal psychologisch untersucht, weil drei Staatsanwaltschaften versuchen wollten, mich in die Sicherungsverwahrung zu bringen. Aber es gelang ihnen nicht. Ich war und bin ganz einfach keine Gefahr für die Öffentlichkeit. Mein Charakter, mein Naturell lässt dies nicht zu.

Nachdem ich mich gefangen hatte, sagte ich: „Hau ja ab, mach dich vom Acker. Sprich mich einfach nicht mehr an, du asoziales Element!" Dann ging ich einfach weg. Er sprach mich nie wieder an, obwohl ich ihn noch einige Male traf, aber er war für mich auch nicht mehr zuständig.

Der Leiter des Flügels, in dem ich zu dieser Zeit lag, war auch so ein Vogel. Nachdem die nachträgliche Sicherungsverwahrung per Gesetz möglich gemacht worden war, wurde mit diesem „Damoklesschwert" fürchterliches Schindluder betrieben. Dies war eine der subtilen – nein, „subtil" ist zu fein, zu nett ausgedrückt, „infam" wäre richtig – Methoden, mit denen gegen Gefangene vorgegangen wurde.

Hierfür ein Beispiel: Ein türkischer Mitgefangener kam zu mir. Höflich, gebildet, sich im Vollzug korrekt verhaltend, fragte er mich, ob ich Zeit für ihn hätte, er würde gerne etwas mit mir besprechen.

„Nur zu", forderte ich ihn auf.

Eine halbe Stunde später kam er mit seiner Akte und sagte: „Der Leiter hat mich holen lassen und mir gesagt, er überlege sich, ob er bei mir nicht die nachträgliche Sicherungsverwahrung beantragen soll."

Der Mann, ein in Deutschland Erstbestrafter, verurteilt zu sieben Jahren Gefängnis wegen Freiheitsberaubung mit sexueller Nötigung – eine Sache zwischen seiner damaligen Verlobten und ihm war so weit, dass er sein Zweidrittelgesuch stellen konnte –, hatte einen Urlaubsantrag rausgegeben, und dann kam dieser Hammer. Er saß bei mir in der Zelle und weinte, wusste nicht mehr ein noch aus, ein wenig starker Mensch, weniger gefestigt, hätte sich unter Umständen das Leben genommen. Bei ihm war aber familiär alles in Ordnung. Er konnte die für ihn ganz konkrete Bedrohung überstehen. Ich konnte ihn in einigen „Sitzungen" – so muss ich es einfach nennen – davon überzeugen, wie hoch die Hürden für eine nachträgliche Sicherungsverwahrung waren. Bei ihm käme eine solche nachträgliche Strafe höchstwahrscheinlich nicht in Betracht.

Was für eine perfide Handlung, was für eine Art, mit einem Menschen umzugehen? Dieser Anstaltsleiter – übrigens ein ehemaliger Sozialarbeiter –, der von der ehemaligen Anstaltsleitung auf diesen Posten delegiert worden war, hatte alles, nur keine soziale Kompetenz, die allerdings meiner Meinung nach unbedingt erforderlich war, insbesondere bei Lebenslänglichen, für die er unter anderem zuständig war.

Stellen Sie sich Folgendes vor, insofern es denn möglich ist: Sie liegen einige Jahre auf einer Abteilung, haben zwei feste Abteilungsbeamte, man kennt sich, man redet miteinander, es kommt einiges Privates zutage, die Tat ist ja bekannt, da wird höchstens noch einiges berichtigt, geklärt. Plötzlich heißt es: „Mein Auto ist kaputt, ich brauche ein neues oder eins, das technisch und optisch noch gut ist." Was der Beamte aber nicht erwähnt hat, ist, dass er Ihre Akten gelesen hat. Infolgedessen weiß er sehr gut, was Sie noch an Wertgegenständen haben müssten. Bei Ihrer Verhaftung wurde nämlich alles aufgelistet, was noch im Haus vorhanden war – so machte man es zumindest bei Tötungsdelikten –, und dies fand sich in Ihren Ermittlungsakten wieder. Heute ist es für den einfachen Bediensteten schwieriger, die gesamten Ermittlungsakten zu erhalten, aber möglich ist es allemal.

Nun, Sie als Gefangener befinden sich endlich einmal in einer Situation, in der Sie sagen können, was gemacht wird und wie es gemacht wird. So glauben Sie zumindest. Sie sagen: „Also hör einmal, ich habe da noch einen Opel Kapitän, gutes Fahrzeug, wenig gefahren." Sie wissen, wovon Sie sprechen, waren früher einmal Versicherungsvertreter und Polizist, sind infolgedessen kompetent, was Fahrzeuge aller Art betrifft. Sie vereinbaren einen Preis und der Beamte sagt: „Ich zahle dir das in Raten ab, aber du weißt, ich kann auch sonst einiges für dich tun."

Ein paar Raten werden gezahlt, dann werden die Pausen zwischen den Zahlungen größer und auf einmal findet man bei Ihnen ein Mobiltelefon, Geld und auch Drogen. Die Folge: Sie kommen in eine andere Justizvollzugsanstalt, werden verlegt. Und nicht nur wegen dieses Vorfalls, denn in der Vorzeit haben sich bereits andere Schwierigkeiten im Umgang mit der Anstaltsleitung aufgetan, und da Sie lebenslänglich eingesperrt sind, hat man diesen Problemfall so gelöst.

Ein Schelm, wer Böses dabei denkt.

Der Beamte fährt Ihren Opel Kapitän voller Freude, ist es doch ein gutes Fahrzeug. Davon abgesehen, dass Geschäfte zwischen Beamten und Gefangenen verboten sind, wurde hier Ihre Abhängigkeit schamlos ausgenutzt. Sie klammern sich an alles, was Sie hoffen lässt, schon nach fünfzehn Jahren entlassen zu werden. Und so waren Sie naturgemäß ein leichtes Opfer.

Viele Jahre später sind Sie immer noch inhaftiert und der Beamte ist auch noch im Dienst.

Konnten Sie mir folgen?

In einem ähnlichen Fall kam es auch zu einem solchen Deal. Der Gefangene, ein Lebenslänglicher, war Hausarbeiter, der Beamte Abteilungsbeamter. Der Gefangene hatte sich ein neues Fernsehgerät gekauft. In der Regel wurde dann mit dem alten Gerät so verfahren, dass es entweder zur Habe in die Kleiderkammer gebracht wurde oder als Leihgerät auf der Abteilung verblieb. Gefangene, die kein eigenes Fernsehgerät besaßen, bekamen ein solches Gerät dann leihweise zur Verfügung gestellt. Der Beamte hatte gesehen, dass das ausrangierte Fernsehgerät noch sehr gut erhalten war. Also wollte er es für seine Kinder haben, die Knackis glotzen sowieso zu viel in die Röhre. Würden Sie diesen Deal als Lebenslänglicher machen? – Der Beamte bekam natürlich das Fernsehgerät, und zwar gratis. Bei der nächsten Ausführung durfte dann der Gefangenen ein Glas Bier mehr trinken, das er schließlich auch noch selbst bezahlte.

Dieser Beamte war der Prototyp des gierigen Beamten. Er konnte alles gebrauchen, war immer freundlich und in Gegenwart der Gefangenen, von denen er sich etwas erwartete, kumpelhaft. Bei mir kam er in die Bücherei und sagte: „Habt ihr nicht ein paar alte Bücher, zum Beispiel über Handwerk, die ihr nicht mehr braucht? Die könntet ihr ja aussondern." Manchmal ging er zum Büchereibeamten, je nachdem, wie er sich mit ihm verstand. Meistens aber kam er allein und markierte den Kumpel: „Die lesen das doch sowieso nicht und ich kann es gut gebrauchen. Du brauchst es doch auch nicht, oder? Schreib einfach ‚ausgesondert' und weg ist es.

„Der Mitgefangene in der Bücherei, ein Lebenslänglicher mit besonderer Schwere der Schuld – er hatte zwei Mädchen umgebracht –, sagte nichts zu der Situation.

Mich ärgert an diesen Geschichten, dass sich diese Leute völlig hemmungslos, ohne irgendwelche Skrupel dem Gefangenen gegenüber, an fremdem Eigentum bereichern. Wenn ich diese Taten begangen hätte, wäre ich gar nicht mehr rausgekommen, so hätten sich die Strafen summiert.

Der Gefangene war einfach Luft für Menschen wie die eben geschilderten. Es interessierte sie nicht, dass ich wusste, welche Nummer sie abzogen. Wenn ich einmal etwas gesagt hatte, dann wurde es zur Kenntnis genommen, aber nicht weiter beachtet. „Ob der was sagt oder in China fällt ein Sack Reis um ..." So viel oder wenig Interesse rief es hervor. Erst wenn man eine Beschwerde schrieb, kam Hektik auf.
Besser noch war eine Dienstaufsichtsbeschwerde. In der Untersuchungshaft zog ich so etwas einmal durch. Der Beamte, gegen den diese Beschwerde gerichtet war, vergaß mir das fünfundzwanzig Jahre lang nicht. Später mehr dazu.

Noch einmal zurück zu den Beamten, die sich an fremdem Eigentum bereicherten. Zum Beispiel in der Hofkolonne. Da wurden Geräte bestellt, die die Beamten auch zu Hause gut nutzen konnten, während sie in der JVA nur einmal in einem Jahr gebraucht wurden, wenn überhaupt. Sodann kamen die „guten Kollegen", die dann dieses oder jenes Gerät für eine Woche oder länger mit nach Hause bekamen. Was im Gefängnis gebraucht wurde, interessierte diese Leute nicht. Was sie brauchten, einzig das war wichtig.
So geschah es in der Baukolonne, in der Schreinerei, einfach überall. Eine Hand wäscht die andere.

Noch ein abschließendes Wort zum Thema „Respekt": Wenn ich zum Beispiel mit ansehen musste, dass sich ein Beamter mit einem Gefangenen unterhielt und sich dabei im Arsch kratzte, dann konnte ich ausflippen. Verdammt noch mal, war es denn kein Mensch, der da stand, dass man ihm so wenig Respekt und Achtung entgegenbrachte?! Hätte der Gefangene sich derart benommen, hätte er einen Gelben und eine Einkaufssperre oder Ähnliches erhalten.
Bei mir trauten sich die Beamten nicht, mich so zu behandeln. Aber darum geht es hier gar nicht. Ich möchte nur aufzeigen, dass die Gefangenen nicht als Menschen betrachtet wurden, sondern als Nummer, als Verwahrobjekt.

Es war einmal ein Mensch ...

In diesem Zusammenhang werde ich gleich eine Geschichte von Sammy wiedergeben. Mit Sammy war ich in einer Gruppe, die sich „Rückspiegel" nannte. Wir, die Gründungsmitglieder, versuchten zusammen mit Margret, einer äußerst engagierten Frau, ohne deren Einsatz die Gruppe nicht hätte gegründet werden können, und mit der Erfahrung unseres eigenen Lebens jugendliche Straftäter vor weiteren Straftaten zu bewahren.
Margret hatte schon dreißig Jahre als Ehrenamtliche im Strafvollzug gearbeitet. Ich hege die allergrößte Hochachtung für sie – obwohl sie nie ganz hundertprozentig von mir überzeugt war –, aber ich konnte gut mit den Jugendlichen umgehen und ich hoffe, durch mein Engagement auch etwas bewirkt zu haben. Im Übrigen ist Margrets Ehemann Günter Sozialarbeiter und war auch in der JVA als Ehrenamtlicher tätig. Heute leitet er mit Margrets Bruder – dieser heißt ebenfalls Günter – die Schachgruppe. Mit Margrets Ehemann war ich früher einmal inhaftiert. Günter schaffte es über den zweiten Bildungsweg und wurde Sozialarbeiter. Er und seine Frau sind auf ihre Art und Weise beide okay, sie haben sehr viel geholfen. Günter besorgte für meine Ehefrau Bücher und schickte sie ihr, während Margret für Weihnachts- und Osterpakete im Gefängnis sorgte. Ich zähle hier Dinge auf, die für die meisten Gefangenen wichtig sind. So war dies auch für mich wichtig, aber noch mehr Wert legte ich auf die Gespräche mit Margret und der Gruppe, diese bewirkten einiges bei mir. Margret glaubte mir das nicht so ganz, sie dachte wohl, ich würde nur behaupten, dass sich meine Einstellung geändert hatte, ohne dass etwas dahintersteckte.
Wie dem auch sei, ich war Mitbegründer dieser Gruppe, die wir aufbauten, um jugendlichen angehenden Straftätern zu helfen. Dabei half ich auch mir. Es ist einfach ein gutes Gefühl zu wissen, dass ich meinen Teil dazu beitragen konnte, einen Mitmenschen vor einer großen Dummheit zu bewahren. Die Probanden erhielten eine Bewährung, mussten allerdings an Sitzungen im Gefängnis teilnehmen, so die Auflage des Jugendrichters. Sie mussten zwischen fünf und zehn Mal

an den Gruppengesprächen teilnehmen, in denen wir uns nur mit dem Jugendlichen beschäftigten. In der Gruppenrunde befanden sich vier Gefangene, eine Ehrenamtliche, eine Protokollführerin und der Proband. Es wurden auch Einzelgespräche mit dem Probanden geführt, in denen ich die größten Erfolgsaussichten feststellte. Wenn ich auch nur einen Einzigen dieser Jugendlichen vor dem Gefängnis bewahren konnte, wenn ich seine kriminelle Laufbahn verhindern konnte, war ich schon sehr zufrieden.

Die Ehrenamtlichen sind im Gefängnis nicht gern gesehen, manchen geschieht es recht, manchen nicht. Eine der Ehrenamtlichen heiratete einen Gefangenen. Daran ist nichts auszusetzen. Eine andere ließ sich während ihrer Volontärzeit in der JVA im Ausgang mit einem Drogenfreak ein und war für ihre eigentliche Aufgabe im Gefängnis nicht mehr einsetzbar. Sie schrieb Beurteilungen, die nicht objektiv waren, und brachte für den Typen Drogen ins Gefängnis mit. Das ging natürlich gar nicht. Ich kenne die Frau gut, es ist schade um sie, sie war wohl zu gutgläubig. Ich klärte einige Ehrenamtliche über die Problematik, die sich in Gesprächen mit manchen Gefangenen ergeben können, auf, aber nicht jeder oder jede glaubte mir.

Ich schreibe dies, weil die meisten wirklich den Wunsch hatten zu helfen, aber nicht bereit waren, von einem Gefangenen etwas anzunehmen. Wenn sie mich dann näher kannten, merkten sie auf einmal, dass ich recht gehabt hatte. Ich möchte meine Ausführungen zu den Ehrenamtlichen auch nicht zu weit ausbreiten. Es ist gut, dass es sie gibt.

In der Betrachtung des bisher Geschriebenen erkenne ich, dass ich einige Themen schon an anderer Stelle zumindest gestreift habe, aber weil einige Namen und Personen sich verschiedentlich wiederholen, wenn auch mit anderen Themen – oder auch mit schon erwähnten – lasse ich das so stehen.

Mit Margret habe ich noch heute Kontakt. Ich freue mich, dass es ihrer Familie gut geht, es ist auch gut zu hören, dass alle gesund sind.

Margret selbst ist erfreut, dass ich augenscheinlich die Kurve gekriegt habe, wobei ich hier noch einmal betonen kann, nicht nur augenscheinlich, sondern tatsächlich. Mehr wird es dazu – auch in Zukunft – nicht zu sagen geben.

Ich komme gleich wieder zu den Beamten, aber nun zu Sammy, den ich in der der „Rückspiegel"-Gruppe kennenlernte. Sammy der Spanier, so nenne ich ihn, war bzw. ist ein kluger und sportlicher junger Mann. Er pflegte ein Verhältnis mit einer Beamtin, ihr Umgang miteinander auf der Abteilung war so intim, dass es auffiel. Sammy war Hausarbeiter und sie Abteilungsbeamtin. Sie führte mit ihm auch seine Ausführung durch und begleitete ihn nach Hause. Beide stritten ihr Verhältnis ab, und doch wurde die Beamtin versetzt und Sammy kam in einen anderen Flügel, und zwar in den, in dem auch ich lag. Sammy erklärte nur mir den Sachverhalt, aber gegenüber der Anstaltsleitung schwieg er. Aus diesem Grunde werde ich auch nichts über dieses Verhältnis schreiben. Verhältnisse zwischen Gefangenen und Beamtinnen oder Sozialarbeiterinnen hat es schon immer gegeben.

Sammy schrieb im Gefängnis eine Geschichte über den Menschen und seine Akte. Meiner Meinung nach hat er die Situation des Gefangenen gut wiedergegeben.

Es war einmal ein Mensch ...

... der eines Tages eine ummauerte Welt betrat, die sich Justizvollzugsanstalt nannte. Es war ein Käfig voller Narren, ein Wartesaal der Träume, ein Ort der Illusionen. Umhüllt von einem hoffnungsvollen Deckmantel war diese Welt darauf ausgerichtet, eine staatliche Mission zu erfüllen, da der Sinn eines jeden Vollzugs die Resozialisierung eines Menschen ist. Kaum in diese Welt abgetaucht, merkte der Mensch jedoch, dass auch diese der Deckmantel eine Illusion war, die, von Narren geträumt, in einem Wartesaal verpuffte!

Mit dem Tage seiner Verhaftung war aus ihm eine Akte geworden, die als personifizierte Ansammlung von Schriftstücken statt seiner lebte. Er stand im Schatten seiner Akte, die als sein Sprachrohr fungierte und als sein Vormund regierte.

Nicht der Mensch, sondern nur seine Akte war maßgebend.
Nicht der Mensch, sondern nur seine Akte wurde beachtet.
Nicht der Mensch, sondern nur seine Akte wurde behandelt.
Nicht der Mensch, sondern nur seine Akte wurde gelesen.
Nicht den Menschen, sondern nur seine Akte lernte man kennen.

Selbst jeder Versuch, sich dieser Entmündigung zu widersetzen, verwehte wie Don Quichottes Kampfe im Winde. Als er begann, seinen Verstand zu gebrauchen, zu hinterfragen, zu fordern und zu handeln, kratzte er am Image seiner Akte.

Doch auch dieser Machtkampf war aussichtslos, da das Bild seiner Akte nicht zu revidieren war. Seine Akte galt es zu schützen, sodass seine menschlichen Handlungen als Zweckverhalten, als renitent und uneinsichtig abgestempelt wurden.

Der Mensch lügt – seine Akte nie!
Der Mensch kann sich ändern – seine Akte nicht!
So steht es geschrieben – so soll es geschehen!
In dieser Welt war der Mensch ein Statist, seine Akte der Star.

Er war als Mensch in diese Welt gekommen und durfte sie als Mensch nicht durchleben, doch da er sie als Mensch wieder verlassen wollte, ergab er sich dem „Rollentausch". Er wurde entmündigt und weggelegt, während seine Akte als sein Vormund die ummauerte Welt durchlebte. Er übte sich in Geduld und Selbstbeherrschung und wartete auf den Tag, an dem das Vollzugsziel erreicht sein würde.

Es ist der Tag, an dem seine Akte resozialisiert erscheint und somit die Karriere des Entscheidungsträgers nicht mehr gefährdet.
Es ist der Tag, an dem die Akte den Menschen aus dem Wartestand entlässt.
Es ist der Tag, an dem die Buchnummer 622/04/8 den Computer verlässt und das Archiv betritt.

Es war einmal ein Mensch,
und wenn er nicht gestorben oder weggelegt ist,
dann lebt er auch noch heute ...
Vor den Mauern als Mensch,
hinter den Mauern als Buchnummer einer Akte.

(geschrieben von Sammy dem Basken)

Soweit mir bekannt ist, geht es Sammy ganz gut. Er ist wieder Mensch, denn er befindet sich schon seit Jahren in Freiheit.

Psychologen und Beamtinnen

In den letzten Tagen habe ich wiederholt über die Ermordung eines jungen Mädchens in Emden gelesen und auch, welche Rolle hier wieder das Jugendamt spielte. Ich könnte durchdrehen, wenn ich die seit ewigen Zeiten immer gleich klingenden gebetsmühlenartigen Entschuldigungen lesen muss. Voller Stolz wird da verkündet, sie hätten für diesen kranken Menschen eine Unterkunft besorgt, für 59 Euro pro Tag. Sie hätten sich lieber um einen Platz in einer psychiatrischen Klinik bemühen sollen, dann würde dieses Mädchen noch leben.

Das können sie prima, sich in der Öffentlichkeit produzieren. „Wir haben einen Segeltörn für die Jugendlichen gemacht, haben sie ins Ausland geschickt, haben sie doch bei einer guten Familie untergebracht" – wie in Hamburg, bei schwerst Drogenabhängigen –, „haben sie zu einer guten Familie gebracht" – wo sie eingesperrt, misshandelt und missbraucht werden –, „zahlen aber 850 Euro im Monat für die Unterbringung."

Ich kann mich immer wieder nur wiederholen: Den Mitarbeitern des Jugendamtes fehlt es an sozialer Kompetenz, an Empathie, sie sind nicht in der Lage, diese Stimmungen oder Strömungen zu erkennen, weil überhaupt kein Interesse daran besteht, sich in die Situation oder den Menschen hineinzuversetzen. Sie bemerken nicht, wenn jemand leidet, sie spüren nicht, wenn sich jemand quält, wenn sich jemand mitteilen will. Wenn es denn eine/r schafft, dass sie/er angehört wird, dann glaubt man ihr/ihm nicht.

Wenn ich jetzt noch einmal meine Zeit im Heim, im Jugendgefängnis und im Männergefängnis Revue passieren lasse, muss ich sagen, dass es stets dieselben Personen sind, die einen immer tiefer in den Dreck stoßen, obwohl sie das Gegenteil behaupten.

Im Einzelnen sind es Eltern, Jugendämter, Erzieher, Lehrer, Pfarrer, Pater, Sozialarbeiter, Beamte, Psychologen, zum Teil Bewährungshelfer. Sie alle formen und prägen das Kind, den Jugendlichen, dann den jugendlichen Strafgefangenen – und danach wird nur noch verwaltet.

Bei meinem letzten Aufenthalt im Gefängnis, im offenen Vollzug, sagte mir der Psychologe Y. in einem Gespräch: „Es ist mehr als verwunderlich, dass Sie nicht in der SV[4] sind oder zum Mörder wurden – bei Ihrer Geschichte: Heim – Jugendgefängnis – Gefängnis. Eine typische Entwicklung, und trotz allem sind Sie normal, eigentlich ein ganz normaler Mensch, wenn man sich mit Ihnen unterhält. Liest man allerdings Ihre Akte, hat man ein anderes Bild von Ihnen, eines, das Ihnen nicht gerecht wird."

Das hörte sich gut an, aber als man mich zu Unrecht verdächtigte, eine strafbare Handlung begangen zu haben, war dieser Psychologe der Erste, der mich in die Arrestzelle sperrte, der dafür sorgte, dass ich zurück in den geschlossenen Vollzug kam. Ich erhielt keine Bewährung, sondern verbrachte über ein Jahr meines Lebens im geschlossenen Vollzug, obwohl ich unter Umständen dieses Jahr in Freiheit hätte leben können. Weil er nicht mir glaubte, sondern irgendwelchen anonymen Hinweisen, die der Staatsanwaltschaft zugetragen worden waren, hatte sich für mich alles erledigt. Er ließ mich gar nicht zu Wort kommen. Bei einem angeblichen Versagen zählte nichts mehr, nur noch die Ermittlungsakte, die angelegt worden war.

Und was kam dabei heraus? Nichts! Alles wurde eingestellt, aber leider erst kurz vor meiner Entlassung.

Dieser Mensch ist Psychologe. Er entscheidet, ob jemand entlassen wird oder nicht und ist einfach unfähig, sich auch nur die Argumente des Verdächtigen anzuhören. Bei meinen Akten zählten nur die Akten. Was geschieht nun mit Psychologen wie diesem? Werden sie für unrichtige Entscheidungen zur Rechenschaft gezogen?

Kann sich irgendjemand auch nur im Ansatz vorstellen, wie es ist, von Menschen wie diesen abhängig zu sein? Von Personen, die für ihre Arbeit mit Gefangenen gutes, sehr gutes Geld verdienen, darf erwartet werden, dass sie sich zumindest die Version des Gefangenen anhören. Wären diese Anschuldigungen gegen eine Person erhoben worden, die nicht vorbestraft war, hätte jeder Staatsanwalt die Sache direkt beendet. Aber bei mir verfuhr man eben auf die harte Tour!

---

[4] Abkürzung für: Sicherungsverwahrung

Kurz zum Sachverhalt:
Ich hatte einen Mithäftling – wir arbeiteten zusammen und sein Auto war in der Werkstatt – zu einem Autobahnparkplatz gefahren und mich abseits an einen Tisch gesetzt. Später wurde mir unterstellt, dass ich gewusst hätte, dass es bei diesem Treffen um ein angebliches Drogengeschäft gehen sollte. Ein solches hatte jedoch nie stattgefunden. Angeblich sollte aber eines geplant gewesen sein.
Dann nannte ich einem Mitgefangenen den Namen eines Bekannten, der dem Mitgefangenen daraufhin eine Eigentumswohnung verkaufte. Dies und nichts anderes war das schweren Vergehen, das dazu geführt hatte, dass ich meine Arbeitsstelle verlor und keine Bewährung erhielt, obwohl meine Aussichten auf eine Bewährung sehr gut gewesen waren. Als ich von meiner Mutteranstalt aus vorgeführt wurde, hieß es ja, sie hätten noch ein Ermittlungsverfahren offen. Damit bekam ich natürlich keine Bewährung, zumal der Behördenleiter meines Flügels eine vernichtende Beurteilung geschrieben hatte, obwohl er nicht den Funken einer Ahnung hatte, was wirklich geschehen war. Da aber Psychologe Y. ihm bestätigt hatte, dass etwas dran sein müsse, war es zu dieser Vorgehensweise gekommen.
Meine Ehefrau hatte darunter zu leiden, weil ihr wieder vorgeworfen wurde, mit was für einem schlimmen Menschen sie eigentlich verheiratet war. „Siehst du, dein Mann ist und bleibt ein Verbrecher. Er wird sich nie ändern!"
Als sich herausstellte, dass ich absolut nichts mit den genannten Vorwürfen zu tun hatte, kam nicht einer von denen auf mich zu, um sich für die falschen Verdächtigungen zu entschuldigen. Nein, so etwas musste ich wegstecken. Dies gelingt mir auch heute noch nicht, denn ich ärgere mich maßlos über derartige Ungerechtigkeiten. Ich musste dafür geradestehen, wenn ich etwas verbrochen hatte. Und wenn mir bewiesen wurde, dass ich dies oder jenes getan hatte, dann putzte ich mir den Mund ab und gut war's.
Wenn Menschen wie besagter Psychologe etwas behaupteten, was nicht stimmte, wurden sie ganz einfach versetzt. Mehr passierte nicht. Und Menschen wie ich mussten Jahren unseres Lebens für alles Mögliche geradestehen, egal ob schuldig oder nicht.

Wie ich hörte, ist der Lebenspartner von Psychologe Y. auch Psychologe. Nun, sie werden auch über dies oder jenes reden. Aus eigener Erfahrung weiß ich, dass sie betont freundlich mit einem reden, aber in Wirklichkeit ist man den Herren ein Gräuel. Personen, die im Gefängnis lesen, sich ausbilden lassen, einen Beruf erlernen, dies alles durchhalten, eine gewisse Selbstdisziplin haben, ständig an sich arbeiten und die sich letztendlich als Autodidakten bezeichnen können, sind diesen Personen nicht suspekt, sie passen nicht in das gängige Schema. Natürlich wird etwas ganz anderes gesagt. Die Herren fragen sich: Wie kommt dieser Verbrecher dazu, dies oder jenes zu beanspruchen? Denkt er etwa, er könne sich mit uns auf eine Stufe stellen? Ich erfuhr dies, indem ich des Öfteren ein Fremdwort benutzte und sie dabei freundlich anlächelte. Der entsprechende Beamte oder Flügelleiter, egal wer auch immer, lächelte ebenfalls und wollte sich nicht die Blöße geben, das Wort nicht verstanden zu haben. Ein Beispiel: „... eine große Anzahl der Bediensteten ist sehr servil, aber das liegt bestimmt an ihrem subalternen Status ..." Nun ja, wenn ich ein Fremdwort nicht verstehe, frage ich einfach, ansonsten schaue ich nach. Diese Herren allerdings würden alles tun, nur nicht einen Gefangenen fragen.

Man unterhält sich, ist freundlich, aber das war es auch schon. Bloß nicht zu weit aus dem Fenster legen, lieber zehn Mal Nein sagen als einmal Ja und dabei auf die Nase fallen. Es wird vergessen zu differenzieren. Wenn sie einen Vergewaltiger, einen Kinderschänder laufen lassen und dieser wird wieder straffällig, vergewaltigt erneut ein Kind, ist dies eine menschliche Katastrophe, die nicht mehr zu korrigieren ist. Wenn ein Einbrecher einem Juwelier die Schaufensterscheibe einschlägt und Schmuck und Uhren entwendet, ist dies eine Straftat, die selbstverständlich auch gesühnt werden muss – wie bei mir geschehen. Ich schädigte die Allgemeinheit, meinetwegen wurden Versicherungspolicen teurer und so weiter. Es gab in meinem Fall sogar einen Juwelier, der mit dem Einbruch in sein Geschäft Reklame machte. Natürlich war ein Schaden entstanden, ja, es war eine Straftat. Aber der Schaden war zu reparieren, während bei einem jungen Menschen, der vergewaltigt oder misshandelt wird, nichts mehr zu reparieren ist, er ist geschädigt für den Rest seines Lebens.

Was aber macht der Psychologe, was machen die Richter, was macht die Strafvollstreckungskammer? Sie lassen den Vergewaltiger, den Kinderschänder, laufen, lassen ihn wieder zurück in „seine" Familie, damit er weiterhin seine Tochter missbrauchen kann. Die Mutter – kann man so eine Frau „Mutter" nennen? – ist froh, dass der Ernährer wieder da ist und schaut einfach weg. Zwanzig Jahre später kommt es dann zu Ermittlungen, nachdem die Tochter sich überwunden hat, ihren Erzeuger anzuzeigen.

Meine Ehefrau, so hieß es, hätte sich angeblich nicht mit der Tat, ihrer Tat, auseinandergesetzt! Was für ein dummes Zeug! In der Untersuchungshaft setzte sich meine Ehefrau mit der Hilfe einer ehrenamtlichen Betreuerin und vor allen Dingen mit dem Malpädagogen in der JVA mit ihrer Tat auseinander. Diese Maltherapie half ihr sehr. Sie sprach mit dem Weißen Ring, mit der Tochter der Getöteten, tauschte sich regelmäßig und über Jahre hinweg mit ihrer Psychologin aus und steht auch heute noch in regelmäßigem Kontakt zu ihr. Wir haben diese traumatischen Ereignisse immer noch nicht ganz verarbeitet und arbeiten regelmäßig an unserer Vergangenheit. Unsere Taten sind und bleiben ein Teil dieser Vergangenheit und wir lernen täglich aufs Neue, damit zu leben.

Dieser Mensch will meine Frau begutachtet haben? Traurig, sehr traurig dies alles. Er schrieb eine Beurteilung, die von völliger Ahnungslosigkeit bezüglich der damaligen psychischen Probleme meiner Ehefrau geprägt ist und von einem Desinteresse an ihrer Person ausgeht, die nicht zu überbieten ist. Wichtig war es ihm, mich und meine Ehefrau zu diskreditieren, warum auch immer.

Mich kannte dieser Psychologe überhaupt nicht, ich allerdings kenne einige seiner Beurteilungen, und das reicht mir. Gott sei es gedankt revidierte das Oberlandesgericht diesen Mist sofort. Meine Ehefrau wurde 2010 entlassen, musste aber aufgrund der falschen Beurteilung zwei Monate länger im Gefängnis bleiben. Das Schlimmste war, dass die Strafvollstreckungskammer die Ausführungen des Psychologen bestätigte. Die zuständige Richterin F. lehnte das Zweidrittelgesuch ab. Wie schon erwähnt, revidierte das Oberlandesgericht ihre Entscheidungen. Dieser Richterin flogen während ihrer Amtszeit so viele Entscheidungen um die Ohren, dass es nicht zu glauben war. Ich las Entscheidungen, die meiner Meinung nach den Tatbestand der Rechtsbeugung erfüllten, aber die Anstaltsleitung und Frau Richterin F. arbeiteten Hand in Hand. Letztendlich wurde eine Entscheidung so oft von einer Stelle zur anderen verschoben, dass der Gefangene aufgab.

Es sieht folgendermaßen aus. Ich beschwere mich über eine Entscheidung der Anstaltsleitung. Nach drei Monaten erhalte ich einen Bescheid, dass die Sache bearbeitet wird. Nach sechs Monaten kommt schließlich der ablehnende Bescheid, allerdings mit der Auflage, dass die Anstaltsleitung erneut entscheiden soll. Dies wird auch getan, die neue Entscheidung unterscheidet sich jedoch von der alten nur in der Formulierung, aber nach drei bis sechs Monaten erhalte ich meine erneute Ablehnung und alles beginnt wieder von vorn.

Die Richterin kam mir immer so vor, als wollte sie ihr Gegenüber sezieren, als führte sie eine Vivisektion durch, aber hatte sie jemanden vor sich, der sich artikulieren konnte oder gar seinen Anwalt mitbrachte, blieb sie sehr zurückhaltend. Doch bei den meisten Gefangenen verlangte sie den seelischen Striptease und dann kam der lapidare Satz: „Sie bekommen Bescheid."

Jeder wusste, dass dies gleichbedeutend war mit der Ablehnung. Der Gefangene sollte sich winden wie ein Wurm, sollte sich selbst erniedrigen, das gefiel ihr.

Psychologe K. und Richterin F. waren in dieser Beziehung ein gutes Team. Psychologe K. sagte zu meiner Ehefrau: „Ihr Mann ist ein Verbrecher und er hat die Frau, seine Geliebte, gefickt. Gefickt hat er sie, er hat sie gefickt!" Dabei schlug er bei jedem „gefickt" mit der Faust auf den Tisch. „Und Sie bleiben bei ihm!"

Meine Ehefrau war bei einem solchen Vokabular sprachlos – und ich frage mich, ob dies zum Wortschatz eines Psychologen gehören muss. Sie gab ihm darauf keine Antwort. Für den Psychologen war das Grund genug, eine Beurteilung zu verfassen, die fachlich auf dem untersten Niveau war. Ich habe in meinem Leben genügend Beurteilungen gelesen, um eine fundierte Meinung darüber abgeben zu können. Nun, bei der Richterin brauchte er ja nichts zu befürchten.

Meine Ehefrau hat mir mehr als einmal von diesem Gespräch erzählt. Wir diskutieren oft über die damalige Situation. Ich war diesen Personen immer schon suspekt gewesen.
Dieser unsägliche Psychologe K. sorgte auf der anderen Seite aber dafür, dass ein Sittenstrolch der übelsten Sorte entlassen wurde. Bei diesem wurde eine vorzeitige Entlassung befürwortet, er war ja auch nur zu sechs Jahren Haft wegen Unzucht mit Kindern verurteilt worden. Das weiß ich, weil dieser Mensch halbtags in der Bücherei arbeitete. Bevor er in der Bücherei eingesetzt wurde, war er auf der SOTA[5] gewesen. Diese Behandlung brach er nach einem Jahr ab. Er wollte nicht mit anderen über seine Straftaten reden. Zur „Belohnung" wurde er auf eine andere offene Abteilung verlegt, auf der auch ich lag. Hier war es ihm möglich, halbtags in der Bücherei zu arbeiten und Bücher auf fehlende Seiten zu überprüfen. Dieser Gefangene wurde auf Bewährung entlassen, er war ja nicht mit einer Person liiert, die Einbrüche begangen hatte. Er war kein Dieb, sondern „nur" ein Sittenstrolch. Hört mir auf mit den Psychologen!

Eine Geschichte möchte ich noch ergänzen, die aufzeigt, was von den Gefangenen gehalten wurde.
Die Bücherei erhielt jedes Jahr ein bestimmtes Budget für Neuanschaffungen, genau wie alle anderen justizeigenen Betriebe auch. Der Büchereibeamte kam zu uns, zum Lebenslänglichen und mir, und sagte: „Schreibt einmal auf, was so alles an Büchern, Filmen oder CDs verlangt wird."
Wir hatten Kataloge, konnten von daher auswählen. Wir erstellten eine Liste mit etwa hundert Titeln. Von diesen von uns vorgeschlagenen Titeln wurden aber gerade mal zwanzig bestellt. Die restlichen achtzig Titel bestellten die Beamten, und zwar das, was sie sehen wollten. Und diese achtzig Filme waren für die Gefangenen in den ersten Monaten nach der Anschaffung nicht ausleihbar.
Dieses Vorgehen war nichts Besonderes, aber das egoistische Denken der Beamten war nicht zu tolerieren. Die Gelder wurden bereitgestellt,

---

[5] Abkürzung für: Sozialtherapeutische Abteilung

um den Gefangenen das Leben ein wenig zu erleichtern, aber nicht zum Vergnügen der Bediensteten. Ebenso verhielt es sich bei der Sportgruppe und in jedem anderen Bereich. Das Gefängnis war und ist ein großer Selbstbedienungstopf für die Beamten. Wie gesagt, es gibt Ausnahmen, aber diese bestätigen nur die Regel.

Von meiner Ehefrau weiß ich, dass sich eine Beamtin von einer Gefangenen die Beine rasieren ließ. Meine Frau arbeitete auf der Kammer. Zum Karneval wurden Laken mitgenommen, Bettbezüge und alles, was eventuell beim Karneval zu gebrauchen war.
Die Pfarrerin gab auch schon mal Tabak und Blättchen bei der Kammer ab – für Gefangene, die noch neu waren, die viel rauchten, aber keinen Vorrat an Tabakwaren hatten. Diese lagen auf einer Vier- oder Sechs-Frauen-Zelle.
Einmal musste meine Ehefrau Tabak und Blättchen zu der Abteilung bringen. Ein Beamter nahm ihr die sechs Päckchen Tabak und die Blättchen ab, schaute sich den Tabak an und sagte: „Schade, diesen rauche ich nicht, aber die Blättchen brauchen die nicht, die brauche ich."
Meine Ehefrau meinte: „Wenn ich das der Kammerchefin erzählt hätte, wäre es dem Beamten schlecht ergangen. Sie hätte ihm gesagt, was Sache ist und wie sich ein Beamter zu verhalten habe."
Die Leiterin der Kammer gehörte zu den korrekten Beamten. Andere ließen sich von den Gefangenen einspannen, ihnen zum Beispiel die Tür zum Haftraum meiner Ehefrau zu öffnen, damit diese ein Bild von einem nackten Mann mit erigiertem Penis in den Schrank meiner Frau kleben konnten.
Meine Ehefrau beteiligte sich nicht an den Gesprächen über Männer, sie unterhielt sich meist nur mit einigen wenigen Beamtinnen und zwei oder drei Mitgefangenen. Sie war ein Kanarienvogel unter Spatzen und bei den meisten Mitgefangenen nicht gut gelitten. Sie verteidigte mich und ließ sich trotz intensivster Bemühungen der Beamtinnen nicht von mir scheiden. Immer wieder rechtfertigte sie sich: „Sie kennen meinen Mann doch gar nicht. Sie wissen nicht, was für ein Familienleben wir hatten."

Meine Frau machte eine sehr harte Zeit im Gefängnis durch. Bis heute hat sie mir nicht alles erzählt, was sie erdulden musste. Gott sei es gedankt, dass sie überall Menschen vorfand, die ihr beistanden. So war es zum Beispiel in der Haftanstalt der Malpädagoge, der ihr über die erste schwere Zeit hinweghalf, aber auch eine ehrenamtliche Betreuerin und die Sozialarbeiterin sowie ein paar Beamtinnen. Jedoch sind diese Menschen Ausnahmen im gnadenlosen Justizwesen.

Das Gleiche gilt für die Haftanstalt. Auch hier gab es einige Personen, die ihr in der schweren Zeit zur Seite standen. Das waren beispielsweise die Anstaltsleiterin und einige Beamtinnen. Und obwohl mich davon einige zur Hölle wünschten, bin ich ihnen dankbar dafür, was sie für meine Frau getan haben. Damit will ich es gut sein lassen.

Von einem Mitgefangenen, der in der Baukolonne arbeitete, erfuhr ich, dass er Zementsäcke und Fliesen in den privaten Pkw eines Beamten hatte einladen müssen. Lebenslängliche, die besonders dienstbeflissen waren, brachten dem Abteilungsbeamten, wenn er um sechs Uhr die Zellen aufgeschlossen hatte, erst einmal ein Kännchen Bohnenkaffee. Einige der Beamten nahmen auch das Mittagessen der Gefangenen zu sich. Ich weiß aus Erfahrung, dass das Essen in der Haftanstalt gut war im Vergleich zu den anderen Justizvollzugsanstalten. Trotzdem aß meine Ehefrau während ihrer Haftzeit nichts aus der Gefängnisküche, sie konnte es einfach nicht. Dementsprechend sah sie nach einiger Zeit auch aus. Sie ernährte sich nur von dem, was sie selbst einkaufen konnte. Weniger empfindlich waren da, wie schon erwähnt, einige Beamte. Auch ich aß stets, was in den Gefängnisküchen zubereitet wurde, zuletzt bekam ich Diätessen.

Auf meiner Abteilung – es war eine offene Abteilung, das heißt, tagsüber waren die Türen geöffnet – gab es eine Küche und einige Gefangene brieten, buken oder kochten immer für den Beamten mit. In der Untersuchungshaftanstalt tat ich das auch, zumindest für den dicken Beamten W. Wenn der Nachtdienst hatte, kochte ich um Mitternacht schon mal Nudeln mit Hackfleisch oder Ähnliches. Ich lag damals im Lazarett, war Hausarbeiter und hatte meine Zelle innerhalb des Lazaretts, lag also nicht auf einer Abteilung. Dazu komme ich aber noch, denn es betrifft meine letzte Verurteilung und somit auch meinen letzten Gefängnisaufenthalt.

Die Beamtinnen sind auch so ein Thema. Mit einer spielte ich hin und wieder Schach. Sie kam aus dem osteuropäischen Raum und spielte nicht schlecht. Sie brachte auch schon mal ein Handy mit und verkaufte es mit Gewinn.

Eine andere unterhielt sich in übelster obszöner Weise mit den Gefangenen. Wie zum Beispiel in folgender Situation: Ich stand am Geländer und wartete darauf, dass ich telefonieren konnte. Auf der anderen Seite stand die Beamtin Frau N. und unterhielt sich mit zwei türkischen Gefangenen. Ich höre, wie sie sagte: „Ja, ich lasse mich gerne in den Arsch ficken. Und natürlich bin ich rasiert, bin total blank und an der Fotze gepierct." Sie drehte sich um und sah mich, dann sperrte sie die beiden in ihre Zelle und kam zu mir.

Ich sagte: „Wenn du das öfter machst, dann darfst du dich nicht wundern, wenn man dich eines Tages in eine Zelle zieht und dir wirklich den Arsch aufreißt."

„Mensch, das war doch nur Spaß!", sagte sie.

„Seltsamer Spaß …"

Diese Beamtin klopfte auch nicht an, wenn sie eine Tür aufschließen musste. Folglich überraschte sie mich auch einmal beim Urinieren.

„Na", sagte sie, „soll ich ihn für dich halten?"

Ich schaute sie nur an und von da an war Ruhe.

Die eben erwähnten Szenen habe ich bereits in Band 1 meiner Trilogie beschrieben, aber ich möchte hier noch einmal aufzeigen, wie leichtsinnig sich die Beamtin verhielt. Was wäre geschehen, wenn sie in eine Zelle gezerrt worden wäre? Nicht auszudenken, was es für ein Drama gegeben hätte. Und das nicht nur für sie, sondern für alle Gefangenen, und für die, die sie zu sich in die Zelle gezerrt hätten, ganz besonders. Sie mögen es sich vorstellen oder nicht, die negativen Folgen wären immens gewesen, und zwar für das gesamte Vollzugswesen. Und warum? Weil so eine junge Frau ihr Mundwerk nicht im Zaum hatte und sich vielleicht nur interessant machen wollte.

Über diese Geschichte sprach ich mit der Leiterin für Sicherheit und Ordnung. Diese sagte: „Das habe ich schon alles gehört. Die Sache ist geklärt, darüber brauchst du dir keine Gedanken mehr zu machen."
Diese Beamtin war übrigens eine der Korrekten. Sie war bei den Gefangenen gefürchtet, aber ich kam blendend mit ihr aus. Sie wusste, ich war gerade, ich verriet niemanden bei ihr, kannte ihren Ehemann von früher und benahm mich ihr gegenüber völlig normal. Wir hatten unseren Spaß, wenn sie beim Verteilen des Essens schon einmal die Essenausgabe kontrollierte, ich mich zu ihr stellte und wir ein Schwätzchen hielten. Weil viele Gefangene Drogen nahmen beziehungsweise besaßen, ein Mobiltelefon ihr eigen nannten oder etwas nicht Erlaubtes in ihrer Zelle war, hatten fast alle ein schlechtes Gewissen. Wir lachten uns darüber schlapp, wenn ich mich mit ihr während der Freistunde unterhielt und wir dabei zusahen, wie manch einer seine Drogen weitergab oder in die Hand nahm, um sie bei einer Kontrolle verschwinden zu lassen. Mich sprachen die Russen an und fragten mich, was ich denn mit der Frau zu tun hätte, mit der dürfe man nicht reden. Viele Gefangene fielen bereits durch ihr Verhalten auf. Die Beamtin bemerkte ihre Unruhe und Nervosität, winkte sie raus und ließ sie kontrollieren. Es war kein Wunder, dass sie eine hohe Erfolgsquote hatte. Doch mit jedem Erfolg wuchs auch die Angst. Es war aber so, dass nicht nur die Gefangenen Angst hatten, nein, auch die Beamten, die mich mit ihr sprechen sahen. Sie kam auch schon mal in meine Zelle und erkundigte sich, wie es meiner Frau ging. Und sie erzählte mir Dinge, die ich für mich behalten und sie hier nicht weitergeben möchte. Sie war korrekt, und so bin ich es auch.

Eine andere Beamtin auf der Abteilung, auf der ich lag, war von kräftiger Statur. Sie hatte mich ins Herz geschlossen, nachdem ich ihr einmal ein Kompliment gemacht hatte: „Die Bluse steht dir gut!", irgendetwas in dieser Richtung war es jedenfalls.
„Findest du?" Sie warf den Kopf zurück.
Ich dachte: Hoffentlich fängt sie nicht an zu wiehern.
Diese Dame erwartete jetzt jeden Tag ein Kompliment von mir. Sie blieb einfach in der Tür stehen und wartete.

Vierzehn Tage gelang mir das, doch dann wurde es schwirig und mit jedem Tag schwieriger. Manchmal gingen wir gemeinsam die Treppe hoch, sie ging etwas schneller und lief dann vor mir. Wenn niemand in der Nähe war, drehte sie sich um und sagte: „Da guckst du, was? Das ist ein Arsch, nicht wahr?"
„Ja", erwiderte ich, „das ist wahrhaftig ein Arsch."
Über diese Frau könnte ich allein ein Kapitel schreiben. Sie machte gerne Ausführungen. Wenn sie sich dann privat für eine Ausführung kleidete, konnte ich sie nicht anschauen. Ich schämte mich für sie und dachte: Meine Herren, hat diese Frau keinen Mitmenschen, keine Kollegin, die ihr einmal sagen, wie furchtbar sie in diesen Klamotten aussieht? Manchmal kam sie in die Bücherei, Telefon am Ohr, und säuselte: „Ja, mein Schatz, ja, heute Abend. Wohin? Nach Mönchengladbach zur Oper? Wir wollten uns doch am Wochenende Lohengrin oder Schwanensee anschauen."
Zuerst dachte ich ja noch, die Gespräche wären echt, aber eines Tages rief, während sie angeblich telefonierte, die Zentrale an. Ihr Telefon klingelte also, obwohl es gar nicht hätte klingeln dürfen. Ein paar Tage lang war es peinlich, aber dann ging es wieder los. Sie war auch immer sehr schnell beleidigt, dann musste ich aufpassen. Sie war äußerst launenhaft, besser gesagt stimmungslabil.
Ich hatte meinen Freiraum, aber bei den meisten Gefangenen machte diese Beamtin Zellenkontrolle, sie blätterte in deren Pornoheften, die – im Gegensatz zu Porno-CDs – erlaubt waren, suchte nach gebrannten CDs und schnüffelte überall herum, wühlte in Akten oder Briefen – was sie nicht durfte, zumindest durfte sie sie nicht lesen – und erzählte anschließend in epischer Breite, was dort geschrieben stand. Bis sie wieder an den Richtigen geriet, der eine Dienstaufsichtsbeschwerde verfasste.

Andere Beamtinnen waren jung und einfach naiv, ließen sich von den älteren Kollegen bequatschen und waren eine leichte Beute. Eine aus der Stadt, in der ich gewohnt hatte, ließ sich mit einem verheirateten Kollegen ein. Eines Sonntags – es war wie immer um fünfzehn Uhr Einschluss – kletterte ich auf einen Stuhl, schaute aus dem Fenster und sah am anderen Ende des Hofes einen Beamten breitbeinig dastehen, vor ihm auf einen Jägerstuhl sitzend besagte Beamtin. Ich sah, wie sie ihren Kopf rhythmisch auf und ab bewegte. Die sexuelle Handlung war nicht klar erkennbar, doch wenn das eine neue gymnastische Übung war, eine, die ich noch nicht kannte, dann hätte mich das sehr gewundert. Ich erzählte ihr das nie, doch mit ihm sprach ich darüber. Er war stolz auf seine Eroberung. Und sie tat mir noch nicht einmal leid.

Ich fragte einige Beamtinnen: „Warum ziehen sich manche von euch so enge Hosen an, dass die sich Vulva deutlich abzeichnet?" Dies war nämlich eines der Dinge, die ich nicht begreifen konnte. Eine Sozialarbeiterin beantwortete mir diese Frage einmal so: „Die Damen stellen sich wohl vor, wie der Gefangene masturbiert. Ihre Vulva ist dann die ‚Wichsvorlage.'"

Der Einbrecher

Nun komme ich zu den Straftaten, die ich zusammen mit Karlheinz und Kurt verübte, allerdings gebe ich nur einen kurzen Überblick. Ich war damals sehr aktiv und beging auch mit Manfred, der hauptberuflich Zuhälter war, Einbrüche. Wegen dieser Straftaten war ich über vier Jahre in Untersuchungshaft. Das ist zwar nicht üblich, aber es war so.

Mit Manfred brach ich unter anderem in eine Nobel-Boutique ein, aus der wir Kleidung im Wert von rund 400.000 DM herausholten. Es waren wertvolle Ledermäntel dabei. Einen davon schenkte ich Kurt, doch dies wurde mir später zum Verhängnis. Es war eine abenteuerliche Klettertour, die wir da vollbrachten, wir sprangen von einem Balkon zum anderen und ein Fehltritt hätte uns einen zehn Meter tiefen Sturz in einen asphaltierten Hof beschert.

Danach verübten wir einen Einbruch in ein Wäschegeschäft mit feinster luxuriöser Damenunterwäsche. In eine große Sporttasche passte Wäsche für bis zu 300.000 DM.
Ich arbeitete damals mit einem Ziehfix, das ist ein Werkzeug, mit dem man den Kern eines Schlosses lösen und herausziehen kann. Während ich die Tür öffnete, passte Manfred auf.

Wenn ich zurückdenke, dann waren wir Stress ausgesetzt, absolutem, dauerhaftem Stress. Ich berichte hier nur von einem Teil der erfolgreichen Einbrüche. Alles kann ich gar nicht zu Papier bringen. Bei erfolgreichen Einbrüchen war der Stress positiv zu bewerten, denn wir waren ja ans Ziel gelangt. Aber es gab auch zahlreiche Einbrüche, die im Ansatz stecken blieben, weil jemand uns gesehen oder etwas gehört hatte und die Polizei verständigt worden war. Diese Fälle erwähne ich ja gar nicht. Hierbei verspürten wir negativen Stress, was aus medizinischer Sicht das Schlimmste ist, das man sich antun kann. Kein Wunder, dass ich eines Tages einen Herzinfarkt erlitt und heute mit vier Bypässen leben muss. Immer aufpassen, immer auf der Lauer liegen, nie ruhig schlafen – im Rückblick eine Katastrophe!

Eines Tages tauchte Kurt bei mir auf. Ich kannte ihn von einem früheren Gefängnisaufenthalt. Kurt war ein echter Psychopath. Ich musste immer aufpassen, dass er nicht die Kontrolle verlor. Er kam mit einem Auto, das er, wie ich erst später erfuhr, einer jungen Frau aus einer Wohngemeinschaft entwendet hatte, zu mir und brachte etwas Schmuck mit, den er meiner Frau schenken wollte. Diese lehnte aber ab. Sie nahm keinen gestohlenen Schmuck, weder von mir noch von meinen Kumpanen.

Kurt wollte mit mir zusammen ein paar Einbrüche machen, weil er gehört hatte, dass ich gut sei. Er verriet mir, wo er den Schmuck herhatte. Die Adresse war eigentlich gar nicht schlecht, doch erwartete uns dort eine für das Risiko zu geringe Beute. Wie oft erwirtschaftete ich noch nicht einmal die Spesen und butterte nur zu. Ich verkaufte das Auto, mit dem Kurt gekommen war, und auch den Schmuck. Kurt blieb in der Stadt, in der ich wohnte. Er kam zunächst im Hotel unter und dann bei einer Frau, die er kennengelernt hatte.

Zwischenzeitlich war auch Karlheinz bei mir aufgetaucht und wollte mit mir arbeiten. Zu dritt gingen wir zunächst erfolgreich auf Diebestour. Bald stellte sich heraus, dass sich Karlheinz und Kurt nicht verstanden. Jeder von ihnen versuchte, den anderen bei mir schlechtzumachen. Bereits da hätte ich merken müssen, dass beide nicht zuverlässig waren.

Einmal suchten wir uns eine Villa aus. Sagenhaft, wie die abgesichert war! Es gab sieben einzeln geschaltete Alarmschleifen direkt neben der Villa, die vom Sicherheitsdienst rund um die Uhr bewacht wurde. Wir stiegen in den Werkzeugraum ein. Dieser war nicht abgesichert. Dann gelangten wir durch die Öffnungen, die für große Lautsprecher ausgespart waren, in das Schwimmbad des Hauses. Dort bohrte ich eine Tür auf und schnitt ein großes Stück der Tür aus. Ich musste vorsichtig sein, denn im oberen Teil war sie alarmgesichert. So kam ich bis in die Küche, wo ich sämtliche Alarmschleifen ausschaltete.

Wie bereits erwähnt, war ich vier Jahre in Untersuchungshaft und sowohl Karlheinz als auch Kurt hatten noch Reststrafen zu verbüßen. Karlheinz erzählte später im Gefängnis einem Betrüger von dem eben geschilderten Fall. Dieser Mensch, ein gewisser Serienbetrüger namens Otter, schrieb an die Staatsanwaltschaft und bot sich als Zeuge an. Darauf gehe ich später noch näher ein, wenn ich den Verlauf der Hauptverhandlung schildere. Diese kurze Anmerkung soll Ihnen nur den Sachverhalt verständlicher machen.

In besagter Villa nahmen wir Pelze, unter anderem einen Ozelot im Wert von circa 100.000 DM, und etliche andere Wertgegenstände, Gewehre und etwas Schmuck mit.

Eine andere Geschichte war die Folgende. Kurt, Karlheinz und ich fuhren zu einem Tatort, den ich morgens schon allein aufgesucht hatte, um die Tür abzustecken. Ich hatte ein kleines Holzstückchen zwischen Tür und Rahmen gezwängt, um später zu sehen, ob in der Zwischenzeit jemand nach Hause gekommen war. Wenn das Stück Holz noch da war, konnte ich sicher sein, dass niemand das Haus betreten hatte. Als wir ankamen, war alles okay. Es war kaum zu glauben, wie aufwendig das Haus abgesichert war. In jedem Kellerschacht befand sich eine Sirene, von denen eine aus dem Zweiten Weltkrieg war. Sirenen wie diese hatten damals angefangen zu heulen, wenn die Flieger der Alliierten ihre Bomben abwarfen. Ich vermag mir heute noch nicht vorzustellen, was es für einen Radau gegeben hätte, wenn wir die Sirene ausgelöst hätten.

Einige Sirenen konnte ich ausstellen, andere nicht. Wir kletterten auf das Dach, wo ich die Alarmanlage beziehungsweise die Sirene ausschäumte und die Lampe abdeckte. Dann musste ich wieder zurückschleichen und das Dachfenster öffnen. Durch dieses stiegen wir in das Haus ein und gelangten so auf den Dachboden. Karlheinz blieb am Dachfenster und hielt Wache, während ich zu der Falltür ging, die geöffnet werden musste, damit wir in die Wohnräume gelangen konnten. Aber auch diese Falltür war durch einen Alarm abgesichert. Während ich noch überlegte, wie ich vorgehen sollte, kamen Karlheinz und Kurt herbeigeeilt, um mir mitzuteilen, dass die Polizei da sei. Ich lief zum Dachfenster und sah von dort, wie ein junger Mann an der Stelle, an der wir erst vor wenigen Minuten auf das Dach geklettert waren, ebenfalls das Dach erklomm. Ich warnte meine Komplizen: „Haltet die Klappe! Das ist keine Polizei. Wenn es Polizei wäre, dann wären Scheinwerfer auf das Dach gerichtet und es wären etliche Streifenwagen da. Mir scheint, da wollen auch noch andere in das Haus einsteigen."

Ich trug in dieser Nacht einen Parka, der fast so aussah wie ein Polizei-Parka – mit Wappen auf dem Oberarm, er hatte diese undefinierbare Farbe, eine Mischung aus Oliv, Grau und Grün.

Der junge Mann war mittlerweile fast auf den Dachfirst angekommen. Er holte eine Silikon-Abdichtungstube aus seiner Jacke und wollte die Alarmanlage ausschäumen. In dem Moment war ich an der Dachluke angekommen und rief laut: „Halt! Bleiben Sie, wo Sie sind, hier spricht die Polizei."

Der Mann wurde hektisch. Erst stutzte er, doch dann rutschte er das Dach herunter, an der Dachrinne ein kurzer Halt, dann war er mit einem Satz auf dem Rasen – der Bursche war topfit. Ich stieg aus der Dachluke und folgte ihm über das Dach bis auf den Rasen. Auf der Straße wartete ein zweiter Mann, der wohl die Aufpasserfunktion innehatte. Nachdem die beiden aufeinandergetroffen waren, liefen sie gemeinsam an einem BMW vorbei, der, als wir angekommen waren, noch nicht dort gestanden hatte. Sie liefen bis zum Ende, ohne mich aus den Augen zu verlieren. Ich erreichte den BMW, sah, dass er nicht verschlossen war, stieg in das Fahrzeug und entdeckte ein paar Schraubendreher, eine Zange und allerhand Kleinkram, der für Einbrüche verwendet werden konnte. Diese Dinge nahm ich mit und kehrte zurück zur Villa. Dort angekommen hörte ich, wie der BMW davonbrauste.

Später, während meiner Zeit in Untersuchungshaft, sah ich einige kommen und gehen. Und eines Tages sah ich eben diesen Burschen, wie er seine Runden drehte. Er schaute mich einige Male forschend an, dachte sich dann aber wohl: Nein, das kann nicht sein, dass dies der Mann von der Polizei ist. Ich gab mich natürlich nicht zu erkennen.

Zurück zur Villa. Ich kletterte wieder auf das Dach und durch die Luke auf den Dachboden. Durch die Falltür kamen wir nicht, denn erstens hatten wir keine Säge und auch keinen Bohrer und zweitens wussten wir nicht, wann die Bewohner wiederkommen würden. Wir hatten große Schraubendreher zur Verfügung und auch einen Kuhfuß. Mit diesem Werkzeug lösten wir die Bretter und rissen so ein großes Loch in den Boden. Nun trennte uns nur noch die Decke vom Wohnraum. Das war aber kein großes Problem mehr. Mit ein paar festen Tritten auf diese Decke löste sich der Putz und fiel mit den Heraklitplatten auf den Teppich. Es sah aus, als ob wir eine Handgranate geworfen hätten.

Ich hatte von draußen, als wir das Haus und die Umgebung ausbaldowerten, gesehen, dass ein Bild von Hundertwasser an der Wand hing, und zwar „Die vier Jahreszeiten". Ich ging davon aus, dass es kein Originalbild war, aber ich rechnete damit, dass es sich um eine limitierte, handsignierte Druckauflage handelte. Diese waren auch sehr gesucht und wurden gut bezahlt, sie waren leichter zu verkaufen als Originale.

Ich mache es jetzt kurz: Die Teppiche waren für uns wertlos, denn es war Maschinenware. Die Bilder waren billige Kalenderdrucke. Das ganze Haus war eine Blenderhütte, es war einfach nicht zu glauben. Wie ich später erfuhr, war der Besitzer des Hauses Sachverständiger für Versicherungen, aber auch bei Gerichtsverhandlungen. Mich hätte einmal interessiert, wie hoch er den Schaden an seinem Haus bewertete.

Einen anderen Einbruch tätigten wir bei einem Steuerberater. Sein Haus war zwar ziemlich gut abgesichert, aber letztendlich war es für uns kein allzu großes Problem. Wir fanden Goldzähne neben anderen Zähnen, Behindertenschuhe, weil der Mann wohl einen Klumpfuß hatte, und in einer abgeschlossenen Schreibtischschublade entdeckten wir Kinderpornos. Wir machten sicher einen Fehler, denn wir verteilten diese Hefte auf die Schreibtische der in der Kanzlei beschäftigten Steuerberater. Sie sollten erkennen, was ein Mensch ihr Arbeitgeber war. Wir bedachten dabei nicht, dass er, wenn er als Erster die Räume betrat, zunächst einmal erkennen würde, dass eingebrochen worden war. Natürlich würde er dann die Hefte gleich wieder einsammeln. Ich nahm einen großen Teppich mit, an dem ich schwer zu schleppen hatte. Leider waren es nur ein paar Hundert Mark, die ich dafür erwirtschaften konnte.

Der falsche Kamerad

Zwischendurch verübte ich mit Max, einem Sinti, ein paar gute Einbrüche. Als er einmal nicht mitmachen wollte, ging ich mit Peter zu einem von Max und mir ausbaldowerten Haus.
Uns erwartete eine fette Beute. Das ganze Haus, auch das Badezimmer, war mit Seidenteppichen ausgelegt. Sogar der Fressnapf für den Hund stand auf Seide. Hier war alles echt, es gab kein Talmi. Was immer wir in die Hand nahmen, alles war original. Ich schickte Peter ins Schlafzimmer mit dem Hinweis, er solle alles Lohnenswerte in einen Kopfkissenbezug stecken. Sortieren konnten wir später. Ich nahm insgesamt zehn Goldbarren á 250 Gramm mit.
Peter rief von oben: „Hier gibt es jede Menge Schmuck!"
„Alles einpacken!", rief ich zurück.
Im Wohnzimmer fand ich eine goldene Uhr, Halsketten und Ähnliches – alles Herrenschmuck. Es war es ein lohnender Coup.
Ich rief Peter und wir verluden die Seidenteppiche in meinen Wagen. Ich fuhr damals einen älteren Daimler-Benz, den wir so voll wie möglich luden. Kofferraum, Rücksitze, sogar der Beifahrersitz und der Fahrgastraum davor waren schließlich voller Brücken. In der damaligen Zeit kostete eine Seidenbrücke um die 10.000 DM. Heute erhält man für ein ähnliches Stück gerade einmal 1.500 bis 2.000 Euro.
Wie dem auch sei, wir beeilten uns, von dort wegzukommen und fuhren über die Autobahn Richtung Heimat.
Unterwegs fragte ich Peter: „Zeig doch mal, was du an Schmuck mitgenommen hast!"
Beim Zusammenlegen der Teppiche und Brücken sowie dem anschließenden Beladen des Fahrzeugs hatte ich nicht mehr an den Schmuck gedacht. Ich war der Überzeugung, der Schmuck hätte bereits im Wagen gelegen.

Peters Gesicht verlor an Farbe. Er stammelte: „Siggi, der Schmuck liegt noch im Haus. Als du gerufen hast, bin ich sofort runtergelaufen und habe den Schmuck total vergessen. Aber warte mal, ich habe noch einige Teile in der Tasche. Die habe ich dort reingesteckt, bevor ich den Kopfkissenbezug geholt habe." Er reichte mir einige Schmuckstücke, die ich sogleich an mich nahm.

„Große Scheiße, mein Guter", schimpfte ich. „Aber wir wollen uns nicht beklagen, es ist auch so noch genug."

Ich fuhr den Wagen in die Garage und nahm nur Schmuck und Goldbarren mit. Ich gab Peter 17.000 DM von meinem Geld und sagte, er müsse auf den Rest noch warten, bis ich das Diebesgut verkauft hatte.

Am folgenden Tag traf ich Krolli. Dieser gab einen Spruch zum Besten, der mich erst einmal ganz ruhig werden ließ. „Mensch, Siggi, da habt ihr aber richtig zugeschlagen!"

„Wieso?", fragte ich.

„Nun, der Peter hat mir heute Morgen elf Krügerrand gegeben. Die habe ich eingetauscht. Einen konnte ich für mich behalten, ein schnelles, gutes Geschäft."

Der Krügerrand war damals rund 1.000 DM wert.

Krolli schaute mich erwartungsvoll an.

Ich erklärte ihm: „Wenn ich mit Peter ein Ding gedreht hätte und wir hätten Krügerrand erbeutet, dann hätte ich sie selbst verkauft. Soweit ich weiß, sind das Peters Reserven. Ich weiß gar nicht, was er mit dem Geld will."

„Na, ich habe nur gedacht, ihr hättet etwas gedreht, weil ihr beide doch zusammenarbeitet. Ich hätte es dir gegönnt."

Bei Krolli hatte ich manchmal den Verdacht, er würde mit der Polizei zusammenarbeiten. Aber ich konnte es nicht genau sagen. Er bezeichnete sich immer als bisexuell. Sein Spruch war: „Ich bin nicht schwul, ich bin bisexuell." Mir war das egal. Ich kannte so viele Schwule und die meisten von ihnen waren in Ordnung. Was mir im Moment durch den Kopf ging, waren die Krügerrand. Ich wusste, Peter hatte sie gebunkert. Das war das Schlimmste, was es gab.

Stellen Sie sich vor, Sie und ich verüben gemeinsam einen Einbruch. Jahre meines Lebens liegen in Ihrer Hand, denn wenn Sie erwischt werden und mich verraten, würde mich Ihr Verrat einige Jahre meines Lebens kosten. Zwischen Personen, die gemeinsam derartige Straftaten begehen, muss großes Vertrauen herrschen. Sonst geht es einfach nicht.

Peter hatte sich mein Vertrauen dadurch erworben, dass er schweigen konnte. Vor vielen Jahren nahmen wir gemeinsam eine Volks- und Raiffeisenbank aus. Es war mein erster großer Tresor und wir waren zwei Tage in dem Gebäude. Egal, wir bekamen den Tresor auf. Dann geschah aber Folgendes: Bei den Schweiß- beziehungsweise Brennarbeiten tropften Schweißperlen auf einige Geldscheine. Peter kaufte mit diesen Scheinen ein und wurde daraufhin prompt verhaftet. Er hielt den Mund, ich kümmerte mich um Rechtsanwalt, Einkaufsgeld und Radio. Nach einem halben Jahr kam Peter aus Mangel an Beweisen frei. Dies war die Basis für unsere spätere Zusammenarbeit, denn er hatte nun bei mir einen Stein im Brett.

Peter trank allerdings recht viel. Nein, das ist untertrieben, er soff wie ein Loch. Einige Male musste ich ihn aus Gaststätten auslösen. Ich nahm es hin, weil ich wusste, er würde dichthalten, wenn er ins Gefängnis kam. Im Laufe der Jahre machte ich aber immer weniger mit ihm.

Zwei Mal nahm mich Peter so richtig auf die Rolle. Er kam zu mir und sagte: „Siggi, ich habe einen Schlüssel von einem großen Auslieferungslager. Lebensmittel, Tabakwaren und Spirituosen – jede Menge Ware! Wir müssen nur dem Schlüsselgeber einiges abdrücken."

„Nun, darüber lässt sich reden", sagte ich. „Dann lass uns losfahren und ich schaue mir das einmal an."

Unterwegs hielt ich bei einer Kneipe an, weil er angeblich Hunger hatte. In Wirklichkeit ging es ihm nur um das Trinken. Zuerst musste er zur Toilette. Im Vorbeigehen bestellte er bereits einen Kurzen und ein Bier ...

Ich beende die Geschichte in der Kurzversion: Wir kamen am Zielort an und es gab auch ein Lager, ebenso eine Seitentür. Nur der Schlüssel passte nicht. Also war alles gelogen, Peter hatte nur trinken wollen. Er wusste, dass ich alles bezahlte, wenn wir unterwegs etwas aßen oder tranken.

In ähnlicher Form verlief es, als er mir von einem Tipp bei einem Chinesen erzählte. Danach war erst einmal Sendepause angesagt. Ich kam ins Grübeln. Dabei fiel mir auf, dass Peter schon etliche Male behauptet hatte, er hätte dies vergessen oder er hätte jenes vergessen.

Meist Einzelstücke wie einen Brillantring oder etwas in der Art. Den Schmuck bei unserem letzten Bruch hatte er tatsächlich vergessen, weil er so nervös gewesen war. Er wusste, wenn ich gemerkt hätte, dass er etwas unterbaut hatte, hätte es für ihn ein böses Ende gehabt.
Zwischenzeitlich meldete sich Max bei mir, er wollte auch etwas von dem Kuchen abhaben. Dabei hatte ich ihn doch gefragt, nur hatte er nicht gewollt. Er hatte lieber mit einigen Weibern gekokst, was ich aber damals nicht wusste. Nach einigem Hin und Her gab er auf und wollte gehen, aber ich rief ihn zurück und schenkte ihm – der gemeinsamen Zeiten wegen – eine sehr schöne Isfahan-Seidenbrücke. Diese tauschte er gegen einen 123er Mercedes-Benz ein. Dieser hatte eine verbeulte Motorhaube, aber die ersetzten wir durch eine neue, und so kam Max mal so eben an einen schönen Benz.
Ich verkaufte das Gold aus dem Einbruch zu einem guten Preis bei der Deutschen Bank – oder war es die Commerzbank? –, für das Kilo bekam ich in etwa 36.000 oder 38.000 DM. Die goldene Uhr ließ ich ändern und trug sie selbst, ebenso einen goldenen Theresientaler mit schwerer goldener Kette. Auch Teppiche brachte ich gut unter die Leute, so dass ich alles in allem 200.000 DM Beute hatte, meinen Goldschmuck nicht eingerechnet.
Etwa drei Monate später rief mich Peter an und fragte: „Hast du das Gold und die Teppiche schon verkauft?"
Ich stellte die Gegenfrage: „Und du? Hast du schon die Krügerrand verkauft?"
Stille am anderen Ende.
Ich fragte: „Hast du nach Gold oder Teppichen gefragt?"
„Nein", antwortete er, „nein, Siggi, ich habe nicht gefragt."
„Sei froh, dass du 17.000 DM von mir bekommen hast. Hätte ich geahnt, wie es kommt, hätte es etwas anderes für dich gegeben." Ich geriet in Rage. „Ruf mich nie wieder an und komm nicht mehr zu mir nach Hause. Ich will nichts mehr von dir sehen und nichts mehr von dir hören!"

Eine kleine Geschichte gehört noch zu diesem Komplex:

Peter hatte auch seinem Bruder Heinz schon übel mitgespielt, so dass dieser sich an ihm rächen wollte. Nach einem Einbruch, den Peter und ich einer Villengegend verübt hatten, fuhr ich mit dem Wagen erst zu meiner Mutter, versteckte dort die gestohlenen Teppiche im Schuppen und fuhr dann nach Hause. Keine zehn Minuten später sah ich beim Blick aus dem Fenster, wie ein Mann die Hand auf meine Motorhaube legte. Ich ging auf den Balkon und fragte ihn: „Was machen Sie an meinem Fahrzeug?"

Der Mann sagte nichts und machte sich davon. Er war von der Kripo und wollte wohl prüfen, ob der Motor meines Wagens noch warm war. Peters Bruder Heinz hatte nämlich die Kripo angerufen und uns angeschwärzt. Der Kripo war aber bekannt, dass ich sofort eine Beschwerde schreiben würde, wenn sie mich zu Unrecht verdächtigten. Heinz gab jedoch nicht auf und plapperte aus, dass die in der Nacht gestohlenen Teppiche ganz sicher bei meiner Mutter versteckt seien. Tatsächlich fand man dort zwei Teppiche und ich kam wieder einmal in Untersuchungshaft.

Beim Termin wurde ich vom Schöffengericht zu zwei Jahren Haft verurteilt. Ich ging in Berufung und bekam vor der Kammer einen Freispruch. Ich hatte einen Zeugen, der gesehen hatte, wie mir diese beiden Teppiche untergeschoben worden waren. Die Kripo wollte nicht damit herausrücken, woher die Informationen gekommen waren, die zu der Durchsuchung geführt hatten. Nachdem ich der Kammer aber detailliert erklärt hatte, wer denn der Kripo diese Hinweise gegeben hatte, nämlich Peters Bruder, und auch die Begründung dafür lieferte, musste der Kripobeamte die Wahrheit sagen. Es wurde festgestellt, dass das, was er aussagte, mit meinen Angaben übereinstimmte. Und so erhielt ich meinen Freispruch. Gegen Heinz wurde ein Ermittlungsverfahren eingeleitet, aber er kam mit einem blauen Auge davon.

Wenn ich mir heute überlege, wen ich da überredet hatte, für mich ein falsches Zeugnis abzulegen, dann wird mir schlecht. Ich hatte meine Mutter dazu überredet, für mich zu lügen. Ohne Rücksicht auf Verluste und ohne darüber nachzudenken, was es für sie bedeutete, vor einem Gericht zu lügen. Meine Schwiegermutter, eine herzensgute Frau, log auch einmal für mich und ich bekam einen Freispruch.

In der damaligen Zeit war ich viel mit Max unterwegs. Wir hatten unsere bevorzugten Gebiete. Bei manchem Objekt dauerte es bis zu zwei Jahren, ehe wir zuschlagen konnten. Ich hatte absolute Prioritäten. An erster Stelle stand: Bei einem Einbruch keine Gewalt gegen Personen! Daran hielt ich mich mein Leben lang.

In einer Stadt wartete ich zwei Jahre lang, bis wir zum Zuge kamen, und es war wie immer ungewiss, was schließlich dabei heraussprang. Es war ein enormer Gebäudekomplex mit Schwimmbad, eigenem Fitnessstudio und allem möglichen Luxus. Vom Schlafzimmer gab es eine Rutsche ins Bad und eine Rutsche für die Wäsche direkt in die Waschmaschine.

Jetzt im Rückblick muss ich sagen, dass ich vielen Menschen dieses Drama hätte ersparen können, ja hätte ersparen müssen. Dieses Gefühl, in die Intimsphäre von Fremden einzudringen, ihre Wäsche zu durchwühlen und dergleichen mehr, war in der damaligen Zeit kein Thema für mich. Durch meinen Heimaufenthalt und das Jugendgefängnis hatte ich nur Mitleid mit Personen entwickelt, die sich nicht wehren konnten. Nein, Mitleid ist auch nicht der richtige Ausdruck, denn Mitleid hat man mit Personen, denen man sich überlegen fühlt, besser ist der Begriff Mitgefühl. Für mich gehört dies alles zu dem Begriff Empathie. Ich brauchte dieses Gefühl nicht, mich anderen Personen überlegen zu fühlen. Selbstsicher war ich, selbstbewusst auch, aber nie herablassend. Dafür war meine Jugend zu hart gewesen, dafür hatte ich zu viel erdulden, ja erleiden müssen. Das prägte mich. Ich besaß Empathie für meine Umgebung und deren Familien, Mitgefühl für die Opfern meiner Einbrüche hatte ich jedoch nicht. Meiner Meinung nach waren sie mit materiellen Gütern gesegnet, und das hieß für mich, diesen Personen ging es gut, sie waren reich. Ihre Psyche interessierte mich nie, ich dachte einfach nicht darüber nach.

Dies ist im Übrigen ein Phänomen bei den Sinti und Roma, die ich kenne. Mitgefühl für von ihnen Geschädigte? Was für eine Frage! Die Kosovo-Albaner, die mit mir unterwegs waren, dachten genauso, und wenn ich dort irgendetwas in dieser Richtung geäußert hätte, hätten sie bestimmt gedacht, ich sei verrückt geworden. Beide Personengruppen kennen es nicht anders. Wie soll jemand Mitgefühl empfinden, der es

selbst nie erfahren hat. Später werde ich zu beiden Personengruppen noch einige Zeilen schreiben, aber ich verzettle mich schon wieder beziehungsweise schweife ab. Ich möchte diesen Ausflug aber noch beenden:
Im Laufe der Zeit änderte sich meine Meinung. Dazu trugen einige Fälle bei, aber auch das Gegenteil war der Fall. Wenn eine Frau bei meinem Prozess aussagte, sie hätte sich nach unserem Einbruch für 200.000 DM neue Teppiche gekauft, weil man ja ohne Teppiche nicht leben könne, dann musste ich mich fragen: „Wo lebt diese Frau?" Bei einer solchen Aussage wurde ich wütend. Für jeden Arbeiter war dies ein Schlag ins Gesicht! Wenn sie zu viel Geld hatte, sollte sie sich von mir aus für zwei Millionen Teppiche kaufen. Aber bei einem Prozess so etwas auszusagen, das war unmöglich. Ich sah im Gerichtssaal im Zuhörerraum mehr als eine Person den Kopf schütteln. Mancher mochte sich gedacht haben: Das geschieht ihr recht! Aber auch das brachte nichts, die Versicherung bezahlt den Schaden doch sowieso.

Nun aber wieder zu Max und zu unseren Fahrten. Wir hatten in einer Stadt ein gutes Objekt entdeckt und waren auf dem Weg dorthin. Ich muss erwähnen, dass ich mir damals für 200 DM auf dem Schrottplatz einen alten grünen Opel Rekord gekauft hatte und ihn auch über den TÜV brachte. Ich erwähne dies, weil mir dieses Auto, das wir für zahlreiche erfolgreiche Einbrüche benutzten, richtig Geld einbrachte. Als ich es später für 400 DM wieder verkaufte, ging es bergab. Ein Jahr lang lief nichts, aber auch gar nichts. Ich bin nicht abergläubig, aber manchmal komme ich bei solchen Geschehnissen ins Grübeln.
Wir waren also mit dem grünen Opel Rekord unterwegs und parkten rund einen Kilometer entfernt vom Objekt. Den Rest des Weges gingen wir zu Fuß.
Aus einem Schuppen auf dem Nachbargrundstück hörten wir lautes Gebell einiger Dobermänner. Auf der Weide standen Pferde, einfach wunderschön. Die Besitzer züchteten nebenberuflich Vollblutpferde. Hauptberuflich waren beide, Mann und Frau, Zahnärzte. Für uns war es eine Goldgrube: Pudel in Weiß und Gelbgold mit Saphiren und Diamanten als Augen. Manschettenknöpfe, handgefertigt, als Motiv

waren Pferdeköpfe modelliert. Ohrringe mit ähnlichem Motiv, ebenso Ringe, und an den Halsketten hingen ebenfalls Pferdemotive. Ein wunderbarer ausbalancierter Plattenspieler – dieses Gerät kostete allein 28.000 DM – gehörte zu unserem Diebesgut. Dazu kamen schöne Seidenbrücken und etliche Zinnteller sowie Becher und Krüge, die Max einpackte. Später beim Aufteilen erklärte ich Max, dass ich von den Zinnsachen nichts haben wollte. Er beschloss daraufhin, sie seiner Mutter zu schenken. Damit war die Sache erledigt. Dachte ich ...
Ungefähr drei Monate später kam die Kripo mit einem Durchsuchungsbefehl zu mir. „Sie werden verdächtigt, in Y einen Einbruch begangen zu haben."
Ich tat ganz verwundert. „Wieso ich?"
„Bei Frau H. wurden Gegenstände gefunden, die sie auf dem Flohmarkt verkaufen wollte. Sie gab an, ihr Sohn hätte die Sachen von Ihnen bekommen."
Zwischenzeitlich hatten sich die Kripobeamten meine Teppiche angeschaut. Sie fanden wohl nicht, was sie suchten. Auch den Plattenspieler untersuchten sie genau. Ich hatte ihn reparieren lassen und er hatte eine neue Nummer bekommen. Sie wussten, er sah so aus wie der gestohlene Plattenspieler, nur die Nummer stimmte nicht überein. So ging es weiter. Und dann kam, was kommen musste: Die Kripo ging in den Keller und fanden dort einen Bettbezug. Als sie ihn anhoben, fiel ein Manschettenknopf heraus – handgefertigt und mit Pferdemotiv. So ein Mist! Ich hatte ihn schon gesucht, hatte ihn aber nicht finden können, glaubte, er wäre verloren gegangen. Dabei war er die ganze Zeit im Bettbezug gewesen. Einen solchen Bezug nahm ich normalerweise bei einer anderen Fahrt wieder mit oder warf ihn weg. In diesem Fall hatte ich ihn schlichtweg vergessen.
Ich kam in Untersuchungshaft in einem fürchterlichen alten Gefängnisbau.
Bei der ersten Haftprüfung wurde Max entlassen. Ich hatte bestätigt, dass er die Zinnsachen von mir bekommen hatte. Ich versicherte, dass ich die Gegenstände aus Zinn und den Plattenspieler an der Haustür gekauft hatte. Ich hatte sogar daran gedacht, eine Bestätigung vorweisen zu können mit Personalausweisnummer und Unterschrift des

Mannes, der mir die Gegenstände angeblich verkauft hatte. Es stellte sich heraus, dass der Personalausweis gestohlen war. Für diesen Diebstahl kam ich allerdings nicht in Frage. Anders war es bei dem Plattenspieler. Dieser war von der Polizei eingeschickt worden und es wurde nachgewiesen, dass eine neue Nummer eingestanzt worden war. Das Gerät konnte den Bestohlenen eindeutig zugeordnet werden.

Nach vier Monaten Untersuchungshaft hatte ich endlich den Termin vor dem erweiterten Schöffengericht in dieser Stadt. Mit dem Gericht hatte ich Glück. Der Tattag war ein Ostersamstag gewesen und ich hatte eine Zeugin, die unter Eid bestätigte, dass ich ihr an diesem Tage das Zimmer tapeziert hatte. Diese ältere Dame weinte bei der Hauptverhandlung, blieb aber bei ihrer Aussage. Sie musste aus Scham geweint haben, weil ich sie dazu gebracht hatte, für mich ein falsches Zeugnis abzulegen. Vielleicht hätte ich es auch mit anderen Mitteln geschafft, freizukommen. Ich bereue, was ich damals tat, denn ich konnte es nicht wiedergutmachen. Die Dame ist mittlerweile verstorben.

Die erlittene Untersuchungshaft wurde mir auf eine andere Strafe angerechnet. Ich erhielt meinen Freispruch und rief in der Untersuchungshaft an, dass ich meine Sachen erst am nächsten Tag abholen würde. Da kam Max zu mir und bot an, mir diesen Gang abzunehmen. Während ich noch im Gerichtsgebäude stand und mich mit meiner Ehefrau unterhielt, kam die Besitzerin des Schmucks und der anderen entwendeten Gegenstände zu mir und sagte: „Hören Sie, ich kaufe Ihnen meinen Schmuck wieder ab. Über den Preis werden wir uns schon einig."

Ich erwiderte: „Gute Frau, ich war es nicht. Ich bin gerade vom Gericht freigesprochen worden."

„Ja, ja", sagte sie, „wer's glaubt ... Aber wenn Sie meinen Schmuck dann doch verkaufen wollen, dann kaufe ich ihn selbst wieder zurück, ich sage auch kein Wort zur Polizei."

Ich sah, wie viel ihr dieser Schmuck bedeutete. Ich hätte ihn ihr gern verkauft, aber er befand sich nicht mehr in meinem Besitz. Ich hatte ihn längst verkauft.

Diese Begegnung brachte mich ins Grübeln. Was mochte der Schmuck seiner ursprünglichen Besitzerin wohl bedeutet haben? Abgesehen vom materiellen Wert war der ideelle Wert vermutlich bedeutend höher zu bewerten, zumindest für sie oder ihre Familie.

Eine andere Geschichte war die mit der Geige.
Ich befand mich im Gefängnis und eines Tages hieß es: „Massat, runter zur Kripo!"
Hm, dachte ich. Was soll das? Irgendwo brannte bestimmt noch ein Lämpchen, von dem ich nichts mehr wusste, an das ich nicht dachte oder was auch immer.
Ich ging runter und sah dort zwei Kripobeamte aus dem Wohnort meiner Mutter sitzen. Ich fragte: „Was wollt ihr? Ihr wisst doch, dass ich nicht mit euch spreche. Also sagt, worum es geht, und dann könnt ihr wieder gehen."
„Setz dich doch erst einmal und schau dir diese Fotos an", beschwichtigten sie mich. „Wir wollen auch nichts von dir, obwohl wir wissen, dass du es warst. Sag uns nur, ob du diese Geige kennst, ob man sie dir angeboten hat oder ob du weißt, wer sie gestohlen hat."
„Habt ihr sie nicht mehr alle?" Ich war etwas ungehalten. „Seit wann arbeite ich für euch oder mit euch?"
„Mensch, Siggi, hör doch erst einmal zu." Sie nannten die Straße, in der der Einbruch, um den es ging, geschehen war. Ich kannte die Adresse und wusste, wer den Einbruch verübt hatte. „Und was habe ich damit zu tun?"
„Die Geige gehört einem jungen Mädchen. Es ist eine teure Geige beziehungsweise eine Violine und seit dem Verlust ihres Instruments weint das Mädchen Tag und Nacht. Sie isst nichts mehr und die Eltern haben eine hohe Belohnung ausgesetzt. Selbst wenn du es warst, wir verfolgen nicht den Einbruch, sondern wir wollen nur die Violine wiederhaben."
„Ihr spinnt ja", sagte ich. „Ihr wisst doch, dass ich Kindern nichts wegnehmen würde."
„Ein Kind ist das Mädchen nicht mehr", erfuhr ich. „Und die Violine befand sich in einem Stahlschrank."

„Tut mir leid, ich kann euch nicht helfen." Für mich war der Fall erledigt.
Gut, es war keine Stradivari oder Amati, aber viel dürfte an der Qualität nicht gefehlt haben.
Die Violine war weg. Sie war über den Hehlermarkt bis nach Italien gekommen, dort verlor sich ihre Spur. Ich betrieb nach meiner Entlassung Recherche, denn ich wusste ja, wohin das Instrument zuerst gekommen war. Wenn man den roten Faden hatte, dann kam man gewöhnlich auch weiter. Aber in Italien war Schluss. Es tat mir leid und ich empfand Mitleid mit dem Mädchen. Aber leider war an der Tatsache, dass ihre Violine nicht wieder auftauchte, nichts mehr zu ändern.

Die genannten Fälle brachten mich zum Nachdenken und ich konnte mich gut in die Situation der Geschädigten hineinversetzen, hatte ich doch in meiner Jugendzeit nicht einen privaten eigenen Raum oder Fleck gehabt, der mir gehörte, und wenn ich gedacht hatte, ich hätte einen, dann war ich schnell eines Besseren belehrt worden. Mir gehörte nichts, sogar meinen Körper versuchten sie zu vereinnahmen, was ihnen nur kurzfristig gelang, aber mein Geist, meine Gedanken, die gehörten mir. Und so hatte ich schnell gelernt, dass der, dem nichts gehört, bereit ist, fast jedes Risiko einzugehen, damit ihm etwas gehört. Gehört ihm dann etwas, verteidigt er es mit allen Mitteln und ist nicht besser als die, die er vorher bestohlen hat.
Ich kann verstehen, wie es ist, wenn man Gegenstände liebt und diese einem entwendet werden. Es ist ein schmerzlicher Verlust.

Ich übergab meinem Freund, der inzwischen leider verstorben ist, persönlichen Schmuck im Wert von ganz locker 250.000 DM – na ja, so locker auch wieder nicht. Er war Leiter einer Sonderkommission, die gegen mich ermittelte, und wurde einer meiner besten Freunde, bis er dann starb. Ich gab ihm meinen Füller, meine Krawattennadel, Kugelschreiber, Ringe, Ketten und allerhand diverse goldene Kleinigkeiten. Meinen goldenen Füller oder meine Mont-Blanc-Meisterstücke gab ich nicht gern ab, aber ich tat es letztendlich, egal wie sehr sie mir auch schmeichelten. Ich mochte diese Dinge und ich wünschte, ich hätte noch einige von ihnen. Was das anbetrifft, bin ich sentimental. Ich übergab diese Schmuckstücke natürlich nicht meinem Freund, sondern in diesem Fall dem Leiter der Sonderkommission des LKA, die gegen uns ermittelt hatte. Manche dieser Teile waren von mir original gekauft, andere hatte ich umarbeiten lassen und einige Ketten waren geblieben, wie sie gewesen waren. Auf die Frage, wie ich diese Summen denn verdient hätte, genügten meine Belege über die Besuche im Spielcasino nicht. So viel konnte ich gar nicht gewonnen haben, um diese Stücke zu kaufen.

Was ich damit sagen will: Es ist schade, wenn schöne Schmuckstücke entwendet werden, zumal dann, wenn der Besitzer dafür hart arbeiten musste oder es Geschenke von der Familie waren. Aber bei aller Liebe zu diesen Dingen, was sind diese gegen das Leben? Wenn ein Kind missbraucht wird, über Jahre hinweg missbraucht wird, ist sein Leben auf Dauer zerstört. Früher war es so, dass der Täter, der oft wie das Opfer aus einem sozial schwachen Umfeld stammte, möglicherweise sogar aus der eigenen Familie, eine Strafe von zwei bis drei Jahren erhielt, mehr nicht. Heute sieht es Gott sei Dank etwas anders aus. Die Bevölkerung ist durch die vielen Missbrauchsfälle sensibilisiert und die Strafen bei den Gerichten fallen härter aus, zumindest bei den durch die Presse öffentlich gemachten Fällen. Aber auch dies ist leider nur bedingt richtig. So lese ich, dass ein Pfarrer seine Messdiener missbraucht, nicht nur einmal, sondern über Jahre hinweg. Und was passiert? Er wird versetzt und das war es. Nur in einzelnen Fällen kommt es zur Anzeige. Wer macht schon den Mund auf gegen einen Pfarrer, Lehrer, Trainer, Vater oder anderen Familienangehörigen? In der Zeit, in der ich aufwuchs, war es vielleicht einer von hundert Betroffenen. Bei mir war es so, dass meine Mutter mir entgegnete: „Siegfried, wie kannst du nur so etwas sagen? Erzähl doch nicht solche Geschichten!" Und doch war so etwas bei mir geschehen und auch meine Frau hat aus ihrem Leben etwas in der Richtung erzählt. Sie und ich haben diese Erinnerungen verarbeitet, meine Ehefrau besser als ich, wobei sie diese Vorkommnisse damals schon im Keim erstickte. Dies sind eigene Erfahrungen, aber ich verfüge zudem auch noch über detaillierte

Kenntnisse aus meiner Gefängniszeit, wobei ich meine Kenntnisse persönlich aus den Akten erhielt.

Es ist leider heute immer noch so, dass Diebe, Einbrecher oder Räuber härter bestraft werden als Sexualstraftäter. Der Wert des Geldes steht über dem Wohlergehen eines Kindes, besonders wenn es um Kinder aus sozialen Randschichten geht. Die Justizbehörden werden dies vehement abstreiten, aber ich kann mit genügend Beispielen aufwarten, die dieses Verhalten der Justiz aufzeigen.

Ich, drei Mal vorbestraft wegen Einbruchs, musste eine psychologische Untersuchung durchmachen, weil die Staatsanwaltschaft die Sicherungsverwahrung bei mir beantragt hatte. Sie versuchten es insgesamt drei Mal, schafften es aber nie, weil alle Gutachter zu dem Ergebnis kamen, dass ich für die Allgemeinheit nicht gefährlich sei. Ich weiß das, die Staatsanwaltschaft weiß es auch, aber der Antrag wird trotzdem gestellt, weil ich angeblich „über erhebliche kriminelle Energie verfüge". Dies heißt nichts anderes, als dass ich Türen aufsperren kann und nicht aufgebe, wenn es nicht sofort klappt. Ich kann – nein: konnte – Tresore aufbrennen und den wohlhabenden Personen ihr Geld wegnehmen. Diese Personen haben allerdings eine Lobby bei der Justiz, sie sind wohlhabend, verfügen über Einfluss und von daher bewegt man sich auf einer Wellenlänge, seinen Freunden tut man auch gerne einen Gefallen.

In diesem Zusammenhang ein kleiner Rückblick:
Mein jüngster Sohn ging in die Realschule, spielte im Tennisverein, hat aber einen anderen Nachnamen als ich. Er nennt sich zwar auch mit meinem Namen, aber eher weniger. Eine seiner Lehrerinnen war die Frau eines Oberstaatsanwaltes. Beim Aufstellen zum Eintritt in den Klassenraum kam es zu einer der üblichen Rangeleien und aus einem mir unerfindlichen Grund wurde ausgerechnet Dennis aus der Reihe gerufen, aber nicht die anderen an der Rangelei beteiligten Kinder.
Es sollte eine Klassenkonferenz stattfinden. Dabei kam auch mein Name zur Sprache und diese Lehrerin weigerte sich zunächst, mich an der Klassenkonferenz teilnehmen zu lassen. Ich setzte mich aber durch

und nahm teil. Auf einmal ging es los: „Ich kenne Sie von meinem Mann her. Sie sind ein gefährlicher Straftäter!" Und dergleichen mehr. Ich holte die Dame schnell auf den Boden und in die Realität zurück. Ein halbes Jahr später wurde Dennis von dieser Familie eingeladen, um mit den Söhnen Tennis zu spielen. Ein vorbestrafter Mensch, der sich nicht so artikulieren konnte wie ich, hätte keine Chance gegen diese Dame gehabt. Der Sohn hätte Jahre seines Schülerlebens darunter zu leiden gehabt, die Folge wären Schulversagen oder andere Defizite gewesen, die durch diesen Vorfall hätten entstehen können. Bei meinem Sohn gab und gibt es keinerlei Verhaltensauffälligkeit. Aber warum wurde ausgerechnet er aus der Reihe geholt? Nun, die Dame hatte von meinem Vorleben erfahren und da fühlte sie sich berufen, sofort einzugreifen. Und der gute Schüler Dennis war auf einmal ein anderer. Aber was hatte dies mit mir zu tun? Seine Leistungen waren gut und er war in die Klasse integriert. Er war vorher gut gewesen und er blieb es auch nachher.

Dies nur zur Gleichbehandlung, es wird nicht mit gleichem Maßstab gemessen.

Was kann man mir zur Last legen? Ich habe niemanden getötet, niemanden vergewaltigt, habe keine Sexualstraftat begangen. Ich habe mich bereichert, und zwar an Geld, das mir nicht gehörte. Ich habe Banken überfallen und Personen mit einer Waffe bedroht. Dies bedaure ich heute, denn ich kann nur ahnen, wie sehr die Betroffenen unter dieser Bedrohung gelitten haben. Ich bin mir allerdings sicher, dass keine der Personen, die ich geschädigt habe, den Rest ihres Lebens unter dieser Tat gelitten hat.

Bei Kindern, die von Sexualstraftätern missbraucht wurden, ist davon auszugehen, dass sie ein ganzes Leben lang unter den Folgen zu leiden haben. Die Sexualstraftäter gehen noch bei der dritten Vorstrafe auf Bewährung raus. Dieser Psychologe K., der weiter oben schon Erwähnung gefunden hat, lehnte bei meiner Ehefrau die Bewährung ab, weil sie mit mir verheiratet war und sich nicht scheiden lassen wollte. Aber bei einem Sexualstraftäter, der zu sechs Jahren Haft verurteilt war, war der Psychologe für eine Aussetzung des Strafrestes und die unsägliche

Richterin in Krefeld stimmte diesem Antrag zu. Dieser Mann wurde vorzeitig entlassen. Ich will nicht niederschreiben, was ich manchmal für Gedanken hatte, wenn ich wieder einmal Urteile oder Akten las. Strafen, die ich nicht nachvollziehen konnte, für Taten, die nicht zu begreifen waren.

Ein Mann, der bei mir in der Bücherei war, beging eine Tat, die nicht zu verstehen war, und ich muss sagen, die Erkenntnis, dass dieser B. ein Mensch mit Vernunft war, ist grauenvoll. Es könnte vielleicht tröstlich sein, wenn er nur ausgesehen hätte wie ein Mensch, sein Verstand aber zerstört wäre.

Ich zitiere hier einmal die Erfolgsverteidigerin Frau Leonore Gottschalk-Solger. Sie sagte:

Es gibt Menschen, die Dinge tun, die sich nicht erklären lassen [...] dass manche Menschen vielleicht einen kleinen ‚Materialfehler' hätten, anders könne sie manche Taten nicht erklären ...

Kommen wir zu einem anderen Vorfall. Bei einem Einbruch erbeutete ich Geld, Schmuck, andere Gegenstände und ein Tagebuch. Das Tagebuch lag in einer Kassette. Ich las es, auch dafür schäme ich mich – egal ob man mir glaubt oder nicht. In diesem Tagebuch beschrieb die Besitzerin ihre Ehe als sehr traurig. Aber dann hatte sie einen Mann kennengelernt und sich in ihn verliebt. Sie schilderte ihre gemeinsame glückliche Zeit.

Mein Mittäter fragte: „Was steht denn drin?"

Ich antwortete: „Die Frau beschreibt ihre Liebe mit einem Mann, der aber nicht ihr Ehemann ist."

„Prima, dann können wir sie gut erpressen!"

Das wollte ich aber nicht. „Wir werden einen Teufel tun, aber die Frau nicht erpressen." Ich konnte meinem Mittäter diese Sache ausreden, weil ich ihm klarmachte, wie gefährlich eine Erpressung für uns werden konnte. Was das anbelangt, bin ich sehr zufrieden mit mir, denn solche Schandtaten habe ich niemals begangen.

Wahrscheinlich nannte mich das LKA auch wegen meiner grundsätzlichen Einstellung zu gewissen Dingen einen Dinosaurier. Sie waren der

Ansicht: „Solche wie dich gibt es nicht mehr, du gehörst einer aussterbenden Rasse an."
Nach dem, was ich in meiner letzten Zeit im Gefängnis sah, muss ich dem zustimmen.
Ich will mich moralisch bestimmt nicht auf ein hohes Ross setzen, aber ich bin froh, dass es Dinge gibt, die ich nie tun würde und die ich nie getan habe. Allerdings muss ich nun doch eine Einschränkung machen, denn während meiner Kokainzeit mit meiner damaligen Geliebten habe ich Dinge getan, die, wenn ich nur daran denke, mir die Schamesröte ins Gesicht treiben. Zwei Jahre, zwei der schlimmsten Jahre meines Lebens, nein, ich muss sagen: die zwei schlimmsten Jahre meines Lebens.
Nicht jetzt schon damit anfangen, ich komme noch dazu.

Erst einmal führe ich Sie wieder zurück zu Karlheinz und Kurt. Bei unseren Einbrüchen erbeuteten wir auch zahlreiche Sachwerte in Form von Bildern und Teppichen. Um diese vernünftig lagern zu können, hatten wir ein Ladengeschäft angemietet. Dort kam alles hin, was wir nicht sofort verkaufen konnten.

Eine Zweckgemeinschaft

Einmal brachen Kurt und ich in einen Bungalow ein. Als wir drin waren, legte ich von innen die Sicherheitskette vor. Wir packten einiges zusammen, trugen Schmuck und Bargeld am Körper und legten Porzellan, Bilder und Teppiche für den Transport bereit. Auf einmal hörte ich ein Fahrzeug, die Ehefrau und die Tochter des Hausherrn kamen in ihrem SL oder SLC zurück.
„Nimm das Porzellan, ich nehme den Teppich und ab durch den Hinterausgang", rief ich Kurt zu.
Die Damen hatten sofort begriffen, dass Eindringlinge im Haus waren. Als sie bemerkten, dass die Sicherheitskette vorgelegt war, begaben sie sich zum Hintereingang. Aber da waren wir schon weg.
Kurt und ich flüchteten aus dem Bungalow und dabei sagte ich zu Kurt: „Verstecke das Porzellan und gehe dann zum Auto."
Ich versteckte den Teppich auf einem Friedhof, der sich in der Nähe des Bungalows befand, lief danach über den Friedhof Richtung Auto und hörte Kurt, der auf einem anderen Weg über den Friedhof ging, sagen: „Ich habe damit nichts zu tun."
„Womit haben Sie nichts zu tun?", fragte eine der Frauen, die uns auf dem kurzen Weg gefolgt sein mussten.
Kurt gab keine Antwort und zog mit wehendem Mantel von dannen. Als er zum Auto kam, war ich schon dort – ich fuhr damals ein 280er Coupe, das darf ich ja mal erwähnen. Er war noch nicht ganz im Auto, da sagte er: „Gib Gas, die haben mich gesehen!"
Ich versuchte ihn zu beruhigen: „Ist doch nicht schlimm, es hat dich doch keiner beim Einbruch gesehen."
„Aber wenn die mich bei dir im Auto wiedererkennen?!" Ich spürte Kurts Angst.
„Was hast du ihnen denn gesagt?", fragte ich.
„Nichts, Siggi, ich habe nichts zu ihnen gesagt."
Ich beendete diese Diskussion, weil ich wusste, dass sie zu nichts führen würde. Kurt würde das eben geführte kurze Gespräch mit den beiden Frauen nie zugeben.

Drei Monate später stand ich mit meiner Tochter auf dem Arm auf dem Sparkassenvorplatz. Neben mir stand Kurt, der den schönen langen Ledermantel trug, den ich ihm geschenkt hatte. Es war der Mantel aus der Boutique, die ich gemeinsam mit Manfred ausgeraubt hatte. Diesen Mantel hatte Kurt auch angehabt, als wir in den Bungalow einbrachen und uns Mutter und Tochter dabei überraschten. Die Damen, die sich ausgerechnet in dem Moment auch auf dem Sparkassenvorplatz aufhielten, machten ein Foto von Kurt und gingen zur Polizei.

Kurt wohnte damals bei einer jungen Frau, war dort aber nicht gemeldet. Als das Bild von Kurt nicht in der Kartei mit den bekannten Einbrechern gefunden wurde, veröffentlichte die Polizei das Foto. Es dauerte nicht lange und die Polizei war bei der Frau in der Wohnung, Nachbarn hatten Kurt erkannt. Dort befanden sich einige Gewehre, die wir beim Einbruch in das Haus eines Chefarztes erbeutet hatten. Wenige Tage später wurde ich intensiv von der Polizei observiert.

Bei einem Einbruch, den ich mit Karlheinz verübte, wurde ich von der Polizei gestoppt, kontrolliert und durchsucht. Da nichts gefunden wurde – nichts, aber auch gar nichts vorhanden war, was als verboten hätte ausgelegt werden können –, musste ich mit zur Wache kommen, damit meine Personalien festgestellt werden konnten. Dies war nicht die korrekte Vorgehensweise, denn ich hatte Personalausweis, Führerschein und Fahrzeugpapiere bei mir. Außerdem kannten mich mindestens zwei der Beamten persönlich. Die Verhaftung zwecks Feststellung meiner Personalien war also rechtswidrig. Im Verhaftungsprotokoll stand, ich hätte keine Papiere bei mir gehabt. So wollten sie meine Verhaftung rechtfertigen und einen Grund haben, meine Wohnung durchsuchen zu können. Aber auch dort fanden sie nichts.

In den Ermittlungsakten tauchte dann später ein Vermerk auf, der diese ganze Geschichte auch beweisbar machte. In einem der Aktenbände stand Folgendes: „Die bei der Festnahme des Beschuldigten sichergestellten Papiere (Fahrzeugschein, Führerschein und Personalausweis) wurden zur Habe des Beschuldigten in die JVA [...] verbracht."

Damit stand fest, dass alle folgenden Funde, Beweise oder Ähnliches nicht verwendet werden konnten, weil sie aufgrund einer Grundrechtsverletzung zustande gekommen waren. Der BGH gab mir in meiner Revisionsbegründung zwar recht, lehnte die Revision aber trotzdem ab mit der Begründung, es seien Beweise gefunden worden, die für meine Täterschaft sprechen würden. Außerdem seien mir solche Taten nicht fremd und aufgrund meiner Vorstrafen auch zuzutrauen. Ein nicht vorbestrafter Mensch wäre im Gegensatz zu mir niemals verurteilt worden. Also wurde ein Urteil bestätigt, das die Willkür der Justizbehörden beweist und ganz eindeutig aufzeigt, dass ein ehemaliger Rechtsbrecher in diesem unserem System keine Chance hat.

Ehe ich nun die Verhaftung, die Untersuchungshaftzeit und die Verhandlung beschreibe, möchte ich noch zwei Einbrüche aufarbeiten, vielleicht auch drei.

Was ich jetzt schildere, ist fast nicht zu glauben, hat sich aber genau so abgespielt. In einer äußerst gesicherten Villengegend wohnte ein Chefarzt mit eigener Abteilung im Krankenhaus, ein Prof. Dr. Dr. Soundso. Diese Angaben müssen genügen, ich nenne auch keinen Ort. Dieser Professor war mit seiner Familie weggefahren, um in einem Restaurant essen zu gehen. Wir nutzten die Gelegenheit und begaben uns zunächst auf das Grundstück des Professors und dann auf das Dach des Hauses. Wir beratschlagen noch, wo wir am besten reingehen konnten, als plötzlich das Tor aufging und die Familie zurückkam. Wir hatten zu lange gebraucht, um überhaupt auf das Gelände zu gelangen, waren vielleicht zu vorsichtig gewesen. Die Kinder – es waren schon erwachsene Kinder – gingen ins Obergeschoss. Wir verließen das Dach. Dann wurden überall im Haus die Rollläden heruntergelassen. Wir dachten zuerst, wir wären bemerkt worden, aber das war nicht der Fall. Wir schauten durch die Schlitze, die sich in den Rollläden befanden, ins Wohnzimmer. Die Dame und der Herr des Hauses kamen gerade in den Raum, wechselten ein paar Worte und gingen wieder hinaus. Nach kurzer Zeit kamen sie zurück, die Dame im Nachthemd, der Herr im Schlafanzug. Er bedrängt seine Gattin, aber diese schien nicht so zu

wollen, wie er es sich wünschte. Wir sahen die Auseinandersetzung zwar, konnten aber nicht hören, was gesprochen wurde. Die Dame schritt aus dem Zimmer, während er auf und ab marschierte. Kurz darauf ging er zur Tür und schloss diese von innen ab. Er schaute zum Fenster, ging dann zur Fernsehanrichte, nahm eine Kette, die er um den Hals trug, zur Hand und schloss mit einem an der Kette befindlichen Schlüssel eine Tür des Sideboards auf. Er nahm einige Kassetten heraus, legte sie auf den Boden und schob eine davon in seinen Kassettenrekorder. Wir waren draußen sehr gespannt, was als Nächstes passieren würde. Wir dachten an Hardcore-Pornos und dergleichen mehr, und im ersten Moment kam für uns nichts anderes in Frage. Der Hausherr öffnete seinen Hosenschlitz, holte seinen Penis – der noch nicht erigiert war – hervor und spielte damit. Wir begaben uns vor dem Fenster in eine Position, in der wir das Geschehen noch besser verfolgen konnten. Auf dem Fernsehbildschirm sahen wir Filme von englischen oder amerikanischen Kassetten, die den Einmarsch ihrer Truppen in verschiedene Konzentrationslager zeigten. Zuerst sah man nur Soldaten, danach einige Offiziere, die etwas sagten und dann sah man Leichen: Frauen, Kinder und Männer – junge und alte. Der „Herr" zoomte sich einzelne Fotos heran und masturbierte – bei diesem Herrn benutze ich nicht das Wort „wichsen", war er doch Akademiker!
Diese Bilder brannten sich unauslöschlich in meinem Gehirn ein. Auch heute bekomme ich sie nicht aus meinem Kopf, wenn ich mich mit meiner Vergangenheit beschäftige.

Nachdem er ejakuliert hatte, blieb er eine Weile liegen. Danach räumte er die Filmkassetten wieder in den Schrank, verschloss diesen und reinigte sich mit Papiertüchern.
Ich konnte nicht glauben, was ich gesehen hatte. Aber es war tatsächlich geschehen. Dieser „feine Herr" war ein honoriger Bürger, war Mitglied im Lions Club und im Rotary Club, alles vom Feinsten. Und ich sage: Alles zum Kotzen!
Wer auch immer diese Zeilen liest, soll mir doch sagen, was er in dieser Situation getan hätte. Ich tat nämlich nichts und habe bis heute dazu

geschwiegen. Nun steht es hier schwarz auf weiß und Sie dürfen sich gern darüber aufregen.

Stellen Sie sich doch einmal vor, ich hätte die Polizei benachrichtigt! Was wäre da wohl passiert? Die Polizei hätte dem honorigen Bürger von meinem ungeheuerlichen Vorwurf berichtet und das Ergebnis wäre Folgendes gewesen: Ich hätte eine Anklage wegen versuchten Einbruchs erhalten und die Staatsanwaltschaft persönlich hätte sich bei diesem Herrn entschuldigt. Dies ist die Realität. Es hätte auf dem Grundstück etliche Bewegungsmelder mehr gegeben und Rollläden, die absolut blickdicht sind. Genau dies wäre passiert und sonst nichts.

Für heute höre ich auf zu schreiben, diese Gedanken an die damalige Situation haben mich wieder sehr aufgewühlt. Ich sehe diese Bilder noch immer vor meinem Auge. Ich bin ein visueller Mensch und habe dementsprechend ein visuelles Gedächtnis, vielleicht bleiben deshalb so viele Ereignisse aus meiner Vergangenheit so festgebrannt.

Zwei Tage Ruhe haben mich wieder etwas sachlicher werden lassen.

Kurt, Karlheinz und ich hatten ein gutes Objekt in einem Villenviertel im Visier, eine schöne Villa mit Rheinblick, aber alles, Tür, Keller, Fenster und die gesamten Außenwände, waren sehr gut abgesichert. Dieser Einbruch ging über zwei Tage. Ich kletterte auf das Dach, deckte in der Nähe des Kamins ein Stück vom Dach ab, und zwar so, dass es von anderen Häusern nicht bemerkt wurde. Ich stieg durch das Dach auf den Dachboden, gelangte von dort durch das Kinderzimmer in die Wohnräume und schaltete die Alarmanlagen aus. Nachdem ich Kurt und Karlheinz in das Haus gelassen hatte, machten wir erst einmal die Runde und inspizierten, was zu gebrauchen war und was nicht. Im oberen Flur war ein Tresor in einem Schrank verborgen, was für uns keine besondere Schwierigkeit bedeutete. Wir nahmen zunächst einmal einiges mit, während wir für den Rest ein Schweißgerät holen mussten und ein anderes Auto zum Beladen. Das Objekt durfte nun nicht mehr aus den Augen gelassen werden. Also verbrachte ich den Vormittag mit einem ausgiebigen Rhein-Spaziergang und hatte stets einen Blick auf das Objekt. Mittags kam Karlheinz und ich holte Kurt ab. Kurt und ich gingen essen, während Karlheinz auf das Objekt aufpasste.

Kurt fragte mich: „Kannst du dem Karlheinz vertrauen? Ich traue ihm nicht."

Die beiden mochten sich nicht. Wenn irgendwo Geld oder Schmuck gefunden wurde, musste ich den Schmuck mitnehmen, weil sich beide gegenseitig nicht vertrauten.

Am späten Abend gingen wir in das Haus. Kurt und Karlheinz packten zunächst Teppiche, Porzellan und Puppen zusammen und dann versammelten wir uns am Tresor. Es war nicht schlecht, was wir erbeuteten: über 30.000 DM, 5.000 Schweizer Franken und Schmuck. Unter anderem eine Patek Philippe. Meine Augen leuchteten. Eine Patek hatte ich schon lange haben wollen, nur war sie mir zu teuer gewesen. Die Uhr aus dem Tresor war samt Armband komplett aus Gold und war etwa 36.000 DM wert.

Ich sagte zu den anderen: „Ihr wisst, welchen Preis ich dafür erzielen werde, nämlich ein Drittel des Wertes. Ich zahle euch euren Anteil aus und behalte diese Uhr. Ich lasse die Nummern ändern, das kostet auch noch ein paar Tausend, aber das soll nicht euer Problem sein. Ihr könnt euren Anteil aber auch in Form von Schmuck haben. Überlegt es euch."

Sie suchten sich jeder ihren Anteil in Form eines Schmuckstücks aus.

Ich gab Kurt den Briefumschlag mit dem Geld. Er hielt es fest, solange ich nach anderen wertvollen Gegenständen suchte.

Karlheinz ging ihm nicht von der Seite. Erst als ich das Geld wieder an mich genommen hatte, suchte jeder für sich nach weiteren Werten. Aber außer dem bisher Erwähnten fanden wir nicht mehr viel Brauchbares. Wir teilten das Geld, den Rest Schmuck verkaufte ich, ebenso die Teppiche.

Einen anderen Einbruch führte ich mit Kurt aus. Und da wurde mir wieder einmal klar, wie er in bestimmten Situationen aus der Fassung geriet und dann völlig überzogen reagierte.

Wir befanden uns im Wohnzimmer einer schönen Villa. Plötzlich hörten wir die Eigentümer kommen. Ich schätze, es waren die erwachsenen Kinder der Eigentümer. Ein Mann, eine Frau und ein Kind gingen am Wohnzimmer vorbei die Treppe hinauf.

Kurt sagte: „Komm, die schnappen wir uns! Und dann räumen wir in aller Ruhe die Bude leer."
„Ich reagierte sauer: „Hör mal, bist du bescheuert oder was ist los mit dir? Wir haben das, was wir wollten, nämlich Puppen, Porzellan und den Schmuck. Und jetzt verlassen wir in aller Ruhe das Haus. Sollte etwas sein, ermittelt die Polizei in einem Einbruchsdiebstahl, mehr nicht. Wenn wir aber die Personen gefangen nehmen, weißt du, was dann los ist? Uns hat keiner gesehen und nun machen wir uns vom Acker."
Genau das taten wir dann auch. Kurts Reaktion hatte mir deutlich gemacht, wie gefährlich dieser Mann war, völlig unberechenbar. Es war schon gut, dass es mir gelang, ihn zu bremsen.

Wie ich bereits erwähnt habe, wurde ich zusammen mit Karlheinz verhaftet. Was ich zu diesem Zeitpunkt nicht wusste und auch nicht ahnte, war, dass Kurt bereits verhaftet war. Kurt hatte der Kripo mitgeteilt, dass man bei mir nichts finden würde, dass ich aber so einiges bei meinen Schwiegereltern im Keller liegen hätte. Außerdem war er mit der Kripo zu dem Gebäude gefahren, in dem ich immer das Diebesgut verkaufte. Er verriet, dass in diesem Gebäude der Hehler wohnte, dass ich ihn aber nie mit hineingenommen hätte.
Da ich die gesammelten Ermittlungsakten in Kopie auf meiner Zelle hatte, entdeckte ich einen Bericht der Kripo, wo das eben Geschilderte notiert war: „Auf dienstlichem Wege brachten wir in Erfahrung [...] Ausgeführt nach [...] zeigte uns der Informant ein Hochhaus, in dessen oberstem Stockwerk der Hehler wohnte." Wie ich erfahren habe, starb der Hehler später an Aids.
Mein lieber Kurt tat all dies natürlich nicht als braver Staatsbürger, um zur Aufklärung von Straftaten beizutragen, nein, er hatte durchaus eigennützige Motive. Ich habe ja schon berichtet, dass Kurt und Karlheinz als Ausgleich für die Patek Philippe, die ich erhalten hatte, je ein Schmuckstück aus der Beute für sich beansprucht hatten. Kurt hatte sich für ein Armband im Wert von etwas mehr als 10.000 DM entschieden. Er trug dieses Armband aus dem Einbruch in dem Villenviertel. Als er verhaftet wurde, nahm man es ihm ab. Aber wie das Leben

so spielt, erhielt er es von der Kripo als Gegenleistung für die gelieferten Informationen zurück. Er verkaufte es dann später in der Untersuchungshaft für 60 Gramm Haschisch. Der Kripo war es egal, dass er das Diebesgut behalten konnte. Wichtig war nur, dass sie die Informationen erhielten, auf die sie so gehofft hatten. Wen interessierte da schon das Recht? Dieses wurde so gebogen, bis es – ihrer Meinung nach – vertretbar war.

Der Staatsanwalt in diesem Verfahren war nicht besser. Er sagte zum Beispiel: „Herr Neuner, wir wollen Sie doch gar nicht. Sagen Sie gegen Siegfried Massat aus, dann kommen wir Ihnen schon entgegen."

Zu einem späteren Zeitpunkt sprach ich mit Kurt über seine Aussagen, woraufhin dieser eine Kehrtwendung unternahm und dem Staatsanwalt auf der Hauptverhandlung diese Absprachen vorhielt. Der Staatsanwalt stritt jedoch alles ab. Die Absprachen mit einem notorischen Betrüger konnte er allerdings nicht abstreiten, da ich die Briefe dieses Betrügers Otter an den Staatsanwalt in Kopie vorliegen hatte. Otter ging regelmäßig auf Umschluss zu Karlheinz in die Zelle. Dort erzählte Karlheinz ihm einiges von unseren Einbrüchen. Zum Beispiel, was erbeutet worden war und wie wir in die Häuser gelangt waren. Otter schrieb daraufhin an den Staatsanwalt und unterbreitete ihm folgenden Vorschlag: „Der Staatsanwalt hat dafür Sorge zu tragen, dass Otter nach Oberems in den offenen Vollzug verlegt wird. Im Gegenzug erhält er detaillierte Informationen über die uns vorgeworfenen Einbrüche." Diese Absprache wurde tatsächlich eingehalten. Otter sagte als Zeuge aus, seine Aussagen wurden aber nicht gewertet, da ich ihm nachweisen konnte, dass er in einigen Fällen im Sinne der Staatsanwaltschaft gelogen hatte. Zum anderen wurden die Informationen offiziell nicht gewertet, weil im Gegenzug von ihm eine Verlegung in den offenen Vollzug nicht nur erwartet, sondern verlangt worden war. Auch dieser Brief befand sich in den Unterlagen, und zwar in einer Akte, die ich erst während der Hauptverhandlung erhielt.

Fakt ist, Otter wurde nach Oberems verlegt, entwich dort nach sieben Tagen und legte eine Betrugsserie vom Allerfeinsten hin. Soweit ich informiert bin, betrug sein Strafmaß circa zehn Jahre, ich meine sogar etwas mehr, und anschließend die Sicherungsverwahrung. Er musste allerdings erst den Rest der alten Strafe absitzen.

Ich befand mich damals in einer JVA im Hungerstreik, weil ich nicht wunschgemäß in meine Heimat-Haftanstalt verlegt werden konnte. Grund dafür war, dass sich zu der Zeit der Gefangene Otter dort befand.

Warum wollte ich so gern verlegt werden? Meine Heimat-Haftanstalt war in Heimatnähe, meine Frau und Kinder konnten mich dort besser besuchen, außerdem hatte ich einen Rechtsanspruch auf diese Verlegung. Mit dem Argument, dass ich den Gefangenen Otter verletzen könnte, waren sie aber aus dem Schneider und konnten mir richtig übel mitspielen. Otter wurde dann dort von einem anderen Gefangenen verletzt, wahrscheinlich hatte er diesen auch betrogen. Und wer geriet in Verdacht? Ich natürlich. Aber ich war ja in einer ganz anderen Haftanstalt und befand mich dort im Hungerstreik. Wenig später wurde mir zugesagt, dass man mich in die heimatnah gelegene Haftanstalt verlegen würde, was dann auch geschah, nachdem ich sechs Wochen lang wieder aufgepäppelt worden war. Auch darüber berichte ich im Folgenden noch ausführlicher.

Wie bereits erwähnt, war ich vier Jahre in Untersuchungshaft. Ich wurde verdächtigt, einige Einbruchsdiebstähle begangen zu haben. Ich muss dies noch einmal betonen: Ich wurde nicht beschuldigt, zahlreiche Morde begangen zu haben oder ein Vergewaltiger zu sein oder Tausende von Personen um ihr Geld gebracht zu haben, nein, man warf mir vor, sieben Einbrüche verübt zu haben.

Verurteilt wurde ich schließlich wegen vier Einbruchsdiebstählen, und zwar zu sieben Jahren und sechs Monaten Gefängnis.

Der Nachschlüssel

Nun aber der Reihe nach.
Zuerst war ich ein paar Tage auf einer Gemeinschaftszelle, allerdings nur ein paar Tage, denn ich brauchte meine Privat-, meine Intimsphäre. Die Gerüche auf einer Gemeinschaftszelle waren manchmal unerträglich.
Folgende Situation: „Ein Mann wird verhaftet, hat keine Eltern, keine Ehefrau. Statt sich Anstaltskleidung geben zu lassen, bleibt dieser Mann lieber bei seiner Privatbekleidung. Also hat er ein Hemd, eine Unterhose und so weiter, aber nichts zum Wechseln. Meist verfügen die gerade Inhaftierten nur über sehr beschränkte Mittel und diese werden für Kaffee oder Tabak ausgegeben.
Wie dem auch sei, ich konnte auf einer Vier-Mann-Zelle nicht über einen längeren Zeitraum hinweg existieren. Ich war einmal auf einer Gemeinschaftszelle, aber da suchte ich mir die Kollegen selbst aus. Neunzig Prozent meiner Haftzeit war ich allein.

Nach einer Woche richtete man sich ein. Der Anwalt kam, Besuch wurde beantragt, Geld eingezahlt, die Zeitung bestellt, eventuell eine Illustrierte oder zusätzlich die NJW[6]. Das konnte der Inhaftierte aber nur tun, wenn er Geld hatte, was nur selten der Fall war.
Ich kam meist ganz gut über die Runden. Meine Ehefrau kam alle vierzehn Tage zu Besuch und brachte frische Wäsche mit. Später brauchte ich kein Geld mehr, und zwar aus folgendem Grunde: Ich fertigte aus einem Aluminium-Aschenbecher – oder war er aus Blech? Ich weiß es nicht mehr – einen Zellenschlüssel. Es sollte ein paar Monate dauern, bis der Schlüssel fertig war und funktionierte. Zuerst besorgte ich mir einige Schlüsselfeilen, dann Sekundenkleber. Über den Hausarbeiter bekam ich tagsüber jederzeit einen Hammer, damit klopfte ich den Aschenbecher platt. Dann malte ich den Bart auf ein Stück

---

[6] Abkürzung für: Neue Juristische Wochenschrift

Papier und schnitt dieses Muster aus dem Alu. Ich denke, ich könnte auch heute noch diesen Schlüssel aufzeichnen.

An dem Bart befestigte ich die Führung und am Ende eine kleine Querstrebe, so hatte ich einen Knebel. Bis der Schlüssel letztlich das tat, was er sollte, brauchte es etliche Versuche. Diese führte ich folgendermaßen durch: Ich klebte auf beide Seiten des Bartes Zigarettenpapier, führte den Schlüssel ins Schloss und versuchte eine Tür zu öffnen. An den schwarz gefärbten Abdrücken konnte ich erkennen, wo ich noch feilen musste und wo es nicht mehr nötig war. Nach einiger Zeit funktionierte der Schlüssel einwandfrei. Ich besaß ihn knappe drei Jahre. Primär hatte ich den Schlüssel angefertigt, um bei einer eventuellen Verurteilung fliehen zu können. Ich wollte über den Speicher entweichen, die Gegebenheiten in der Untersuchungshaftanstalt waren so, dass dies möglich gewesen wäre. Allerdings brauchte man für jede äußere Tür den Ringschlüssel, darauf komme ich aber gleich noch zu sprechen.

Bei mir war es so, dass ich jeden Tag Sport machte. Dazu nutzte ich die Freistunde und auch den Tischtennisraum, der alle vierzehn Tage als Einkaufsraum benutzt wurde. Mittlerweile stand meine Tür jeden Tag offen, weil ich nach dem Sport immer duschen ging und nicht an den anderen Türen stehen blieb und mit den Mitgefangenen sprach. Ich hatte oft Besuch von meinem Anwalt, so dass es für die Beamten bequemer war, meine Tür aufzulassen und nur zu rufen, wenn ich irgendwo hinmusste.

Meinen Schlüssel benutzte ich nun aber auch, um beim Kaufmann für einen gerechteren Ausgleich zu sorgen. Meiner Meinung nach hatte der Mann Preise wie im Freudenhaus, zumindest aus meiner damaligen subjektiven Sicht. Meist sauste ich während der Essensausgabe zu dem Tischtennisraum, schloss ihn auf, nahm mir zwei Gläser Kaffee, eine Stange Tabak, ein oder zwei Dosen Fleisch – alles, was ich im Hemd beziehungsweise im Trainingsanzug verstauen konnte. Danach versperrte ich die Tür wieder und zog mich zurück. Wenn die Kolonne mit dem Essen kam, stand ich brav an meiner Tür. Zwischendurch kaufte ich auch mal für ein paar Mark ein. Aber die Zahl der Kartons unter meinem Bett vergrößerte sich im Laufe der Jahre.

Schreiben und Lesen, damit beschäftigte ich mich hauptsächlich während der vier Jahre Untersuchungshaft.
Zwischendurch gab es allerdings einiges, worüber es sich zu berichten lohnt:

Da ich nicht mit der Polizei sprach und infolgedessen auch nicht zu ihr beordert wurde, wunderte es mich, dass man mich auf einmal rief. Ich ging zur Zentrale, wo ein Beamter mich bereits erwartete und zu mir sagte: „Da wartet einer von der Klapse auf dich."
Ich schaute ihn an und fragte ungläubig: „Wer wartet auf mich?"
„Na, was meinst du? Ein Psychologe wartet auf dich, um dich zu begutachten."
Ich begab mich also zu dem besagten Raum, klopfe an und stellte mich nach der Aufforderung zum Eintritt vor: „Mein Name ist Massat. Ich sollte mich hier melden."
Dann war es erst mal still. Ich sah auf dem Schreibtisch einige Aktenbündel mit meinen Namen und hinter den Akten einen Kopf mit einer fortgeschrittenen Stirnglatze. Nach einigen Minuten – ich schätze einmal, es waren drei bis vier Minuten – sagte ich, immer noch vor dem Mann stehend: „Mein Name ist Massat. Ich sollte mich hier melden."
Zunächst war es weiterhin still. Dann schnellte der Mann seinen bisher gebeugten Kopf in die Höhe und schrie mit schriller Stimme: „Ich weiß, wer Sie sind. Ich kenne Sie, ich kenne Sie sogar sehr genau! Ich muss Sie kennen, ich muss Sie sehr genau kennen." Er sprang auf, riss die Hände hoch und drückte sie auf die Aktenstapel. Ich habe Ihre Akten hier."
Ich beobachtete dieses grandiose Schauspiel. So etwas hatte ich noch nicht erlebt. Mir schoss der Gedanke in den Kopf, wer von uns beiden denn wohl untersucht werden müsste. Ich doch ganz bestimmt nicht. Also drehte ich mich um, öffnete die Tür und verließ den Raum. Beim Hinausgehen hörte ich sein Gebrüll: „Bleiben Sie hier! Ich kenne Sie, ich habe Ihre Akten hier! Ich muss Sie kennen …"
Mehr hörte ich nicht, ich wollte auch nicht mehr hören.
Der Beamte in der Zentrale meinte verwundert: „Das ging aber schnell!"

Ich klärte ihn über den Sachverhalt auf und er schlug vor, einen anderen Sachverständigen zu beantragen. „Nicht, dass der dir beigeordnet wird und dich während des Prozesses begutachtet. Dann hast du aber schlechte Karten.

Aufgrund dieses guten Tipps stellte ich einen Antrag. Nach einiger Zeit war ein neuer Gutachter, ein Professor, für mich da. Ich kam für sechs Wochen in eine forensische Klinik und wurde mehr als gründlich untersucht. Es wurde ein EEG gemacht und ich musste Tausende von Items beantworten. Nichts wurde ausgelassen, weder psychisch noch physisch blieb irgendetwas verborgen. Ich muss gestehen, ich machte auch alles mit, weil sich bei mir ein Gedanke festgesetzt hatte, den ich nur durch absolute Offenheit wieder aus dem Kopf bekommen würde. In meiner Jugend war ich an Meningitis erkrankt und ich hatte mich manches Mal gefragt, ob ich wohl einen geistigen Schaden erlitten hatte. Ich war zwei Mal kurz nach meiner Haftentlassung wieder straffällig geworden und musste mir eingestehen: „Es ist doch nicht normal, dass ich, gerade erst aus dem Gefängnis, wieder anfange, Dinger zu drehen! Vielleicht habe ich ja einen geistigen Defekt, einen kleinen Dachschaden."

Auf jeden Fall hatte auch ich ein Interesse an einer detaillierten und objektiven Untersuchung. Hinzu kam, dass ich die Integrität des Professors durch eine meiner Fragen in Frage stellte. Ich wollte nämlich wissen, da er ja von der Staatsanwaltschaft bestellt worden war, ob er nach dem Motto verfahren würde: „Wes Brot ich esse, des Lied ich singe."

Tja, der Herr Professor blieb auch bei dieser Frage ziemlich ruhig. Ich merkte aber, dass ihn meine Frage doch sehr getroffen hatte. Normalerweise hätte ich damit rechnen müssen, dass die Sache für mich enger werden würde, denn es darf nicht vergessen werden, für mich ging es um mein Leben. Es ging nämlich um die Frage: Bin ich für die Allgemeinheit gefährlich und damit ein Kandidat für die Sicherungsverwahrung oder bin ich es nicht?

Ich muss gestehen, dass dieser Professor ein integrer Mann war. Er verwertete nur die Fakten, die Ergebnisse seiner Untersuchung, und diese brachte er zu Papier.

Ich kann mich damit rühmen, dass ich mein Untersuchungsergebnis als Bewerbungsschreiben hätte benutzen können. Mein Intelligenzquotient – darf ich ihn jetzt einmal nennen? – betrug im Durchschnitt 128, in Teilbereichen 132 und lag weit über dem Durchschnitt. Auch sonst war ich psychisch und physisch äußerst gesund.

Ich durfte später zwei weitere Untersuchungsergebnisse dieses Gutachters lesen. Und da ich die beiden betroffenen Personen sehr gut kenne, darf ich voller Überzeugung bestätigen, dass die Ergebnisse dieser Gutachten absolut richtig waren. Die eine Betroffene ist meine eigene Ehefrau, der Professor untersuchte sie auf ihre Schuldfähigkeit hin. Die andere Person ist ein Gefangener, der mit mir in der Bücherei meiner Mutteranstalt arbeitete.

Mein Untersuchungsergebnis erhielt ich erst einige Monate nach der Untersuchung, aber es stellte mich absolut zufrieden. Im Gegensatz zu der Staatsanwaltschaft und der Strafkammer, die den Professor während des Termins sogar bedrängten und ihn fragten: „Herr Massat hat die ihm vorgeworfenen Straftaten abgestritten. Aber wenn ihm diese Straftaten nachgewiesen würden, kämen Sie dann zu einem anderen Ergebnis?"

Die Antwort war: „Nein und nochmals nein! Selbst wenn Herr Massat diese Straftaten begangen haben sollte, wäre er keine Gefahr für die Allgemeinheit."

Erst nach diesen klaren Aussagen hörten die suggestiven Fragen auf.

Es ist beileibe nicht üblich, einen objektiven Gutachter zu erhalten. Man bedenke oben erwähnten Psychologen, nämlich den, der meine Frau untersuchte, ein Paradebeispiel für einen mit Vorurteilen behafteten Menschen. Ich hätte niemandem empfohlen, diesen Psychologen als Gutachter zu akzeptieren. Er lag meiner Meinung nach mit seinen Prognosen zu mindestens neunzig Prozent daneben – egal ob er positiv oder negativ entschied.

Ein gutes Beispiel ist der Gutachter von Kurt. Dieser hätte alles sein dürfen, nur kein Psychologe, der entscheiden muss, ob ein Mensch in die Sicherungsverwahrung gehört oder nicht.

Folgendes spielte sich in der Kantine des Landgerichtes ab:
Meine Ehefrau verfolgte jeden Tag meines Prozesses. Vor Beginn eines Prozesstages und während der Pausen ging sie – wie die meisten der Prozessbeteiligten – in die Gerichtskantine, um einen Kaffee zu trinken oder ein Brötchen zu essen. Eines Tages saßen Richter, Beisitzer, Staatsanwalt, Rechtsanwälte, Protokollführer und Besucher in der Kantine und hingen ihren Gedanken nach oder diskutierten lauthals über irgendwelche Entscheidungen. Plötzlich wurde die allgemeine Aufmerksamkeit auf die Glastür der Kantine gelenkt, wo Kurts Gutachter stand und die Tür nicht aufbekam. Um in den Kantinenraum zu gelangen, musste an der Glastür gezogen werden. Dieser Gutachter aber drückte gegen die Griffe und bekam so die Tür natürlich nicht auf. Der Mann wurde immer nervöser, drückte, schob und war den Tränen nahe. Mittlerweile schaute wirklich jeder zur Tür. Die Richter, der Staatsanwalt und die Verteidiger lachten, ebenso einige der Besucher. Schließlich stand meine Ehefrau auf und öffnete dem Mann die Tür. Dieser setzte sich total erschöpft auf einen Stuhl und hielt seinen Kopf in den Händen. Während der Hauptverhandlung bat er auf einmal um das Wort und erklärte unter Tränen, dass er in russischer Kriegsgefangenschaft gewesen sei und an Klaustrophobie leide. Daraufhin folgte eine Leidenslitanei. Die Angeklagten wurden von ihren Rechtsanwälten über den Zwischenfall mit der Kantinentür aufgeklärt. Aufgrund dessen lehnte Kurt diesen Gutachter ab, und zwar zu Recht.
Ich stelle mir vor, ein Mensch mit russischer Migration lebt nun in Deutschland, wird von diesem Psychologen begutachtet, der alles, was ihn an Russland erinnert, am liebsten ausmerzen würde, ja, was soll da für eine Beurteilung ans Tageslicht kommen? Genau wie bei den Richtern, Staatsanwälten, Rechtsanwälten, Psychologen und Psychiatern reichen ein abgeschlossenes Studium und der eventuell erworbene Doktorgrad aus, um eine lebenslange Legitimation für einen untadeligen Ruf erlangt zu haben. Sie können sich im Laufe der Zeit als charakterliche Wildsäue oder Lügenbarone entpuppen, als Päderasten oder Betrüger. Trotzdem könnte ich diesem Menschen niemals etwas anhaben, man würde mir sowieso nicht glauben.

Ergänzend möchte ich ein Beispiel nennen: Der Vorsitzende Richter einer großen Strafkammer in Bonn fällte mit der Zeit immer mehr aberwitzige Urteile. Es wurden Wiederaufnahmeverfahren angestrengt – wussten Sie, dass nur 0,2 Prozent aller Wiederaufnahmeverfahren durchgehen? –, er wurde angezeigt und so weiter. Erst als er einen Mann wegen angeblichen versuchten Autodiebstahls zu drei Jahren Haft und anschließender Sicherungsverwahrung verurteilte, kam etwas in Gang. Der Verurteilte hatte den Türgriff eines VW angefasst und war dabei von der Polizei beobachtet worden. Da er wegen Autodiebstahls vorbestraft war, kam er in Untersuchungshaft, woraufhin das oben erwähnte Urteil erfolgte. Der Richter wurde nun auch medizinisch untersucht und es wurde festgestellt, dass er einen Tumor im Kopf hatte. Das letzte Urteil wurde aufgehoben, alle anderen blieben jedoch bestehen. Ob die Verurteilten früher entlassen wurden oder etwas mehr Zeit auf Bewährung erhielten, ist mir nicht bekannt.

Eine andere Geschichte aus der jüngsten Vergangenheit ist folgende. Der Vorsitzende Richter einer großen Strafkammer in Stuttgart hatte ein Urteil über einen Serben oder Kroaten zu fällen. Der Angeklagte wurde beschuldigt, verschiedene Einbrüche begangen zu haben. Unter anderem wurde auch seine Verlobte vom Gericht gehört. Der Vorsitzende Richter verliebte sich in die schöne Frau und verabredete sich mit ihr. Man kam sich wohl auch etwas näher, auf jeden Fall schrieb dieser Vorsitzende Richter einer großen Strafkammer eine SMS mit sinngemäß folgendem Text: „Liebe X, ich möchte dich gerne wiedersehen. Schreib mir nur eine SMS, dass wir uns öfter sehen können, dann gebe ich ihm drei Jahre mehr. So haben wir länger Zeit füreinander."
  Die Frau machte die Sache publik und so kam alles ans Tageslicht. Der Vorsitzende Richter, der die Angelegenheit ja nicht abstreiten konnte, war er doch immer noch im Besitz seines Mobiltelefons, gab die Angelegenheit zu und versprach, frühzeitig in Pension zu gehen.
Ja, wo bin ich hier eigentlich? Sind wir im demokratischen Deutschland oder in der Bananenrepublik Deutschland? Ich stelle mir diesen geilen Bock vor, der meint, eine hübsche Frau anmachen zu können. Der Ehemann sitzt im Gefängnis und die Frau – die ihren Mann liebt –

erhofft sich Hilfe. Und was bekommt sie?! Wer weiß, wie oft dieser, als Richter charakterlich nicht geeignete Mann so etwas schon getan hat. Es soll Frauen geben, die, in der Hoffnung, damit ihrem Mann helfen zu können, auf derart fragwürdige Vorschläge eingehen. Von Beamten sind mir einige ähnliche Vorfälle bekannt, aber bei einem Richter war dies der erste Fall, von dem ich erfuhr.

Es ist derselbe Schlag Mensch, der im Heim Kinder missbraucht, schlägt oder sonst wie benutzt. Wenn er etwas will, dann nimmt er es sich. Was soll es, ob ich da einen Verbrecher ein paar Jahre mehr einsperre oder ein Kind auf der Strecke bleibt, es gibt doch genug neue Kinder, also neue Opfer. Hinweg mit Schaden! Hauptsache, er ist befriedigt.

Es ist nicht so, dass ich überall nach solchen oder ähnlichen Vorfällen suche, nein, ich bin ein ganz normaler Zeitungsleser und habe immer die Süddeutsche Zeitung gelesen. Im Gefängnis hatte ich ein Geschenk-Abo, ich wartete zwar ein Jahr darauf, aber dann hatte ich die SZ bis zum Ende meiner Gefängniszeit. Außerdem bekam ich von meinem Kumpel Hermann, einem Lebenslänglichen, die FAZ mit einem Tag Verspätung. Dafür war ich dankbar.

Heute in Freiheit kann ich nicht regelmäßig die SZ lesen, weil ich sie einfach nicht bezahlen kann. Ich kaufe sie ein- oder zweimal in der Woche – egal, gejammert wird nicht.

Ich lese Berichte zu den angesprochenen Themen mit mehr Aufmerksamkeit, weil Richter wie der eben Genannte Angeklagten und deren Angehörigen unermessliches Leid zufügen, und das nicht, weil sie Recht sprechen, sondern weil sie von persönlichen Motiven getrieben werden, egal welche Motive es auch sein mögen, und dadurch das Recht missbrauchen, indem sie im Namen des Volkes ein Urteil sprechen, das alles ist, nur nicht ein Urteil im Namen des Volkes. Diese Personen betrachten sich als Herren über Leben und Tod und erinnern mich stark an Roland Freisler, den Präsidenten des Volksgerichtshofes. Dieser war als Blutrichter berüchtigt. Ich weiß so etwas, aber wer so viele Gerichtsverhandlungen mitgemacht hat wie ich und die Selbstherrlichkeit gewisser Personen erleben musste, der wird wissen, wovon ich spreche.

Kommen wir nun zu einem anderen Fall. Ein Drogensüchtiger hatte meine Frau bei der Polizei fälschlicherweise als Käuferin von gestohlenem Parfüm benannt, um seine Hehler zu schützen. Meine Frau hat niemals etwas von diesem oder von anderen Drogensüchtigen gekauft. Indirekt war auch ich betroffen und so wurde Anklage erhoben und es kam zu einer Verhandlung vor dem Amtsgericht mit einem Einzelrichter. Bei dieser Verhandlung war eine Schulklasse anwesend. Die Schüler gingen in die neunte oder zehnte Klasse, also waren es alles junge Menschen im Alter von fünfzehn bis siebzehn Jahren. Der Richter führte sich auf wie ein Hahn auf dem Mist, ein eitler Gockel, der sich auf Kosten meiner Ehefrau vor den jungen Mädchen produzieren wollte. Dies war schon der Fall, als er den Saal betrat. Ich erklärte ihm, dass ich meine Ehefrau verteidigen wolle, woraufhin er mich von oben herab ansah und fragte: „Ja, verstehen Sie denn überhaupt etwas von der Materie?"

Meine Antwort kam prompt: „Das werden wir bei der Verhandlung feststellen. Oder möchten Sie mich vorher noch examinieren?"

Seine dummen Sprüche blieben ihm bald im Halse stecken, und obwohl jedem im Saal klar war, dass meine Ehefrau unschuldig war, verurteilte der Richter sie zu einer Geldstrafe in Höhe von 1.800 Euro. Wir gingen in die Berufung und in der Berufungsverhandlung wurde meine Ehefrau freigesprochen.

Eine außergewöhnliche Geschichte las ich in einem Buch eines englischen Gerichtsdieners. Dieser konnte das Buch erst verfassen, nachdem der Lordrichter, um den es ging, dreißig oder fünfzig Jahre – ich weiß es nicht mehr – tot war. Es war so, dass er bei diesem Lordrichter unter anderem Butlerdienste verrichtet hatte. Dieser Lordrichter hatte einem der obersten Gerichte in London vorgestanden und war unter anderem auch für die Sauberkeit der Roben zuständig gewesen. Der Gerichtsdiener schrieb folgenden Vorfall nieder:

Bis Ende der Vierzigerjahre oder sogar noch Anfang der Fünfzigerjahre gab es in England die Todesstrafe. Und nachdem dieser Lordrichter bei einer Verhandlung die Todesstrafe ausgesprochen hatte, entdeckte der Gerichtsdiener, dass sein Vorgesetzter in seine Robe ejakuliert hatte.

Ich erinnere mich nicht mehr an den Titel dieses Buches und wann ich es las, aber dieser Passus ist mir noch heute im Gedächtnis.

In diesem Zusammenhang darf ich noch einmal die Rechtsanwältin Frau Leonore Gottschalk-Solger zitieren, die in ihrem Buch schrieb:

In Bayern passierte es ihr, dass eine Richterin, als die Strafverteidigerin sich zur Begründung auf das Gesetz bezog, in der laufenden Verhandlung sagte: „Aber Frau Anwältin, wir sind hier doch nicht in Hamburg, sondern in Bayern!"...

Ja, was soll das alles? Haben wir in Deutschland nicht ein Gesetz? Dies erinnert mich an eine Situation, die ich in meiner Mutteranstalt mit der Leiterin des Sozialdienstes hatte, wobei ich mich auch auf das Gesetz berief. Sie antwortete sinngemäß: Es ist mir egal, ob das im Gesetz steht. Wir sind hier in Z, hier herrscht das Z'sche Landrecht und dieses gilt auch bei der Strafvollstreckungskammer."
Ich habe dazu ja schon einiges geschrieben und ich kann es nur noch einmal betonen: Ich habe immer an Recht und Gesetz geglaubt und ich habe auch immer die Strafen hingenommen, wenn man mir eine Straftat nachweisen konnte. Ich habe mich nie über meine Strafe beklagt, aber die Untersuchungshaft und auch die JVA in Z. zeigten mir auf, wie mit dem Gesetz und dem Recht in Deutschland Schindluder getrieben werden kann.
Insbesondere bei meiner Verhandlung vor der zweiten Großen Strafkammer beim Landgericht Y unter dem Vorsitz von Richter Dr. Lugner musste ich von der bewussten Lüge über die Rechtsbeugung bis hin zur Zeugenbeeinflussung und Falschaussage alles, aber auch alles ertragen, und dann sage mir noch einer, ich soll an Recht und Gesetz glauben!

Während meiner Untersuchungshaft bekam ich meine Post stets beim Mittagessen. Das waren die Tageszeitung, Briefe von meiner Frau oder von Bekannten, Illustrierte oder die NJW. Das Lesen dieser Post beim Mittagessen war im Laufe der Zeit ein Ritual geworden. Es gab aber einen Beamten, der die Post nicht schon bei der Mittagskost ausgab, und dieser Beamte hatte über einen längeren Zeitraum hinweg Dienst auf der Abteilung, auf der ich lag. Ich sprach ihn höflich darauf an, ob er bitte die Post wie alle anderen Beamten schon beim Mittagessen ausgeben könne.

Ich bekam zur Antwort: „Ich bestimme, zu welchem Zeitpunkt die Post ausgegeben wird. Kein Gefangener sagt mir, wann ich die Post ausgeben soll und wann nicht."

Ich bekam sie also abends und manchmal auch erst am nächsten Tag. So schrieb ich eine Dienstaufsichtsbeschwerde, die der rote Querkopf sich hinter den Spiegel klemmen konnte. Aufgrund dieser Beschwerde wurde er jahrelang bei der Beförderung übergangen. Ich hatte nämlich über die seelische Belastung des Gefangenen geschrieben, ganz besonders über die Belastung bei einem Untersuchungsgefangenen.

Dieser Mensch fuhr nebenbei Taxi. Als später meine Tochter konfirmiert wurde, feierten wir diesen Anlass in einem Restaurant. Dort brachte dieser Beamte auch Gäste hin. Als er mich sah, sprach er mich an: „Mensch, Siggi, was hast du mir damals angetan mit deiner Beschwerde!?"

Ich entgegnete verwundert: „Warum musstest du auch zeigen, was für ein Arschloch du bist? Warum musstest du mit aller Gewalt demonstrieren, wer im Gefängnis etwas zu sagen hat?" Na ja, ich war friedlich gestimmt und beließ es dabei.

Während meiner letzten Strafzeit traf ich ihn wieder. Er war von der Untersuchungshaftanstalt in meine Mutteranstalt versetzt worden und war dort unter anderem auch für die Sicherheit und Ordnung als Vertreter zuständig. Sie dürfen mir glauben, wenn ich Ihnen sage, dass sich selten ein Beamter so sehr über eine erneute Inhaftierung gefreut hat wie dieser Mensch, als er mich sah. Nun, er konnte nicht viel ausrichten, aber als ich eines Tages einen Herzanfall hatte und zum Krankenhaus verbracht werden musste, war dieser Mensch für Sicherheit und Ordnung zuständig und ordnete bei mir Hand- und Fußfesseln an sowie eine zusätzliche Bewachung. Damals konnte ich nichts tun und erst im Krankenhaus wurden mir die Fesseln abgenommen. Allerdings wurden sie mir im Justizvollzugskrankenhaus und zum Teil bei den

Transporten in ein anderes Krankenhaus wieder angelegt. Es kam darauf an, wer mit mir fuhr.

Als ich nach sechs Wochen wieder zurück in meine Mutteranstalt kam, sah ich diesen Beamten an einem Freitag beim Wäschetausch mit einigen anderen verantwortlichen Flügelverwaltern unten auf dem Spiegel stehen. Ich gesellte mich zu ihnen und wandte mich direkt an ihn: „Hör mal, wer hat die Fesselung bei mir angeordnet, obwohl ich einen leichten Herzinfarkt hatte und nicht richtig gehen konnte?"

Voller Stolz antwortete er: „Ich habe das angeordnet! Du bist gefährlich. Ich kenne dich doch." Und dergleichen Unsinn mehr.

Ich drohte ihm: „Wenn du nicht vernünftig mit den Leuten umgehen kannst, bist du bei der Justiz fehl am Platz. Ich glaube, ich muss wieder eine Dienstaufsichtsbeschwerde schreiben, damit du zu Verstand kommst. Ich bin über sechzig Jahre alt, hatte einen Herzanfall und du befiehlst Hand- und Fußfesseln, obwohl ich früher, wenn ich mal ins Krankenhaus musste, immer ohne Fesselung fahren durfte?!"

Er blieb stur. „Ich habe das so bestimmt und damit basta!"

Zwischen den anderen Beamten stand auch die Leiterin von Sicherheit und Ordnung. Zu ihr sagte ich: „Ich erzähle dir später einmal, warum er das getan hat. Er hat wohl gehofft, dass ich bei dem Transport draufgehe."

Sie meinte, es wäre jetzt gut und bat mich, nach oben zu gehen. Sie wollte später mit mir darüber reden. Genau das tat sie dann auch.

Ich möchte auch hiermit wieder nur aufzeigen, wie ein Beamter einem Verurteilten das Leben im Gefängnis zur Hölle machen konnte. Nun gut, wir sind alles Menschen, von daher lassen wir uns von unseren subjektiven Gefühlen beeinflussen, aber von einem Beamten, der mit Menschen umgehen muss, die sich in einer außergewöhnlichen Situation befinden, muss ich verlangen können, dass er sich korrekt verhält.

An den wenigen Beispielen, die ich bis jetzt geschildert habe, können Sie ersehen, dass dies bei all dem, was ich erlebt habe, nicht der Fall war. Natürlich konnte man sich beschweren, aber wenn man nicht in der Lage war, die Beschwerde geschickt zu formulieren und man obendrein noch einige Jahre abzusitzen hatte, dann ließ man es lieber sein.

Dies war die kleine Episode mit dem Beamten, der von sich dachte, er wäre etwas Besonderes, weil er vor der Tür stand und einen Schlüssel hatte. In Wirklichkeit war er ein kleines Licht.
Mehr werde ich nicht dazu schreiben, sonst verklagt er mich noch wegen Beleidigung. Obwohl – sicher wäre es interessant, das zu erleben.
Nach der Dienstaufsichtsbeschwerde hatte ich meine Ruhe und bekam bei der Kostausgabe meine Post auch von meinem „Freund", dem Beamten R.

Die Hauptverhandlung

Nach knapp zwei Jahren begann mein Prozess vor dem Landgericht. Die zweite Große Strafkammer unter dem Vorsitz von Dr. Lugner führte das Verfahren durch. Angesetzt waren fünf und es wurden schließlich zweiunddreißig Verhandlungstage. Der Prozess zog sich über sieben Monate hin.

Zum großen Teil verteidigte ich mich selbst, befragte die Zeugen und dergleichen Unarten mehr. Ich war dem vorsitzenden Richter kein Dorn, sondern ein Balken im Auge. Ich kannte die Strafprozessordnung und die anderen Gesetzestexte – hatte ich sie doch in meiner Zelle liegen. Bei mir lagen alle für diese Zwecke benötigten Bücher. Ich hatte sie nicht geliehen, nein, ich hatte sie gekauft. Ich stritt die mir vorgeworfenen Straftaten ab und stellte regelmäßig neue Beweisanträge: „Hiermit beantrage ich zum Beweis dessen, dass ..."

Der Vorsitzende konnte sich kaum beherrschen, wenn er bei Beginn der Verhandlung fast immer einen Beweisantrag auf dem Richtertisch vorfand, andererseits musste er diesen Beweisanträgen auch nachkommen, denn wenn er sie einfach abgelehnt hätte, wäre dies ein absoluter Revisionsgrund gewesen.

Eine Besonderheit des Landgerichtes bestand darin, dass vom Fenster des Richterzimmers direkt in den Hof der JVA geschaut werden konnte, ebenfalls vom Gerichtssaal und einigen anderen Büros. Wenn ich also in der Freistunde war, schaute mir sehr oft der Vorsitzende der zweiten Großen Strafkammer beim Spazierengehen zu. Vor allem wollte er wissen, mit wem ich spazieren ging. Dadurch kam es wieder zum Zusammenstoß mit Dr. Lugner. In der Freistunde unterhielt ich mich, solange er da war, mit dem Kapitän eines Tankschiffes. Ich weiß nicht mehr, für welche Gesellschaft er fuhr, aber es war die Strecke Rotterdam – Singapur beziehungsweise Rotterdam und der gesamte asiatische Raum. Dieser Kapitän wurde beschuldigt, ein Kilogramm Kokain von oder nach Singapur geschmuggelt zu haben. Sein Prozess fand zeitgleich mit meinem statt und wir unterhielten uns natürlich über unsere Verfahren. Er erzählte mir eine Begebenheit und ich riet ihm:

„Du musst dazu einen Beweisantrag stellen, sonst kannst du diesen Sachverhalt nicht beweisen. Lasse den oder die Zeugen über einen Beweisantrag laden."
Gesagt, getan. Am nächsten Tag kam der Kapitän während der Freistunde zu mir und berichtete, dass der Vorsitzende, nachdem er den Beweisantrag gesehen und gelesen hatte, fast ausgeflippt sei und geschrien hätte: „Das hat Ihnen der Massat geschrieben, ich kenne seine Formulierungen."
„Ach", erwiderte ich, „das hat er gesagt?" Ich schrieb sofort eine Beschwerde an den Gerichtspräsidenten mit dem Antrag, dass sich der Vorsitzende Richter Dr. Lugner bei mir entschuldigen solle. Damit sei die Sache für mich erledigt. Ansonsten müsse ich ihn ablehnen, weil er gegenüber meiner Person voreingenommen sei – das war er auch – und weil er meinen Namen in einer anderen Gerichtsverhandlung genannt habe, obwohl ich noch nicht verurteilt war. Infolgedessen hatte ich noch als unschuldig zu gelten und es war jedem Justizangestellten verboten, in der Öffentlichkeit kundzutun, wer sich in Haft befand. Aber genau das hatte der Vorsitzende Richter Dr. Lugner getan. Ich wusste natürlich, dass er alles tun würde außer sich bei mir zu entschuldigen. Es ging ihm mit Sicherheit zu weit, sich bei einem notorischen Rechtsbrecher zu entschuldigen.
Aber dann geschah etwas, womit ich nicht gerechnet hätte. Der Gerichtspräsident kam zu mir in die Untersuchungshaft und sagte: „Sie haben natürlich recht, Herr Massat. Was Dr. Lugner getan hat, war nicht rechtens. Aber wenn Sie einmal überlegen, wie oft Ihr Name in der Zeitung, wenn auch nur in Initialen, genannt wurde, wie viele Besucher bei Ihren vielen Verhandlungstagen Ihren Namen gehört haben, dann möchte ich Sie bitten: Lassen Sie die Beschwerde fallen. Ich spreche mit Dr. Lugner und verspreche Ihnen, dass so etwas nicht wieder vorkommt.
Ich zog die Beschwerde zurück, und zwar deswegen, weil dieser integre und honorige Landgerichtspräsident mich darum gebeten hatte. Diesen großartigen Mann wollte ich nicht länger belästigen. Ich tat es nicht wegen dieses Dr. Lugner, bei dem gab es nichts mehr zu kitten.

Dann kam die Sache mit den Zeuginnen. Die Damen vom Bungalow waren geladen. Sie sollten uns identifizieren, zumindest Kurt und mich. Kurt musste aufstehen, aber die Damen waren sich nicht sicher. Der Vorsitzende forderte Kurt auf: „Drehen Sie sich um!"
Schließlich sagten die Damen: „Ja, das ist der Mann."
Jetzt sollten sie mich wiedererkennen, aber es gab keine Zustimmung von den Damen. Der Vorsitzende ließ nicht locker, sondern befahl mir: „Drehen Sie sich um. Schauen sie hierhin, schauen sie dorthin", bis ich sagte: „Herr Vorsitzender, warum sagen Sie den Damen nicht, dass ich es sein muss, weil Sie es so beschlossen haben? Hören Sie auf, die Damen zu bedrängen und versuchen Sie nicht, ihnen die Worte, die Sie hören wollen, in den Mund zu legen. Ich beantrage die Befragung zu protokollieren und stelle gleichzeitig den Antrag, Sie wegen Befangenheit abzulehnen."
Was erlauben Sie sich?", war noch das Mildeste, was ich zu hören bekam.
Ich ergänzte noch: „Die schriftliche Begründung reicht mein Anwalt nach."
Das Gericht zog sich zur Beratung zurück und der Vorsitzende Richter erklärte sich für nicht befangen, die Art der Zeugenbefragung liege im Ermessen des Gerichtes und sei nicht Sache eines der Angeklagten.
Danach wurde Kurt zu diesem Einbruch befragt. Der Staatsanwalt sagte zu ihm: „Sie haben selbst gesagt, dass der Massat einige Einbrüche begangen haben soll, unter anderem auch diesen."
Jetzt kam Kurt in Wallung und rief: „Sie haben mir doch versichert, dass Sie nicht mich haben wollen, sondern den Massat, und haben mir eine mildere Strafe versprochen, wenn ich gegen ihn aussage."
Der Staatsanwalt wies diese Anschuldigung von sich: „Das ist eine Lüge! So habe ich das nie gesagt."
Daraufhin fragte Kurt: „Wie haben Sie es denn gesagt?"
Ich bat den Vorsitzenden um das Wort, doch das wurde abgelehnt. Ich bat erneut um das Wort, weil ich in diesem Zusammenhang einige Fragen an den Staatsanwalt hatte. Nachdem mir das Wort erteilt worden war, fragte ich Staatsanwalt, ob er die Strafprozessordnung kenne und ob er auch danach handeln würde.

„Natürlich! Was für eine Frage? Kommen Sie zur Sache", forderte er mich auf.

„Ich bin bei der Sache. Soll die Staatsanwaltschaft nicht objektiv ermitteln und sowohl Belastendes wie Entlastendes zusammentragen, um dann aus den gesamten Ermittlungsergebnissen entweder eine Anklageschrift anzufertigen oder die Sache einzustellen? Wie ich es sehe, haben Sie allerdings nur einseitig ermittelt, und zwar mit dem Ziel, eine Verurteilung zu erreichen, egal um welchen Preis."

Auch hier wieder großes Geschrei, aber ich hatte gute Argumente. Die Aussagen des Betrügers Otter, der als Zeuge geladen war, konnten nicht verwertet werden. Die Ermittlungsakten, die darlegten, dass ich sehr wohl Papiere bei mir gehabt hatte, die Polizisten, die in dieser Sache gelogen hatten, Kurt, der über den versuchten Deal mit dem Staatsanwalt auspackte. Das alles musste Beachtung finden.

In diesem Zusammenhang möchte ich nochmals die Rechtsanwältin Leonore Gottschalk-Solger zitieren:

... und es wurde ihm dieser Staatsanwalt zum Strick, an den ich bis heute nicht ohne Wut denke. Er hat diesem Zeugen, der zunächst auch der Tat verdächtigt wurde, Vergünstigungen in einem länger zurückliegenden Einbruch in Aussicht gestellt, wenn er zur Abrundung des Persönlichkeitsbildes von S. beitrage ...

Gerhard Mauz schrieb im Spiegel:

... Die Staatsanwaltschaft ist in Strafverfahren, in denen es um Kapitalverbrechen ging, schon immer überfordert gewesen. Heute ist sie dieser Überforderung völlig ausgeliefert. Der Zwang zum Erfolg im Kampf gegen die „normale" Kriminalität ist potenziert worden durch die Anstrengung, den Kampf gegen die Gewalt zu gewinnen, die meint, sich politisch motivieren zu können ...

Bei dieser Verhandlung war weder das Gericht noch die Staatsanwaltschaft objektiv. Beide wollten mit aller Gewalt eine Verurteilung und beide erreichten ihr Ziel.

Ich habe bereits über den Einbruch in dem Villenviertel geschrieben. Nun kam die Besitzerin der Villa und musste als Zeugin aussagen. Ich hatte eine Tatbeteiligung ausgeschlossen. Da ich aber im Besitz der Patek war, hatte ich als Erklärung angegeben, sie von einem Jugoslawen erhalten zu haben. Ich legte auch einen Brief vor, in dem dies bestätigt wurde, und beantragte, diesen Jugoslawen als Zeugen zu laden. Der Mann konnte in Serbien ermittelt werden, weigerte sich allerdings, nach Deutschland zu kommen.

Wie dem auch sei, der Vorsitzende befragte die Besitzerin der Villa mit ausgesuchter Höflichkeit: „Sie brauchen Ihr Alter und Ihre Anschrift nicht zu nennen, wir haben ja alles in unseren Unterlagen. Ich frage Sie nur: Haben die Täter Vandalismus betrieben? Und wie hoch ist der Verlust, der Ihnen entstanden ist?"

Die Besitzerin der Villa antwortete: „Nein, die Täter haben nicht mehr Schaden angerichtet, als für die Tat unbedingt erforderlich war. So habe ich es mir erklären lassen. Für mich war es jedoch ein großes Durcheinander. Der Tresor war aufgebrannt worden und es war alles nass. Die Teppiche waren weg und es erschien mir alles so nackt."

Der Vorsitzende fragte weiter: „Haben Sie denn schon Geld von der Versicherung erhalten?"

„Natürlich!", antwortete die Dame. Es wurden uns sofort 200.000 DM überwiesen, die restlichen 200.000 DM bekommen wir nach dem Ende dieses Verfahrens. Für die ersten 200.000 DM haben wir uns sofort neue Teppiche gekauft, denn ohne Teppiche kann man ja nicht leben."

Diese Aussage der Geschädigten lässt mir bis heute keine Ruhe. Wie konnte sie so etwas sagen? Ich kann ohne Wasser nicht leben oder ohne Nahrung. Aber ohne Teppiche?! Es wäre alles gut gewesen, wenn sie gesagt hätte: „Teppiche erhöhen meine Lebensqualität" oder etwas in dieser Richtung, aber dieser Spruch ist meiner Meinung nach absolut lebensfremd. Sie kaufte für 200.000 DM neue Teppiche und andere Menschen mussten von einer solchen Summe ein Leben lang existieren. Die Dame schien mir eigentlich ganz in Ordnung zu sein, aber sie lebte in ihrer eigenen Welt. Damals war ich sehr zufrieden damit, bei ihr eingebrochen zu sein, hatte sie es meiner Meinung nach nicht anders verdient. Heute sehe ich die Sache auch in dieser Beziehung etwas anders und betrachte ihre damalige Aussage einfach als etwas unglücklich.

Während einer Zeugenbefragung, die ich durchführte, kam der Zeuge ins Schleudern und musste schließlich zugeben, dass er nicht mehr sicher sei, mich an besagtem Ort gesehen zu haben. Ich bat um Protokollierung dieser Aussage.

Da konnte der Vorsitzende sich nicht mehr beherrschen und schrie: „Von Ihrem hohen Ross hole ich Sie schon noch runter. Was bilden Sie sich ein, wer Sie sind?"

Daraufhin bekam er einen Stoß von dem beisitzenden Richter und wurde ruhig. Nach seinem Ausbruch war es absolut still im Gerichtssaal.

Ich platzte heraus: „Herr Vorsitzender, ich lehne Sie wegen Befangenheit ab, schriftlicher Antrag wird sofort nachgereicht."

Das Gericht zog sich zur Beratung zurück und ich befragte die Protokollführerin, ob sie das eben Gehörte bestätigen könne.

Sie antwortete: „Ich war gerade in einer Niederschrift vertieft und habe nur gehört, dass diskutiert wurde. Was genau gesprochen wurde, kann ich nicht sagen."

Der Staatsanwalt sagte: „Ich habe eine lautstarke verbale Auseinandersetzung des Vorsitzenden mit Ihnen, dem Angeklagten, gehört. Worum es dabei aber ging, vermag ich nicht zu sagen, da ich gerade einige Fragen an den Sachverständigen vorbereitete."

So ging es weiter. Die Rechtsanwälte hatten den Wortlaut vernommen, auch die Zuschauer und zudem die Angeklagten.

Die Kammer kam zurück und der Vorsitzende erklärte, er sei nicht befangen. Er habe aufgrund meines unerträglichen und impertinenten Verhaltens die Contenance verloren. Aber befangen sei er nicht.

Dazu muss ich sagen: Ich fragte nie etwas, was nicht zur Sache gehörte. Ich war auch nie frech oder ungehörig. Daher war das Wort „impertinent" absolut fehl am Platz. Aber vermutlich dachte Doktor Lugner, ich verstünde das Wort nicht. Auf jeden Fall, das hatte er versichert, fühlte er sich nicht befangen, sondern war vor allen Dingen mir gegenüber sehr auf Objektivität bedacht.

Dann war da noch der Klops mit dem Geld auf dem Beifahrersitz. Der Vorsitzende las aus den Akten vor, wie angeblich meine Verhaftung stattgefunden habe: „In dem Fahrzeug des Beschuldigten wurden auf dem Beifahrersitz 875,50 DM gefunden und sichergestellt. Diese stammten aus dem Einbruch, den die Beschuldigten durchgeführt hatten."

Ich wusste genau, dass dies so nicht in den Akten stand. Ich erhob mich von meinem Platz und fragte den Vorsitzenden, auf welcher Seite denn dies soeben Vorgelesene stehe.

„Was erlauben Sie sich? Ich habe Ihnen gerade vorgelesen, was in den Akten steht."

Ich bohrte weiter: „Herr Vorsitzender, das, was Sie soeben vorgetragen haben, steht nicht in den Akten. Es sei denn, Sie haben andere Akten als die Verteidigung. Nennen Sie mir doch einfach nur die Seitenzahl und die Sache ist in Ordnung."

Er konnte die Seitenzahl nicht nennen, denn dieser Wortlaut stand tatsächlich nicht in den Akten. Der Vorsitzende beeilte sich, zum nächsten Punkt zu kommen, aber ich sprach mit meinem Anwalt und bat ihn, er möge die Verhandlung unterbrechen und einen erneuten Ablehnungsantrag formulieren, denn nun sei klar ersichtlich, dass der Vorsitzende Richter mich wissentlich falsch beschuldigen wollte.

Das Gericht zog sich wieder zurück. Nach einiger Zeit kam die Kammer wieder, diesmal allerdings mit einem anderen Vorsitzenden. Es war Dr. Sauber. Dieser war ein absolut integer, fairer Richter – ja, die gibt es auch. Dr. Sauber führte den Vorsitz der Kammer und sagte sinngemäß: „Sie haben recht mit Ihrer Ablehnung, Herr Massat. Aber warum wollen Sie jetzt noch den Richter ablehnen? Ihre Revision geht doch sowieso durch. Sie haben so viele Gründe, da brauchen Sie sich keine Sorgen zu machen. Und bei der neuen Verhandlung führe ich den Vorsitz, also gibt es eine andere Verhandlung."

Wie bereits erwähnt, ich kannte Dr. Sauber als integren Menschen, deshalb glaubte ich ihm auch. Ich bin auch heute noch der Meinung, dass er damals selbst an seine Worte glaubte.

Nach einer Weile erschien dann wieder Richter Lugner mit seinen Beisitzern und erklärte, er fühle sich auch weiterhin nicht befangen, allerdings entschuldige er sich. Er wäre einem Erinnerungsirrtum unterlegen, seine Gedanken seien bei einem anderen Fall gewesen und bei diesem hätte Geld auf dem Beifahrersitz gelegen. Auf keinen Fall sollte dies jedoch heißen, dass er voreingenommen sei, dies sei er nämlich nicht.

Mir war es mittlerweile fast schon egal. Ich ging mit absoluter Sicherheit von einer Revisionsverhandlung aus und so näherten wir uns der Urteilsverkündung. Es wurden die Plädoyers gehalten und auch die Sachverständigen hielten ihr Plädoyer, keiner der Sachverständigen kam zu dem Urteil, dass bei einem von uns die Sicherungsverwahrung angeordnet werden solle.

Mein Sachverständiger sagte aus, ich sei kein gewalttätiger Mensch, neige auch nicht zur Gewalt, mit absoluter Sicherheit könne er ausschließen, dass ich eine Gefahr für die Öffentlichkeit sei.

Jetzt frage ich: Wo gibt es das in der heutigen Zeit noch, dass ein Gutachter so klar Stellung bezieht?! Bei einer negativen Entscheidung für den Probanden mit Sicherheit, denn die sind ja an der Tagesordnung, aber bei einer positiven Entscheidung für den zu Begutachtenden! So klar und eindeutig spricht einer von tausend. Mittlerweile haben die Gutachter so viel Angst vor einer positiven Beurteilung, dass sie keine mehr geben, weil sie befürchten müssen, bei einer positiven Beurteilung und einem eventuellen Rückfall des Probanden selbst belangt zu werden. Bei Straftaten gegen Leib und Leben und bei Sittlichkeitsdelikten kann ich dies alles nachvollziehen, denn da kann man nichts mehr gutmachen, aber muss man bei einem Einbrecher oder Autodieb nicht ein Restrisiko eingehen können? Ich sage Ja, denn eine Garantie für ein straffreies Leben gibt es nicht. Ich kann mich bemühen, kann darauf achten, keine Fehler zu machen, aber eine Garantie kann ich nicht geben, das kann keiner. Und das kann auch niemand von mir verlangen. Im Übrigen sieht dies auch der Gesetzgeber so.

Der Vorsitzende Richter war mit den Ausführungen des Sachverständigen zu meiner Person nicht einverstanden, aber was wollte er machen. Bei der Urteilsverkündung brachte der Vorsitzende noch einmal deutlich zum Ausdruck, dass er mich für einen notorischen Einbrecher hielt, „denn die Diebstähle und Einbrüche ziehen sich wie ein roter Faden durch sein Leben."

Ich bin mir nicht sicher, ob er wusste, woher dieser Ausdruck stammt. Nämlich von Johann Wolfgang von Goethe, der in seinem Roman „Wahlverwandtschaften" 1809 diesen Ausdruck verwendete. Das kommt von der englischen Marine, die in ihren Tauen und Tampen einen roten Faden einflochten, damit immer zu erkennen war, dass dieses Tau der Royal Navy gehörte.

Eines aber weiß ich mit Sicherheit: Der rote Faden zog sich tatsächlich durch mein Leben, aber es war der unbändige Drang nach Freiheit. Irgendwann kam mir dieser rote Faden abhanden, jemand schnitt ihn ab, unterbrach ihn.

Dieser rote Faden zieht sich durch jedes Heim, jede Anstalt, jedes Gefängnis, weil der Drang nach Freiheit so groß ist. Und kaum einer weiß, woher dieser Ausspruch stammt.

Dann musste der Vorsitzende Richter Dr. Lugner aber noch einmal erwähnen, dass er über die nötigen Fachkenntnisse verfüge und daher einen Sachverständigen abgelehnt habe. Er habe genug „Schränker" – so nennt man im Milieu Personen, die einen Tresor mit einem Schweißgerät oder einer Thermo-Lanze aufbrennen – verurteilt, um zu wissen, wie lange man braucht, um einen Tresor zu öffnen.

Dies ist für mich auch ein Beispiel der absoluten Selbstüberschätzung. Er hatte keine Ahnung von irgendeinem Metallberuf, wusste überhaupt nicht, welche Schwierigkeiten sich bei einem Tresoraufbruch einstellen konnten, aber er verzichtete auf einen Sachverständigen, weil er angeblich selbst über die nötige Sachkenntnis verfügte. Er wollte mir ein paar Jahre nach dem stattgefundenen Einbruch erzählen, wie viel Zeit ich für das Aufbrennen benötigt hätte. Er war nicht wie ich dabei gewesen, er hatte nicht wie ich mit dem Brenner gearbeitet. Trotzdem zählte das, was er sagte, nicht das, was ich sagte. Das Irre an der Geschichte war, ich konnte nichts tun. Ich war und bin immer noch hilflos bei solcher Willkür. Diese Ohnmacht, diese absolute Hilflosigkeit brachte mich nicht nur zur Verzweiflung, sie bescherte mir auch einen Herzinfarkt und vier Bypässe. So manches Mal saß ich abends nach Einschluss am Tisch oder lag im Bett und heulte wegen meiner Hilflosigkeit. Und immer wieder raffte ich mich auf, immer wieder zwang ich mich dazu, weiterzukämpfen. Menschen wie der Vorsitzende Richter am Landgericht Dr. Lugner konnten mich nicht in die Knie zwingen, im Gegenteil, sie machten mich nur noch stärker.

Heute muss ich sagen, es ist sehr bedauerlich, dass ich über die zweiunddreißig Verhandlungstage keine Niederschriften anfertigte oder zumindest Notizen machte. Doch das ist nun ja nicht mehr zu ändern.

Es war nicht zu glauben. Karlheinz bekam fünf Jahre und sechs Monate. Er hatte die ihm vorgeworfenen Fälle zugegeben. Ich erhielt für vier angeblich verübte Einbrüche sieben Jahre und sechs Monate Haft. Es lagen keine Beweise vor, es gab nur Indizien, aber nach Überzeugung der Kammer war ich der Täter. Fertig, aus!

Bei der Verlesung meines Urteils wurde nochmals ausdrücklich darauf hingewiesen, dass bei einer erneuten Verurteilung mit an Sicherheit grenzender Wahrscheinlichkeit eine Sicherungsverwahrung erfolgen würde.

Nur zur Information: Ich wurde nach meiner damaligen Haftzeit noch zwei Mal verhaftet und auch zwei Mal verurteilt und auch zwei Mal psychologisch untersucht, damit festgestellt werden konnte, ob ich für die Allgemeinheit gefährlich sei. Die Sicherungsverwahrung wurde von keinem der Gutachter verlangt oder beantragt.

Kurt erhielt neun Jahre und sechs Monate, denn er hatte noch etwas offen gehabt.

Nach der Urteilsbegründung legte ich Revision gegen das Urteil ein. Auch Kurt tat das.

Hier darf ich noch einmal unseren großen Meister Goethe zitieren. Er schrieb in seinem Gedicht „Rechenschaft":

Nur die Lumpe sind bescheiden, Brave freuen sich der Tat.

Auch ich bin der Meinung, dass sich der „ehrenwerte" Richter Dr. Lugner ebenfalls sehr über seine „Tat" freute, aber wer weiß, vielleicht muss auch er, genau wie ich, später einmal über seine Taten Rechenschaft ablegen.

Ein Fluchtversuch

Weiter oben habe ich von dem Zellentür-Schlüssel berichtet, den ich in mühsamer Arbeit selbst anfertigte und diesen dann fleißig zum Auffüllen meiner Lagerbestände benutzte. Nun aber, nach diesem unmöglichen, unglaublichen, irrwitzigen Urteil dachte ich darüber nach, diese JVA auf einem von mir noch zu bestimmenden Weg zu verlassen. Mit anderen Worten: Ich wollte abhauen. Ich wusste aus eigener Erfahrung, wie schwer es war, auf der Flucht zu sein, aber ich wollte es trotzdem versuchen.

Hausarbeiter auf der Abteilung A war mein alter Spezi Jochen, mit dem ich während meiner ersten Erwachsenenstrafe zusammen im Gefängnis gewesen war. Ich hatte zur damaligen Zeit mit ihm den deutschen Rekord in Liegestütz – tausend Liegestütze in 52 Minuten – gehalten. Jochen hatte keine lange Strafe abzusitzen, aber er machte sich Sorgen um seine Frau. Ich hatte ein Foto gesehen, sie war eine gut aussehende schwarzhaarige junge Frau.

Ich bot ihm an, mit mir abzuhauen: „Wenn du willst, komm mit. Ich muss noch einige Vorbereitungen treffen, dann sage ich dir Bescheid. Ich war zwar bereit, aber ich wollte nicht zu früh den Zeitpunkt bekannt geben. Ich hatte einige Hundert DM gebunkert und jetzt galt es nur noch, den Sekundenkleber und die Schlüsselfeilen an vernünftige Leute abzugeben. Meinen Tabak, Kaffee und alle anderen Artikel hatte ich gut verpackt unter dem Bett liegen.

Nachdem ich alles erledigt hatte, sagte ich eines Samstags zu Jochen: „Wenn du gleich das Büro putzt, gehst du an das Schränkchen und nimmst den Ringschlüssel raus. Ich stehe an der Dusche. Wir gehen dann gemeinsam zu meiner Zelle und holen Betttücher. Dann weiter nach oben zum D-Flügel, von diesem mit dem Ringschlüssel auf den Speicher. Von dort lassen wir uns an den Betttüchern entweder durch das Dachfenster oder durch das Dach herab. Wir müssen nur noch ein Loch hineinmachen." Die Mauern der JVA waren an dieser Seite direkt an einer kleinen Seitenstraße und nur von einem Ziergitter umgeben.

Dies war die Theorie, nun aber zur Praxis:
Ich ging mit einem leeren Eimer nach unten, um – wie jeden Samstag – heißes Wasser zu holen. Jochen war mit dem Putzen des Büros schon so gut wie fertig und er war gerade dabei, alles wieder einzuräumen. Als der letzte Stuhl wieder im Büro war und wir die Beamten in einem Nebenzimmer lachen und scherzen hörten, gab ich Jochen ein Zeichen. Er ging zum Schränkchen ... öffnete die Tür ... und die Welt stand still. Kein Geräusch war mehr zu hören, nachdem dieses fürchterliche Knarren aufgehört hatte. Das Knarren und Quietschen der kleinen Tür war so laut gewesen, so penetrant, dass es alles übertönt hatte. Nun war es einen Moment lang totenstill, aber dann kam Bewegung ins Spiel. Die Beamten stürzten aus dem Nebenzimmer, einer ins Büro, das Schränkchen wurde aufgerissen, ein Schrei tönte uns hinterher: „Der Ring fehlt!"
Fast gleichzeitig war Jochen zu mir gerannt, hatte mir den Schlüssel in die Hand gegeben, sich umgedreht und war wieder zurückgerannt. Doch bereits an der Treppe wurde er von Beamten gestellt und festgehalten.
Ich war mit dem Ringschlüssel in der Hand in die Dusche gerannt, hatte diesen unter einigen Rohren versteckt, dann den leeren Eimer mit heißem Wasser gefüllt und war in Richtung Treppe gegangen, um nach oben zu gelangen.
Auf halbem Wege wurde ich abgefangen. Einer der Beamten sagte: „Siggi, gib ihn wieder zurück und die Sache ist erledigt. Jochen wird abgelöst und bei dir bleibt die Zelle die nächste Zeit wieder zu."
Ich aber sagte: „Was soll ich dir geben? Ich habe nichts außer etwas Tabak oder Kaffee. Was willst du?"
Jetzt wurde er sauer und dann ging es los. „Alles einschließen! Alle Beamten nach A!" Jetzt war keiner mehr zimperlich oder besonders höflich. Jochen und ich mussten uns ausziehen. Ich hatte die Strümpfe noch an, da kam schon ein Beamter mit dem Ringschlüssel aus der Dusche. Es wurde etwas ruhiger, denn immerhin war dieser Schlüssel wieder da. Das war zunächst einmal das Wichtigste. Schließlich war der Ringschlüssel derjenige, der alle Türen öffnete, die einen Weg in die

Freiheit aufzeigten oder direkt in die Freiheit führten. Die Beamten hatten ihn zu hüten wie ihren Augapfel.

Hinzu kam Folgendes: Wenn einer von beiden, der Ringschlüssel oder der Zellenschlüssel, abhandenkam und nicht mehr auftauchte, mussten überall, an jeder äußeren Tür oder an jeder Zellentür die Schlösser ausgewechselt werden, was zu einem enormen Kostenaufwand führen würde – ein richtiges Schauspiel.

Bei mir fanden sie nichts, kein Geld, nichts. Jochen kam unter Verschluss, genau wie ich. „Das Wasser bleibt unten! Die Zelle putzen brauchst du jetzt nicht."

Den von mir angefertigten Schlüssel fanden sie nicht, obwohl ich ihn nicht besonders gut versteckt hatte. Er lag auf dem Tisch zwischen Bleistiften und Kugelschreibern.

Es wurde ein Gelber geschrieben und ich musste zum Anstaltsleiter. Da die Untersuchungshaftanstalt Y eine Zweiganstalt der JVA Z war, war auch der sogenannte Anstaltsleiter ein von Z nach Y versetzter Büroangestellter oder Sozialarbeiter. Der Anstaltsleiter von Z delegierte diese Personen. Auf der offenen Abteilung in Z gab beziehungsweise gibt es auch einen ehemaligen Sozialarbeiter, der nun den Chef mimt. Grausam, wenn ich bedenke, dass dieser Mensch für die Lebenslänglichen zuständig ist. Aber leider ist es grausamste Realität.

Zurück in die Untersuchungshaftanstalt: Ich stand beim sogenannten Anstaltsleiter und ließ ihn eine Weile schwadronieren, wie enttäuscht doch alle seien, hatte ich mich doch immer gut geführt. Aber dies müsse auf das Härteste bestraft werden.

Ich fragte: „Was muss bestraft werden?"

Der Anstaltsleiter war entrüstet: „Nun, das Entwenden des Ringschlüssels!"

Ich hakte nach: „Habe ich diesen Schlüssel entwendet? War ich in der Nähe? Haben Sie mich mit diesem Schlüssel erwischt?"

Er musste alle Fragen verneinen. „Aber der Jochen hat das nicht allein getan."

Ich hörte nicht auf, ihn mit Fragen zu bombardieren: „Hat der Jochen gesagt, ich hätte etwas damit zu tun?"

„Nein, hat er nicht."

„Na, also, was wollen Sie dann von mir? – Ich kann Ihnen eines versichern: Wenn ich wegen dieser Sache irgendwelche Sanktionen erfahren muss, werde ich Ihnen eine Dienstaufsichtsbeschwerde an den Hals hängen, dass Sie daran ersaufen. Und sei es nur eine Notiz in meinen Akten. Dass Sie mir die Zelle zumachen, kann ich nicht ändern, aber alles andere erhalte ich wie alle anderen Gefangenen auch."
Nach einem halben Jahr war alles wieder beim Alten und ich konnte meine Lagerbestände erneut auffüllen.
Jochen ging ein paar Monate nach dem geschilderten Vorfall in den offenen Vollzug.

Während meiner letzten Haftzeit sprach ich noch einmal mit einem Beamten, der damals gerade ein Jahr in der Untersuchungshaftanstalt war und heute in meiner Mutteranstalt im Dienst ist, über diese Sache. Diesem gestand ich, dass wir den Schlüssel zur Flucht hatten nutzen wollen.
Wie bereits erwähnt, verkaufte ich meinen selbst gemachten Schlüssel einem Jugoslawen, als ich wegging. Dieser allerdings hatte nicht viel davon, denn schon nach einigen Tagen wurde er damit erwischt.

Ich war nach der Urteilsverkündung noch zwei Jahre in der Untersuchungshaftanstalt. Beim Bundesgerichtshof war Revision eingelegt worden, und solange diese lief, war das Urteil nicht rechtskräftig. Nachdem ich dann etwa ein halbes Jahr lang nicht den gewohnten Freiraum gehabt hatte, pendelte sich wieder alles zu meinen Gunsten ein.

Wie bereits mehrmals geschrieben, war und ist meine Einstellung zu Kinderschändern sehr problematisch – früher noch mehr als heute. Heute bemühe ich mich schon um eine gewisse Sachlichkeit. Von daher war ich sehr betroffen, als ich hörte, dass ein Mann seinen etwa zwei Jahre alten Stiefsohn in der Badewanne grausam misshandelt und ihn anschließend vor einen Heizkörper geschlagen hatte. Dieser Typ war nun ständig in meiner Nähe, denn er war in derselben Untersuchungshaftanstalt wie ich. Er hatte Einzelfreistunde, Einzelduschen und dergleichen mehr. Nach einigen Monaten wurden diese Anordnungen lockerer gehandhabt und er ging in die „normale" Freistunde.

In diesem Gefängnis waren auf dem Freistundenhof keine Beamten, sie hielten sich in dem sogenannten „Schwalbennest" auf. In circa vier Metern Höhe war an der Mauer ein Vorbau angebaut, der circa fünf Meter lang und zwei Meter breit war. Durch die eingebauten Glasfenster beobachteten die Beamten, was auf dem Hof vor sich ging.

Kurz vor dem Ende einer Freistunde erwischte ich diesen Kinderschänder und konnte ihm noch einige Tritte versetzen, ehe die Beamten aus dem Gefängniskomplex bei mir waren. Sie bestraften mich mit einer Einkaufssperre und einem Monat Freizeitsperre.

In der Rückblende kommt einem die Zeit gar nicht so lange vor, aber ich muss gestehen, dass es doch eine äußerst harte und sehr lange Zeit war. Manches Mal litt ich wie ein getretener Hund. Nach außen jedoch mimte ich den harten Burschen. Es ging niemanden etwas an, wie es in mir drinnen aussah.

Ich muss zwischendurch immer wieder einmal erwähnen, wie schlimm es tatsächlich im Gefängnis war, denn komischerweise erinnere ich mich an die täglichen kleinen Schikanen kaum, obwohl sie mir das Leben zur Hölle machten. Licht drücken, und wenn endlich ein Beamter kam, ihn fragen: „Darf ich duschen?" Ich muss mich schütteln, wenn ich jetzt daran denke. Ich musste zur Gruppe, ich musste zum Revier. Wieso, weshalb, warum? Es waren immer dieselben Fragen, die mir gestellt wurden, und ich gab immer dieselben Antworten. All dies ist schnell vergessen, aber das sollte es nicht.

In dieser Zeit erlebte ich noch das Drama mit dem Rechtsanwalt aus einer großen Kanzlei. Dieser war Spezialist in Revisionsverfahren. Er verteidigte einen Textilfabrikanten, dessen Firma in Flammen aufgegangen war. In erster Instanz bekam der Angeklagte acht Jahre wegen Brandstiftung. Bei der Revision schrieb dieser bekannte Anwalt dem Fabrikanten: „Überweisen Sie noch 20.000 DM. Ich fahre selbst nach X, um bei der Verhandlung dabei zu sein." Dabei war die Verhandlung

schon vorbei. Das sah ich später an dem Datum, an welchem das Revisionsurteil gesprochen wurde.
Meine Revision wurde auch verworfen, obwohl Grundrechte verletzt worden waren, die Verhandlung voll mit Revisionsgründen war und diese auch angegeben worden waren. Aber bei mir wurde das Recht eben etwas zurechtgebogen. Nach deutschem Recht konnte ich nur für etwas verurteilt werden, was mir bewiesen wurde. Ich jedoch wurde nach sehr spärlichen Indizien und aufgrund der Überzeugung des Gerichtes verurteilt.
Das ist nun aber vorbei, es ist Schnee von gestern.

Nach meinem gescheiterten Fluchtversuch machte ich mir verstärkt Gedanken über Täter und Opfer. Meine frühere Meinung war die: Eine Tat wurde begangen, man wurde erwischt, die Tat wurde bewiesen, es kam zur Verurteilung, erledigt, aus, fertig. Die Beute gehörte mir, ich hatte doch die Strafe dafür erhalten und sie war auch verbüßt. Die Tat war vergessen und abgetan, sobald ich mich von ihr befreit hatte.
Heute denke ich anders. Heute sage ich Nein. Ich möchte zwar eine Tat für mich abhaken, aber ich vergaß dabei die Opfer, egal um was für eine Tat es sich gehandelt hatte. Ich kann nur etwas für mich selbst abhaken, aber niemals für jemand anderen, für ein Opfer schon gar nicht, und deswegen ist eine Tat oft über Jahrzehnte nicht vergessen.

Der Hungerstreik

Nachdem das Urteil rechtskräftig geworden war, wurde ich in eine Auswahlanstalt verlegt. Ich machte alles mit, denn ich wollte zuerst in meine Mutteranstalt und von dort ins Ausbildungsgefängnis, um eine weitere Ausbildung als Elektroniker zu machen. Starkstromelektriker war ich schon – mit Gesellenbrief und allem Drum und Dran. Jetzt wollte ich mich weiterbilden.

Nun ja, der Mensch denkt und Gott lenkt.

Ich kam nicht in meine Mutteranstalt, weil sich dort Manfred Otter befand, der bei meinem Termin als Zeuge der Anklage aufgetreten war, letztendlich aber als Zeuge nicht gewertet werden konnte, weil ich ihn der Lüge überführte und weil er mit dem Staatsanwalt Absprachen getroffen hatte, die meine Verurteilung herbeiführen sollten.

Also kam ich in eine neuere JVA, eine Betonburg. Dort wurde ich wieder einmal an die absolute Machtfülle erinnert, die dem Leiter einer JVA innewohnt oder einem Heimleiter wie dem damaligen Pfarrer Drangsal. Beim Zugangsgespräch wurde mir sofort klargemacht, welcher Wind hier wehte, vor allen Dingen, was mich anbelangte. Der Gefängnisleiter Aktmann war meiner Meinung nach absolut unfähig und ungeeignet im Umgang mit Menschen. Es zählt nur die Akte, kein Gespräch war möglich, auch nicht ansatzweise. Seine ersten Worte waren: „Also, bei mir gibt es für Sie nichts, gar nichts. Ihr Geschwätz von einer heilen und intakten Familie können Sie bei mir vergessen. Sie wollen mir doch nicht erzählen, dass Ihre Frau nichts von Ihren kriminellen Machenschaften gewusst hat."

Bei jedem meiner Versuche, auch ein paar Worte zu sagen, kam von ihm: „Sie können später etwas dazu sagen, jetzt rede ich. Und das Ergebnis ist: Sie kommen in die unterste Schublade und die mache ich persönlich zu."

Ich schaute ihn nur an und fragte: „Sind Sie fertig?"

„Ja", sagte er, „und Sie sind es auch, darauf können Sie sich verlassen."

Ich drehte mich um und ging zur Tür hinaus.

Der Leiter der JVA hatte sein Urteil gefällt, ohne dass er mich kannte. Sein Credo waren die Akten und er ließ niemanden daran rütteln. Genau so, wie er es gesagt hatte, kam ich in die unterste Schublade, denn sein Denken bestand nur aus Schubladen. Ich verweise dazu noch einmal auf die Gedanken von Sammy über die Akte.

Wenn ich einige Male darüber geschrieben habe, dass dieser oder jener in meinen Augen für seinen Job unfähig war und nicht dazu geeignet, die Verantwortung zu übernehmen, die er zu tragen hatte, so ist dies meine subjektive Beurteilung über die jeweilige Person. Diese ist aufgrund verschiedener Verhaltensweisen zustande gekommen, die mich betreffen. Daher kann und werde ich meine Meinung über bestimmte Personen nicht verschweigen, egal ob es jemanden gefällt oder auch nicht. Ich habe diese Personen erlebt und „durfte" unter ihnen leiden. Im Rückblick muss ich sagen: Ich beurteile diese Personen viel zu human. Die Wirklichkeit ist nicht immer in Worte zu fassen, sondern sie war viel grausamer, als manch einer sich vorstellen mag.

Die JVA, in der ich mich nun befand, war, wie schon erwähnt, ein neuer Gefängnisbau. Die Fenster waren groß, jedoch mit Beton vergittert. Natürlich war überall in dem Beton Stahl eingearbeitet. Die Flure waren lang, kerzengerade und blank gewienert. Ich sah nie jemanden auf dem Flur stehen. Das Essen wurde fertig portioniert in Kunststofftellern auf Tabletts serviert, es gab keine Kübel mehr, nur diese Menage. So gesehen war das ja ganz in Ordnung, aber der undefinierbare Geruch, dieser Geruch machte mich fertig.
Ich wollte gerne in der Bücherei arbeiten, aber man ließ mich nicht, also arbeitete ich gar nicht.
Es gab natürlich Sportgruppen, was mir sehr wichtig war. Ich wollte gern der Kraftsportgruppe angehören, was mir auch gelang. Allerdings war der Raum, in dem wir trainierten, dermaßen klein, dass das Training dort alles andere als effektiv war. Es waren zudem so viele Mitglieder in der Gruppe, dass wir in diesem Raum nur stehen, jedoch nicht trainieren konnten.

Es bestand die Möglichkeit, eigene Hanteln auf der Zelle zu haben, diese konnten über Vermittlung der JVA bezogen werden, oder ich konnte sie mir auch schicken lassen. Also ließ ich mir von meiner Nichte Kurzhanteln schicken. Iris war mir neben meiner Frau und den Kindern eine große Hilfe. Ich bekam jedoch die geschickten Hanteln nicht, weil genau diese nicht zugelassen waren. Iris schickte daraufhin neue Hanteln von einer der zugelassenen Firmen. Und doch bekam ich sie nicht, denn es sollte erst überprüft werden, ob nicht etwas darin versteckt war. Ich frage mich: Was würde denn jemand in Hantelstangen oder -scheiben verstecken? Jeder andere Häftling erhielt seine Hanteln anstandslos, aber bei mir musste es dieses Prozedere sein. Wie konnte ich auch nur annehmen, dass dies eine Willkürmaßnahme gegen mich war!

Zwischenzeitlich erhielt ich Besuch. Meine Ehefrau kam mit unserer Tochter. Sie fuhren das erste Stück mit dem Zug, mussten dann auf den nächsten Bus warten und gingen das letzte Stück zu Fuß – eine kleine Odyssee. Mit dem Auto war die Strecke kein Problem, aber ohne Führerschein – meine Frau hatte keinen – war eben kein Autofahren möglich. Im Gefängnis mussten meine Frau und meine Tochter wer weiß wie lange warten. Dann kam der Hammer: Meine Frau wurde mehr als gründlich untersucht. Man schaute in ihren BH, sie musste ihre Schuhe ausziehen und wurde am ganzen Körper abgetastet. Was das Fass zum Überlaufen brachte, war die Kontrolle meiner damals zehnjährigen Tochter. Auch sie musste ihre Schuhe ausziehen und es wurde ihr sogar ins Höschen geschaut. Meine Tochter war total durcheinander, sie verstand die Welt nicht mehr.

Dies kostet mich mehr Nerven als die gesamte Gefängniszeit. Diese Qual meines Kindes, dieses Unverständnis der gesamten Situation gegenüber, die unausgesprochene Frage: „Papa, was machen die mit mir, mit uns? Tu etwas, mach etwas!"

Meine Hilflosigkeit in dieser Situation brachte sie aus der Fassung. Ich war ihr Papa, ihr Hero, ich konnte alles, wusste alles. Niemand war jemals so mit uns umgesprungen. Was war hier eigentlich los? Und nun das!

Auch ich verstand die Welt nicht mehr. Ich hatte bis dahin noch nie etwas mit Drogen zu tun gehabt, hatte noch nie versucht, meine Kinder zu irgendwelchen Straftaten zu benutzen. Warum verfuhren sie so mit uns?

Meine Frau und meine Tochter hatten mich auch schon in den anderen Gefängnissen besucht und nie hatte es irgendwelche Schwierigkeiten gegeben. Und nun dies, warum dies alles?!

Jeder bekam seine Hanteln, warum ich nicht? Alle wurden durchsucht, aber nur, wenn es dafür einen Anlass gab, also wenn jemand bei einer verbotenen Übergabe erwischt worden war oder etwas in dieser Richtung. Bei mir gab es aber nichts.

Aufgrund dieser Vorkommnisse meldete ich mich bei dem für mich zuständigen Abteilungsleiter. Dieser willfährige Scherge seines Anstaltsleiters Aktmann blies natürlich ins selbe Horn. Für mich gebe es nichts. Wegen einer Arbeit wolle er noch einmal sehen, aber einen Elektroniklehrgang könne ich mir von der Backe putzen. Beim Besuch bleiben die Anordnungen, wie sie sind, mit den Hanteln wolle er erst einmal sehen, die müssen aufgebohrt werden, damit festgestellt werden könne, dass sich nichts in dem Volleisen befinde.

Ich wusste mir im Moment keinen Rat mehr und kündigte an, mit sofortiger Wirkung in den Hungerstreik zu treten, wenn ich nicht in meine Mutteranstalt verlegt würde.

„Ja, tun Sie das", war die Reaktion des Abteilungsleiters, „Sie wissen ganz genau, warum wir Sie nicht dorthin verlegen."

„Nein", sagte ich, „das weiß ich nicht."

Seine Antwort lautete: „Sie bleiben so lange bei uns, wie wir es sagen, und damit ist das Thema beendet."

Mittags nahm ich kein Essen zu mir und eröffnete dem Beamten, dass ich mit sofortiger Wirkung in den Hungerstreik getreten sei. Er nahm es zur Kenntnis und kündigte an, die Information weiterzugeben.

In dieser JVA war es so, dass während meines Aufenthaltes viele Inhaftierte in den Hungerstreik traten. Die meisten gaben nach ein paar Tagen auf oder aßen heimlich, entweder von ihren Vorräten oder sie ließen sich Obst oder andere Lebensmittel durch das Fenster reichen. Nach vierzehn Tagen wurde bei einem Hungerstreikenden ein Arzt hinzugezogen, der zwischendurch immer einmal vorbeischaute und das Gewicht prüfte.

Mit Beginn meines Hungerstreiks verfasste ich ein Schreiben an den Petitionsausschuss des Landtages und schickte es ab. Gleichzeitig verständigte ich meinen Rechtsanwalt und meine Ehefrau.

Nach einer Woche hatte es sich herumgesprochen, dass ich mich im Hungerstreik befand. Da ich auch in dieser JVA ziemlich bekannt war, kamen die Kollegen und wollten mir Lebensmittel durch das Fenster reichen. Sie konnten überhaupt nicht verstehen, dass ich ihr Essen konsequent ablehnte. Ich versuchte ihnen zu erklären, dass ich tatsächlich nichts zu mir nehmen wollte und nicht nur so tat. Also gaben sie ihre Versuche auf und brachten mit nichts Essbares mehr.

Wie bereits erwähnt hatte ich meinen Schrank voll mit Lebensmitteln, unter dem Bett standen auch noch etliche Kartons mit Büchsen, denn ich hatte in der Untersuchungshaftanstalt für genügend Vorrat gesorgt.

Als der Arzt kam, versuchte dieser mich zum Aufgeben zu überreden. Als dies nicht fruchtete, wollte er mir wenigstens Vitamintabletten geben, aber auch die lehnte ich ab. Ich erklärte ihm den Sachverhalt und er konnte mich verstehen, zumindest sagte er das.

Ich trank viel, und zwar von diesem körnigen Zitronentee, von dem ich bestimmt zehn Plastikbehälter auf der Zelle hatte. Ich erzählte es dem Arzt und er gab sich damit zufrieden.

Die ersten Tage des Hungerstreiks waren besonders schlimm. Ich hatte ständig Hunger. Und weil die Hausarbeiter angehalten waren, das für mich gedachte Essen in die Zelle zu stellen, roch es bei mir so, als ob ich mich in einem Sternerestaurant befinden würde. Nach vier bis fünf Tagen war es mit dem dauernden Hunger vorbei.

Ich hatte genug zu lesen und ich schrieb meiner Frau sehr viel. Die Briefe der ersten Wochen waren ja noch normal, aber diejenigen, die ich in den letzten vierzehn Tagen meines Hungerstreiks schrieb, waren schon seltsam. Ich hatte mir eine Glatze schneiden lassen und sah nach fünf bis sechs Wochen aus wie der Tod von Gütersloh. Ich hatte stark abgenommen. Ich hatte normalerweise ein Gewicht von etwa 78 Kilogramm und einen gut trainierten und sehr muskulösen Körperbau.

Nach sieben Wochen Hungerstreik, der mir sehr schwer gefallen war, wog ich nur noch 47 Kilogramm.

Nach fünf Wochen konnte ich kaum noch gehen, ich stützte mich an den Wänden ab und sah aus, als ob ich jeden Moment zusammenbrechen würde. Ich war der Meinung, dass ich körperlich zwar fast am Ende, aber geistig noch völlig fit sei. Als ich jedoch später meine Briefe las, wurde mir klar, dass dies nicht der Fall gewesen war. Ich saß, während ich diese Briefe schrieb, im Bett, tippte die Buchstaben auf meiner kleinen Reiseschreibmaschine, die auf meinen Knien lag, und irgendwie war für mich alles klar, alles sehr hell und klar, ich stand über den Dingen, mein Geist war frei. Im Rückblick verstehe ich, dass meine Ehefrau Angst bekam und dachte, ich könnte den Verstand verlieren.

In der sechsten Woche wollte der Arzt mich ins Justizkrankenhaus verlegen, aber ich lehnte ab. Und weil ich noch in der Lage war, klare Antworten zu geben, blieb ich da.

In der siebten Woche kam ein Beamter zu mir und eröffnete mir: „Alles klar, du wirst verlegt, wie du es wünschst. Aber wir müssen dich erst wieder aufpäppeln, damit du auf Transport gehen kannst."

Ich glaubte diesem Menschen nicht und wartete, bis der Arzt kam. Dieser verkündete: „Morgen kommt eine Delegation des Landtages zu Ihnen, dann können Sie wieder langsam anfangen zu essen."

Von der Anstaltsleitung kam niemand zu mir.

Weil ich so lange keine feste Nahrung zu mir genommen hatte, war ich auch bestimmt fünf Wochen nicht mehr auf der Toilette gewesen. Was sollte ich auch dort? Wo nichts reingeht, kommt auch nichts raus.

Jetzt, wo ich das hier schreibe, kommen immer wieder einige dieser verfluchten Sprüche des Pfarrers Drangsal aus der Zeit meines zweiten Heimaufenthalts ans Licht. Einige Erinnerungen sind fest eingebrannt, wie zum Beispiel der Spruch: „Wo nichts reinfließt, kann auch nichts rausfließen."

Ich musste meine Arbeit an diesem Buch wieder unterbrechen, weil ich mich fürchterlich über das Jugendamt in Hamburg-Mitte und über das getötete Mädchen Chantal aufrege. Mal wieder das Jugendamt! Dieses Trauma bringt mich noch um. Der Vater, ein Polizist, misshandelt seine

Pflegetochter über einen Zeitraum von zehn Jahren, ich meine in Thüringen. Und was macht das Jugendamt? Nichts macht das Jugendamt außer Kaffee trinken, quatschen, nur quatschen und falsche Beurteilungen abgeben. Aber nie für etwas einstehen, die Schuldigen sind immer die anderen.

Wenn ein Kind das sagen würde, hieße es: „Stehe zu dem, was du getan hast!", aber hier wird wieder nur gequatscht.

In dem Heim, in dem ich als Kind war, wurden wir Kinder nicht nur von den Erziehern misshandelt und sexuell missbraucht, nein, auch die älteren Heimbewohner missbrauchten die jüngeren Heimkinder auf das Schändlichste und Brutalste. Wenn eines der betroffenen Kinder dies seiner Mutter oder der zuständigen Pflegeperson erzählte und diese zum Jugendamt ging, um den Vorfall zu melden, hieß es nur, die Kinder hätten eine lebhafte Fantasie. „Glauben Sie doch nicht solche Geschichten!" Also was machte das Kind? Es erzählte nichts mehr, ihm wurde ja doch nicht geglaubt.

Heute hört man den Kindern schon etwas besser zu, und doch heißt es zunächst einmal: „Dieser Mann doch nicht!" oder „Diese Frau macht so etwas nicht!"

Erzähle ich von früher, habe ich immer den Eindruck, als ob meine Zuhörer denken: „Übertreibt er nicht etwas?"

Ich bekomme manche Erlebnisse einfach nicht aus dem Kopf. Das hat dazu geführt, dass ich mich meistens an die Wahrheit halte – bei Gerichtsterminen nicht, was in der Natur der Sache liegt. Bei psychologischen Tests bleibe ich so sehr bei der Wahrheit, dass ich mich schon selbst in einem schlechten Licht darstelle, zumindest in bestimmten Situationen. Wenn ich dies noch sagen würde, dann heißt es: „Ach Gott, jetzt sollen wir dir auch noch alles glauben, was du von dir gibst."

Als meine Ehefrau meine Geliebte erschlagen hatte, konnte und wollte ich nichts von den vielen negativen Erlebnissen mit dieser Frau erzählen, wahrscheinlich hätte man dann wie folgt reagiert: „Jetzt, wo die Frau tot ist und sich nicht mehr verteidigen kann, erzählt er solche Geschichten über sie." Wer steht also in einem schlechten Licht da? Ich.

Obwohl alles, was ich darüber erzähle, wahr ist, heißt es: „Ja, jetzt ist sie auch noch selbst schuld!" Und der Buhmann bin immer ich. Aber zu diesem Drama komme ich noch.

Das Jugendamt steht über den Dingen. Jetzt muss reglementiert werden, dass ein Sozialarbeiter nicht mehr als fünfzig Kinder beziehungsweise Familien betreuen darf. Ja, meine Herren, die kommen noch nicht einmal mit einer Familie klar, geschweige denn mit fünfzig. Ich kann nur aus Erfahrung sprechen: Es ist schwer, gegen so einen großen Haufen Mist anzustinken.

Menschen wie ich können etwas bewirken bei Jugendlichen, die gefährdet sind, die abzugleiten drohen, weil Menschen wie ich diesen Stallgeruch haben, den ein „normaler" Mensch nicht bemerkt. Die Jungs aber bemerken ihn bereits nach wenigen Minuten. Ich bin glaubwürdig, ich fühle mit ihnen. Auch dies bemerken sie nach kurzer Zeit.

Einen Tag nach der Mitteilung des Arztes, dass ich demnächst nach Z verlegt würde, dachte ich, ich hätte gesiegt und meine Argumente wären so gut gewesen, dass die Anstaltsleitung angewiesen worden war, mich wunschgemäß zu verlegen. Die Delegation des Petitionsausschusses kam also zu mir und teilte mir mit, dass ich verlegt werden würde. Sie waren alle sehr freundlich und bedauerten auch diese Situation.

Ich erkundigte mich bei ihnen, wann sie mit der Anstaltsleitung gesprochen hätten beziehungsweise wie der JVA-Leitung die Entscheidung über meine Verlegung mitgeteilt worden war.

„Wir brauchten der Leitung nichts mitzuteilen. Nachdem wir gestern hier angerufen hatten, um uns für heute anzukündigen, wurde uns heute beim Betreten der Anstalt mitgeteilt, dass die Angelegenheit zur Zufriedenheit aller geklärt worden sei und Sie nach Z verlegt werden."

Ich war einen Augenblick still, aber dann brach es aus mir heraus. Ich sagte: „Sehen Sie, da haben Sie die Gleichheit vor dem Gesetz. Sie halten sich noch nicht einmal daran!" Wieso, weshalb, warum war die Frage. Ich fuhr fort: „Ich habe mich über die Anstaltsleitung beschwert, habe Sie um Hilfe gebeten. Und was machen Sie? Sie gehen zur Anstaltsleitung und teilen denen Ihr Kommen auch noch mit. Und was macht die Anstaltsleitung? Sie schafft den Beschwerdegrund aus der Welt und schon ist wieder Friede, Freude, Eierkuchen. Aber nein, das ist es nicht. Sie zeigen mir wieder auf, dass wir, die Gefangenen, zweite Wahl sind. Ich werde übergangen, aber Sie vergessen eines dabei: Ich bin der Beschwerdeführer."

Ich bekam zur Antwort: „Ja, was wollen Sie denn? Sie haben doch Ihr Ziel erreicht!"

„Und?", fragte ich. „Ist die Anstaltsleitung für ihr Verhalten gerügt worden? Haben Sie sie angewiesen, etwas in meiner Sache zu unternehmen? Nein, der Beschwerdegrund war gar nicht mehr vorhanden. Die Anstaltsleitung hat ihn aus der Welt geschafft, weil Sie bei der JVA-Leitung angerufen haben. Ich wäre für meine berechtigte Forderung fast gestorben und Sie rufen bei der Leitung an und kündigen sich an. Schon wird die Angelegenheit bereinigt – außer Spesen nichts gewesen. Ja, sehen Sie denn nicht, wie Sie dieses System noch stützen? Sie unterstützen diese menschenverachtende Anstaltsleitung noch bei ihren Vorhaben und rauben damit den Beschwerdeführern den letzten Rest ihres Glaubens an die Rechtsstaatlichkeit. Sie fördern dies noch, indem Sie nichts gegen derartige Machenschaften unternehmen."

Einer von ihnen, und zwar ein Herr von der CDU, schien betroffen, nachdem ich meine Vorwürfe vorgetragen hatte. Er ergriff das Wort: „Daran haben wir nicht gedacht. Ich versichere Ihnen aber, dass wir diesen Sachverhalt in Zukunft berücksichtigen werden."

Dieser damals sehr junge Politiker war bis vor kurzer Zeit noch in der Landesregierung bei Ministerpräsident Rüttgers. Ich habe seine Hilfe allerdings nie mehr in Anspruch genommen.

Wie ich im Verlauf der nächsten Wochen hörte, hatte die Anstaltsleitung auch keine andere Möglichkeit mehr, als mich zu verlegen. Der Hinderungsgrund für die Verlegung war nämlich nicht mehr vorhanden. Ein Mensch, wahrscheinlich einer, der von Manfred Otter betrogen worden war, hatte ihn beim Einrücken der Freistunde mit einem Schraubendreher angestochen. Niemand hatte etwas gesehen, niemand konnte etwas sagen, sogar der Angepiekste nicht. Manfred Otter wurde ins Justizvollzugskrankenhaus verlegt und von dort in eine andere JVA.

In dieser Sache wurde dann ermittelt. Und wer wurde zuerst befragt? – Ich!

„Wir wissen, dass du zur fraglichen Zeit nicht da warst. Aber was meinst du, wer das gewesen sein könnte?", wurde ich gefragt.

„Woher soll ich das wissen? Ich habe damit nichts zu tun, mit diesem Thema bin ich fertig."

Meine Frau, die mich nach Beendigung meines Hungerstreiks noch einmal in der JVA besuchte, war von meinem Anblick geschockt. Sie bemerkte aber, dass ich wieder „ganz der Alte" war und nicht mehr in irgendwelchen Sphären schwebte.

In der ersten Woche wurde ich mit Milchsuppen und Haferschleim wieder an feste Nahrung herangeführt, konnte aber noch nicht arbeiten. In der zweiten Woche wurde ich in der Bücherei eingesetzt und dort mit einem tragischem Schicksal konfrontiert. In der Bücherei arbeitete ein Mann namens Peter. Er war außer an den Händen und im Gesicht am ganzen Körper tätowiert. Er war wegen Bankraubes verurteilt worden, für zehn oder zwölf Jahre, ich weiß es nicht mehr genau. Als ich ihn kennenlernte, hatte er noch vier oder fünf Monate zu verbüßen. Zudem hatte er Nasenkrebs und im günstigsten Fall noch sechs Monate zu leben. Er war verheiratet und hatte eine Tochter. Die Anstaltsleitung und auch die Staatsanwaltschaft waren gegen eine Entlassung, weil sie befürchteten, der Todkranke würde wieder eine Bank überfallen, um seine Familie wenigstens für das erste Jahr nach seinem Tode zu versorgen. Zwischendurch kam er ins Krankenhaus und wurde dort mit Hand- und Fußfesseln am Krankenbett festgebunden. Als wäre das nicht genug, hielt sich auch noch ein Beamter im Krankenzimmer auf. Nach vierzehn Tagen war er wieder da, aber es gab für ihn keine Hoffnung mehr.

Heute lassen sie Sittenstrolche laufen und setzen nach der Entlassung im Schnitt jeweils sechs Beamte ein, um diese Menschen zu beobachten. Hier stellt sich mir die Frage: Warum konnten die letzten Lebensmonate von Peter nicht auch überwacht werden, wenn man doch eine so große Angst vor einem Überfall hatte?

Peter war noch zwei Monate mit mir zusammen in der Bücherei beschäftigt. In dieser Zeit versuchte ich alles, um ihm zu helfen, noch vor seinem Tode aus dem Gefängnis zu kommen. Ich wollte ihn in einen großen Pappkarton einpacken und dann rausschicken. Das ging jedoch von der Bücherei aus nicht, wir konnten von dort nur kleinere Pakete versenden.
Zwischendurch bemerkt: Aus der JVA Z floh tatsächlich einmal ein Gefangener in einem Karton.
Peter wurde immer schwächer. Um seiner Frau finanziell zu helfen, stahlen wir aus der Bücherei teure Bücher und schickten ihr diese zu, damit sie sie verkaufen konnte.
Weitere zwei Monate blieb Peter auf der Zelle und eines Tages war er tot.

Ich sah einige Menschen im Gefängnis sterben. Einer erhängte sich an einem Heizungsrohr in der Arrestzelle, ein weiterer zündete sich selbst an. Und auch sonst gab und gibt es immer wieder Selbstmordfälle in JVAs.
Kaum ein Tod hat mich je so berührt wie der von Peter.

Der Umgang mit der Einsamkeit

Die Einsamkeit war schlimm. Obwohl wir auf engstem Raum zusammengepfercht waren, fühlte ich mich einsam. Und paradoxerweise war ich in einer Gemeinschaftszelle einsamer als in einer Einzelzelle. Wenn ich mit anderen zusammen auf einer Zelle lag, war es für mich nicht auszuhalten. Fremde Sprachen, fremde Kulturen, fremde Gerüche, fremde Geräusche. Und es gab keine Intimsphäre. Nicht einmal auf der Toilette war ich allein. Ich achtete darauf, dort kein Geräusch zu machen, obwohl es die meisten Mitinhaftierten noch nicht einmal interessiert hätte. Aber ich meinte, ich müsste mich in solchen Dingen möglichst still verhalten. Ich durfte nicht empfindlich sein, wobei ich es noch nicht einmal als Empfindlichkeit betrachtete, wenn ich zu meinem Gegenüber am Mittagstisch sagte, er möge bitte beim Essen nicht furzen. Für mich war es selbstverständlich, dass ich beim Essen nicht furzte. Für andere schien das aber normal zu sein und schon war der Krach vorprogrammiert. Dies ist ein krasses Beispiel, aber in einer Gemeinschaftszelle ein tägliches Vorkommnis.

Wie lange hält man eine solche Situation aus?

Ein anderes Beispiel: Stellen Sie sich vor, Sie liegen im Etagenbett über jemandem, der Sie jeden Abend an seinen Blähungen teilhaben lässt.

Wie lange würden Sie das aushalten?

Ich kann hundert Beispiele aufschreiben von Situationen, die mich tagtäglich in einer Gemeinschaftszelle verrückt machten. Wenn ich es geschafft hatte, eine Einzelzelle zu erhalten, war ich richtig froh darüber, allein eingesperrt zu sein. Vielleicht bin ich da auch eher eine Ausnahme.
Es gab genügend Inhaftierte, die nicht allein sein wollten und die sich auf einer Gemeinschaftszelle sehr viel wohler fühlten als allein. Manche wollten mit ihren Drogenkumpanen zusammen sein, um gemeinsam zu

konsumieren, andere wollten mit einem schwulen Freund zusammen sein, was auf einer Einzelzelle schon aus Platzgründen nicht ging. Wieder andere wollten aber auch nur einen Gesprächspartner haben, jemanden zum Kartenspielen, oder konnten einfach nicht allein sein, zumindest in der ersten Zeit. Später kam es dann darauf an, ob man Arbeit hatte, bei der man tagsüber mit anderen Menschen zusammenkam, oder ob man Zellenarbeit machte oder gar keine Beschäftigung hatte. Im letzteren Fall war man bis zu dreiundzwanzig Stunden am Tag allein auf der Zelle. Abends konnte man auf Umschluss für drei Stunden mit anderen Inhaftierten zusammenkommen, manchmal auch am Nachmittag. Man konnte sich zu einer Gruppe anmelden, zum Beispiel zu einer Sportgruppe, einer Schachgruppe oder einer Gesprächsgruppe. Mehr Möglichkeiten gab es jedoch nicht.

Ich fand es gar nicht so einfach, mit wildfremden Menschen über irgendwelche Themen zu reden. Worüber sollte ich denn mit denen ein Gespräch anfangen? Etwa über Autos, die Tagespolitik oder Frauen?

In einer Gesprächsgruppe, geleitet von einem Ehrenamtlichen, erzählte jeder von seiner Tat, seinem Leben oder Ähnlichem. Einer der Gefangenen berichtete über seine Tat: „Ja, und dann habe ich sie erschlagen. Als der Kadaver so da lag, habe ich ihn unter das Bett geschoben." Es war seine Ehefrau, von der er sprach. Kadaver, Himmel, Herrgott! War es denn ein totes Tier, was da gelegen hatte?

Erinnerungen wie diese verfolgen mich mein Leben lang, da komme ich nicht gegen an. Was war das für ein Mensch? Was kann mit einem Menschen wie diesem Mann noch angestellt werden, damit er wieder ein Mensch wird?

Es gibt momentan in den Justizvollzugsanstalten zu viele Drogenabhängige, zu viele Drogendealer, und auch in den JVAs werden erhebliche Drogengeschäfte abgewickelt. Die Dealer verdienen nicht schlecht. Viele Drogenabhängige arbeiten nur für die Drogen, da ist der Einkauf immer weg. Drogen sind ein großes Problem in jeder JVA, es kommt auch zu Todesfällen, zum Beispiel beim Einbringen von Drogen durch Urlauber, wie ich bei meinem letzten Aufenthalt in meiner Mutteranstalt erleben musste. Dies ist ein Thema, das ich noch einmal gezielt aufgreifen werde, wenn ich von besagtem Gefängnisaufenthalt berichte.

Bei der Einsamkeit kam es darauf an, wie stark man war, wie gefestigt, wie gut man sich selbst beschäftigen konnte. Man musste sich Aufgaben stellen, die eigenen Stärken noch verstärken und auch bei den Schwächen Stärke zeigen.

Ich musste als Kind lernen, mit meiner Einsamkeit klarzukommen. Dies befähigte mich, als Erwachsener besser damit umzugehen. Sonst hätte ich diese langen Jahre nicht überstehen können, ohne dabei meinen gesunden Menschenverstand einzubüßen.

Die Ausbildungsstätte und der Lude

Kehren wir zurück in das Jahr 1987:
Meine Hanteln bekam ich nicht mehr. Ich hatte auch keine Verwendung mehr dafür, denn in meiner Mutteranstalt durfte ich keine Hanteln auf der Zelle haben. Also gingen sie zur Habe.
Nachdem ich endlich verlegt worden war, kam ich mir die erste Woche vor wie der Staatsfeind Nr.1. Nichts spielte sich ab, rein gar nichts, höchste Sicherheitsstufe – eine Woche lang.
Mittlerweile hatte ich von den siebeneinhalb Jahren vier Jahre und zehn Monate verbüßt, davon vier Jahre in der Untersuchungshaftanstalt.
Nach einer Woche musste ich zum Anstaltsleiter. Das war damals noch Herr B., ein feiner und gerechter Mann, einer der „alten" Anstaltsleiter, aber einer der gerechten Sorte. Bei ihm zählte noch das Wort. Wurde es von einem Gefangenen gebrochen, hatte er schlechte Karten. Bei diesem Anstaltsleiter konnte man per Handschlag in Urlaub fahren, aber wehe, man war nicht rechtzeitig zurück.
Ich erklärte Herrn B. den Sachverhalt bezüglich meiner Verlegung. Er hörte sich alles in Ruhe an und hob sämtliche Sicherungsmaßnahmen auf. Ich erhielt die Stelle als Hauselektriker, konnte ab sofort mit einer Leiter auf dem Rücken durch das Gefängnis wandern, hatte Zugang zum Frauenbau und durfte kleinere Elektroarbeiten allein verrichten. Außerdem bot man mir die Möglichkeit, an einem Elektroniklehrgang teilzunehmen. Von einem auf den anderen Tag hatte sich mein Leben in der JVA verändert.
Ich blieb ein paar Monate Hauselektriker und wurde dann in die Ausbildungsanstalt verlegt. Dort machte ich eine Lehre als Elektroniker, genauer gesagt als Energieanlagenelektroniker, früher sagte man Betriebselektriker dazu.
In der Ausbildungsanstalt gab es keine Einzelstuben, es waren auch keine Zellen. Ich kam auf eine Stube. Es gab Vier-Mann-Stuben und Sechs-Mann-Stuben.
In dieser JVA stand die Berufsausbildung an erster Stelle, unter anderem wurden auch Landschaftsgärtner ausgebildet. Die Möglichkeit der

Ausbildung war als sehr positiv zu bewerten, denn hier wurde vielen Inhaftierten geholfen, dass sie nicht mehr straffällig wurden. Viele der Gefangenen bevorzugten diese Einrichtung, weil es eine offene JVA war, die auch regelmäßigen Heimaturlaub bot.
Hier war das Verhältnis zu den Beamten noch kontroverser. Manche Beamte konnten es nicht verkraften, dass Kriminelle ausgebildet wurden. Die Lehrgänge waren schließlich teuer und letztendlich wurden sie vom Steuerzahler finanziert.
Obwohl die Beamten hier einen wenig aufreibenden und somit ruhigen Job hatten, war der Krankenstand unter den Bediensteten sehr hoch. Ein privatwirtschaftliches Unternehmen könnte mit solchen Mitarbeitern nie überleben, geschweige denn konkurrenzfähig sein. In einer JVA wie dieser war der Bedienstete für den Fahrdienst zuständig, verteilte die Post, zählte die Personen oder schlenderte am Zaun entlang. Weiterhin gab es einen Leiter, Psychologen, Sozialarbeiter, Verwaltungsangestellte und jede Menge Personen vom Berufsbildungszentrum.
Der Leiter war ein begeisterter Tischtennisspieler und haute auch mächtig auf den Putz. Wenn ich ihn beim Tischtennis schlagen würde, hätte ich einige Wünsche frei, hieß es. Aber der Reihe nach ...

Zuerst musste ich zur Aufnahme. Ich wurde gefragt, welche Strafe ich bekommen hatte, wie lange ich noch abzusitzen hatte und so weiter. Es stand zwar alles in ihren Akten, aber es war eben so, dass man diese Fragen auch noch einmal persönlich gestellt bekam. Danach ging es zur Kammer. Dort erhielt ich auch meine Privatbekleidung zurück. Nur während der Arbeitszeit trug ich Anstaltskleidung, in der Schule war ich immer mit einem Trainingsanzug bekleidet.
Es gab einen Tennisplatz, auf dem allerdings nur mit Softbällen gespielt werden durfte. Grund waren die vielen Gewächshäuser in der näheren Umgebung, deren Scheiben ganz sicher unter den harten Tennisbällen gelitten hätten.
Einen Kraftsportraum und einen Tischtennisraum gab es auch, außerdem konnten wir auf einem benachbarten Rasenplatz Fußball spielen. Dieser gehörte zwar dem ansässigen Sportverein, aber die JVA bezahlte

wohl eine Gebühr an die Stadt und so gelangten wir durch eine kleine Eisentür direkt von der JVA auf diesen Rasenplatz. Es war ein richtiger Sportplatz mit 400-Meter-Bahn, Weitsprunggrube und Hochsprunganlage.

Auf diesem Platz beziehungsweise anschließend in der Halle überreichte ich Fritz Walter ein Zinnbild, das von den Gefangenen für ihn in Auftrag gegeben worden war. Es zeigte einen Winzer bei der Weinprobe. Wir hatten zusammengelegt und einer der Gefangenen hatte es gefertigt. Dass ich es dieser herausragenden Persönlichkeit des deutschen Fußballsports überreichen durfte, lässt mich noch heute stolz zurückblicken. Ich war damals Lagersprecher und Sportwart. Vertreter der örtlichen Presse waren da, denn Fritz Walter spielte zu dieser Zeit mit einer Prominentenmannschaft in verschiedenen Justizvollzugsanstalten, hauptsächlich in Jugendstrafanstalten, aber auch in dieser JVA. Er selbst spielte nicht mehr mit, aber er war der Initiator und immer als Begleiter dabei.

Zum Lagersprecher wurde und wird man auch heute noch von den Insassen der JVA gewählt und nicht von der Anstaltsleitung bestimmt. Das ist seit den Siebzigerjahren im Strafvollzugsgesetz so vorgesehen, es ist die GMV[7].

Als Sportwart achtete ich auf die Übungsgeräte und pflegte die Reinigungsarbeiter zu bestimmen. Hier lernte ich auch einen Menschen kennen, der der Prototyp des Egoisten war, ein Zuhälter und Drogendealer der übelsten Sorte und bis zum heutigen Tage ein notorischer Betrüger und Lügner. Diese Bekanntschaft ist aus heutiger Sicht neben der Bekanntschaft mit der Frau, die von meiner Frau getötet wurde, mein schlimmster Fehler, ein bedauerlicher Irrtum, den ich zutiefst bereue. Er war ein Feigling, der Frauen nur verprügeln konnte, der nur etwas darstellte durch die Frauen, denen er das Geld abnahm, um sich mit diesem ein Auto zu kaufen, eine teure Uhr oder Kokain und sich damit zu profilieren.

Dieser Mensch wird – obwohl er, soweit ich weiß, schon wieder etliche Jahre in Freiheit ist – nie zu einem „normalen Leben" fähig sein.

---

[7] Abkürzung für: Gefangenenmitverantwortung

Er versuchte alle und jeden auszunutzen, ob einen sogenannten Freund oder einen betreuenden Arzt, jeden Bekannten oder jede Bekannte versuchte er für seine Zwecke zu vereinnahmen. Obwohl es ihm an Intelligenz mangelte – von Empathie ganz zu schweigen –, verfügte er doch über eine Bauernschläue und Raffinesse, die ihn befähigte, die Schwächen anderer zu erkennen, um sie gnadenlos auszunutzen. Diese Gerissenheit sowie das Fehlen jeglicher Moral war für andere Menschen so gefährlich. Dieser Mensch war einer, der unsäglich viel Leid verursachte.

Ich lernte einige Bekannte von ihm kennen, meist waren es Frauen, die im Grunde ganz in Ordnung waren, die sich allerdings von ihm blenden ließen wie viele, die etwas mit ihm zu tun hatten. Es waren Huren, aber nur Huren mit Herz fielen auf einen wie ihn herein. Dieser Mann schmähte auch die kleinen Beträge nicht. Alle Menschen, egal welchen Standes, die er „Freunde" nannte, ohne zu wissen, was ein Freund eigentlich ist, nutzte er aus und versuchte anschließend den Eindruck zu erwecken, er hätte etwas für diesen „Freund" getan. Kurz: Er war das übelste Subjekt, mit dem ich es bis heute zu tun hatte, ein unsäglicher Narziss, der in Wirklichkeit nur ein armer, trauriger Alkoholiker und Drogenkonsument war.

Mit diesem Menschen verbrachte ich knappe zwei Jahre in der berufsausbildenden JVA. Und mit diesem Menschen konsumierte ich zum ersten Mal in meinem Leben Kokain ...

Ich hatte bei der Ausbildungsanstalt ein Auto stehen, mit dem ich jedes Wochenende nach Hause fuhr. In dieses Auto legte mir der eben Beschriebene ohne mein Wissen ein Tütchen mit Kokain. Als wir eine Woche später in Urlaub fuhren – ich nahm ihn immer bis Düsseldorf mit –, holte er das Kokain aus dem Handschuhfach und nahm eine Nase.

Ich wurde wütend: „Bist du eigentlich nur bescheuert? Wie kannst du mir diesen Mist ins Auto legen? Stell dir einmal vor, die hätten das gefunden?!"

„Tja", sagte er, „dein Problem!" Er lachte sich halb tot. Nachdem er gemerkt hatte, dass ich richtig sauer war, schwenkte er um und sagte:

„Mensch, Siggi, so was tue ich nicht wieder, ich nehme nichts mehr mit."

Jahrelang hatte ich mit diesem Menschen immer wieder sporadischen Kontakt.

Noch eine Geschichte dazu: Er kam mit seiner damaligen Frau – einer Hure, die er auch total verseucht hatte – zu mir nach Hause, weil wir gemeinsam ausgehen wollten. Ich saß mit ihm im Wohnzimmer und seine Frau unterhielt sich mit meiner Frau. Wir fuhren dann zu einer Disco und feierten eine Weile, um danach wieder nach Hause zu fahren. Am Sonntagabend trafen wir uns nicht mehr, weil er wie so oft nach seinen Urlauben früh ins Bett ging, um sich von den Drogenräuschen des Wochenendes zu erholen. Montag unterhielten wir uns dann darüber, wie es so gewesen war und er sagte: „Ich komme nicht mehr zu dir nach Hause. Deine Frau hat versucht, meiner Frau deutlich zu machen, was ich doch für ein Lump sei, und sie solle mir um Himmels willen kein Geld mehr geben."

Meine Frau hatte zu dieser Frau – ihr Name war Rosi – gesagt: „Er sagt ‚mein Auto', ‚meine Uhr', ‚meine Kette', ‚mein Gürtel' und so weiter. Ja, was wäre er denn, wenn Sie ihm diese Sachen nicht kaufen oder ihm nicht das Geld dafür geben würden? Sie gehen mit diesem Mann ins Bett und er gaukelt Ihnen etwas von Liebe vor. Behalten Sie das Geld für sich, sparen Sie es. Dann haben Sie wenigstens etwas davon. Aber doch nicht so!" Meine Frau wusste dabei nicht einmal etwas von den Drogen. Wenn sie davon auch nur eine Ahnung gehabt hätte, wäre dieser Mensch nie über unsere Schwelle gelangt.

In Gegenwart meiner Frau darf ich bis zum heutigen Tage den Namen dieses Mannes nicht erwähnen. Sie erträgt es einfach nicht.

In der damaligen Zeit war es so, dass dieser Mensch und ich zu den Personen gehörten, die über finanzielle Mittel verfügten, die sich deshalb auch etwas leisten konnten. Wir ließen uns Essen kochen, hatten jemanden für die Maniküre und auch für die Pediküre. Ich war sportlich sehr aktiv und schlug sogar den Anstaltsleiter beim Tischtennisspiel. Aus damaliger krimineller Sicht war ich erfolgreich, mein Wort hatte Gewicht, zählte etwas. In der Schule und in der Ausbildung gehörte ich ebenfalls immer zu den Besten. Wie jeder andere Mensch brauchte auch ich meine Streicheleinheiten, meine Anerkennung. Diese erhielt ich in der JVA regelmäßig.

Ich hatte weiterhin Kontakt zu Botscha, dem Sinti, und dadurch auch zu einem Hehler, einem Juwelier namens Manfred. Aber dazu komme ich gleich.

Knastbekanntschaften

Ich muss nun folgende Vorgeschichte erzählen.
Während meiner Zeit in Untersuchungshaft wurde ich gefragt, ob ich tagsüber einen Polizisten, der wegen des Vorwurfs einer Vergewaltigung in Untersuchungshaft war, zum Umschluss bei mir auf die Zelle lassen würde. Ich kannte ihn zwar nicht, dachte mir aber, dass ich sicher einiges von ihm erfahren könnte. Aus dieser Überlegung heraus stimmte ich zu.
Es dauerte ein paar Tage, bis ich mit ihm warm wurde. Gerhard war ein patenter junger Mann, etwas introvertiert, aber wenn man mit ihm klarkam, war er wirklich in Ordnung. Er sprach von seinen Problemen mit dem Polizeipräsidenten und mit den Gefangenen und erzählte mir allerhand von der polizeilichen Fahndung beziehungsweise Ermittlungsarbeit. Er sagte, er sei zu Unrecht inhaftiert und stellte den Sachverhalt dar. Er war mit seinem Freund Fritz, einem Lkw-Fahrer, in der Altstadt unterwegs gewesen und sie hatten getrunken und gefeiert. Da es sich bei den beiden um durchaus ansehnliche Männer handelte, kamen sie mit der Kellnerin ins Gespräch, anschließend auch in näheren Kontakt. Sie blieben bis zum Schluss in der Kneipe, und als dort Feierabend war, gingen Gerhard und Fritz mit der Kellnerin in Fritz' Wohnung. Dort tranken sie weiter, feierten, lachten und alberten herum. Dann hatten die beiden Männer in angenehmer und lockerer Atmosphäre nacheinander Geschlechtsverkehr mit der Kellnerin.
Einen Tag später musste Gerhard seinen Streifendienst abbrechen und zur Wache kommen, Fritz war schon da. Die Kellnerin hatte sie beide wegen Vergewaltigung angezeigt.
Der Lebenspartner der Kellnerin hatte wissen wollen, wo sie so lange gewesen war. Da kam sie in Erklärungsnot und wusste sich nicht anders zu helfen, als die Geschichte von der Vergewaltigung zu erfinden. Gerhard und Fritz stritten den Vorwurf der Vergewaltigung auf das Heftigste ab. Es ging so weit, dass sie in Untersuchungshaft kamen. Sie wurden beide verurteilt, und zwar zu einer Strafe, die es Gerhard sogar ermöglicht hätte, im Polizeidienst zu bleiben, also unter einem

Jahr. Er ging aber in Berufung, später sogar in Revision, und im Endeffekt wurde er zu einem Jahr und 10 Monaten Haft verurteilt. Ich traf ihn dann noch einmal wieder, bevor er nach Oberems verlegt wurde. Von dort erhielt ich nach vierzehn Tagen einen Brief, in dem er mich flehentlich bat, ihm zu helfen. Er wollte wieder zurückverlegt werden, denn in Oberems kam er überhaupt nicht zurecht. Er hatte dort keine Einzelstube, musste in der Kolonne arbeiten, alle aßen gemeinsam – er konnte mit dieser Menschenansammlung nicht fertigwerden. Ich schrieb ihm, was er tun sollte, um zurückverlegt zu werden, und sechs Wochen später hatte er es geschafft.

Nach seiner Entlassung besuchte er mich zu Hause. Er verliebte sich in meine Tochter, die aber zu diesem Zeitpunkt für irgendwelche Freundschaften noch zu jung war.

Gerhard und ich blieben jedoch freundschaftlich verbunden. Irgendwann kam er am Wochenende zu mir und sagte, er habe einen guten Vorschlag zu machen. Ich war in dieser Zeit in der Ausbildungsanstalt und machte eine Ausbildung zum Elektroniker.

Sein Vorschlag war Folgender: Sein Freund Fritz fuhr jede Woche von Berlin nach Süddeutschland, und zwar mit einem Lkw, der mit Zigaretten beladen war. Zigaretten für eine Million, ob ich damit etwas anfangen könne. Am Freitag fuhr das Fahrzeug los, aber es musste wegen des Fahrverbotes für Lkws an Sonntagen eine Rast von Samstag auf Sonntag eingelegt werden. Gerhard verriet mir, wo der Lkw stand, wo der Schlüssel hing und wie die Halle verschlossen war.

Ich sagte: „Sehr gut, Gerhard, ich werde mich darum kümmern."

Bei dem Lkw handelte es sich um ein neueres Modell mit zehn oder mehr Gängen, Zwischenschaltung und so weiter. Ich jedenfalls konnte dieses Monstrum nicht fahren.

So musste ich mich zuerst einmal um einen Fahrer bemühen. Sofort dachte ich an meinen alten Spezi Karlheinz, denn dieser hatte im Gefängnis eine Ausbildung zum Lkw-Fahrer gemacht und war jetzt draußen. Mit ihm war ich schnell einig, nachdem ich ihm den Sachverhalt geschildert hatte, ohne auch nur einen einzigen Namen zu nennen.

Als Nächstes musste ich mich um den bevorstehenden Verkauf kümmern. Auch hier fiel mir gleich jemand ein, und zwar Botscha, der Sinti.

Wir hatten uns im Gefängnis kennengelernt und auch schon mal zusammen gearbeitet. Außerdem sprach ich mit meinem Hehler, dem Juwelier Manfred. Weil ich am Telefon nie über Geschäfte sprach, mussten die beiden bis zum Wochenende warten, um dann von mir Näheres zu erfahren.

Manfred verfügte über eine Halle, in die wir den Lkw fahren konnten, um dann dort die Ladung gefahrlos abzuladen. Auch den Lkw wollten wir anschließend veräußern, er sollte nach Polen gebracht werden.

So weit, so gut. An dem von uns geplanten Wochenende kam Manfred und sagte, er bekäme die Halle nicht, wir müssten den Lkw irgendwo anders ab- bzw. umladen. Er hätte einen 7,5-Tonner geholt, den könnten wir schon mal vollladen. Er würde ihn dann wegfahren, ihn an einem sicheren Ort ausladen und wiederkommen.

Und genau so gingen wir auch vor. In der Spedition stiegen wir in die Halle ein und Karlheinz brachte den Lkw an den von uns ausgesuchten Ort. Botscha, Manfred und ich luden den bereitstehenden 7,5-Tonner voll, was sehr anstrengend war, denn erstens musste alles sehr schnell gehen und zweitens mussten wir auch noch aufpassen, dass wir von niemandem gesehen wurden.

Man stelle sich vor, dieser riesige Laster – ein Sattelschlepper mit einem großen Container – stand, von Gestrüpp kaum verdeckt, auf einem Feldweg. Außer einem weiteren Feldweg und einem Flüsschen gab es nur Wiesen, so weit das Auge reichte. Wir mussten uns also beeilen. Botscha und Manfred fuhren mit den 7,5-Tonner weg, um ihn auszuladen und dann wiederzukommen. Sie mussten wegen des Sonntagfahrverbotes auch aufpassen, nicht angehalten zu werden, auch beim Ausladen war Vorsicht geboten. Ich blieb in der Nähe des Sattelschleppers und beobachtete, ob jemand vorbeikam und diesen zufällig entdeckte.

Beim zweiten Beladen fuhr auf der anderen Seite ein Auto vorbei. Wir verfielen in Hektik und diskutierten. Das führte dazu, dass Botscha und Manfred mit einem nur zur Hälfte beladenen Lkw wegfuhren. Später erfuhr ich, dass der Autofahrer Karlheinz gewesen war, der schauen wollte, ob er sich nicht noch etliches an Zigaretten auf die Seite legen konnte, obwohl jeder seinen Eigenbedarf mehr als gedeckt hatte.

Ich gab Gerhard 40.000 DM, wovon 20.000 DM für Fritz waren. Karlheinz erhielt 10.000 DM und ich behielt erst einmal 30.000 DM. Manfred hatte mir einen Abschlag in Höhe von 80.000 DM gegeben. Meinen Anteil sollte ich nach dem endgültigen Verkauf erhalten.
Außer Gerhard und Fritz kannten alle Beteiligten dieser Aktion nur mich. Sollte also irgendeiner von ihnen – aus welchem Grund auch immer – die Nerven verlieren, wäre bei mir Feierabend gewesen. Dies war eine gewisse Sicherheit für alle beteiligten Personen, und dass ich die Nerven verlieren könnte, zog keiner von ihnen in Betracht.
Manfred verkaufte die Zigaretten kartonweise an Trinkhallen. Weil aber noch immer eine erhebliche Summe an mich zu bezahlen war, rief er mich in regelmäßigen Abständen an, auch in der JVA.
Einmal, als er gerade bei einem Kioskbesitzer war, hörte dieser, dass Manfred telefonierte und dabei von „Siggi" sprach, und er hörte auch, aus welchem Ort ich war. Der Kioskbesitzer verriet Manfred – aus welchem Grund auch immer – an die Polizei. Manfred wurde verhaftet und kam in Untersuchungshaft. Selbstverständlich verriet er nichts über seine Komplizen.
Etwa zwei Monate später erhielt ich eine Ladung von der heimischen Polizeidienststelle. Es hieß, man wolle mich zu dem Lkw-Diebstahl vernehmen. Ich fuhr hin, um zu erfahren, wie sie auf mich gekommen waren. Daraufhin wurde mir von dem Telefongespräch berichtet. Ich fragte sie, ob sie noch ganz dicht wären. Ein Siggi aus meiner Heimatstadt – das konnten doch Hunderte sein. Für mich war das Thema erledigt.
Neun Monate später – ich lag gerade im Krankenhaus – erhielt ich einen Anruf von dem Vorsitzenden Richter am Landgericht, Dr. V. Er wollte mich im Prozess gegen Manfred als Zeuge laden. Ich bedauerte, ich könne wegen meines Krankenhausaufenthaltes nicht als Zeuge aussagen. Und selbst wenn, dann würde ich mich nur aufregen, und Aufregung könne ich nicht vertragen.
„Wieso?", sagte er, „Sie können doch die Aussage verweigern."
„Herr Vorsitzender", entgegnete ich, „solche Spitzfindigkeiten regen mich auf. Das könnte Ihnen gefallen! Ich verweigere die Aussage und schon sitze ich auf der Anklagebank. Ich brauche keine Aussage zu

verweigern, weil ich nichts zu dem Fall zu sagen habe. Ich habe mit dieser Sache weder am Rande noch sonst wie zu tun."
Der Vorsitzende Richter verzichtete nun darauf, mich als Zeuge laden zu lassen. Manfred wurde von diesem als knallhart geltenden Richter zu fünf Jahren Haft verurteilt. Während seiner Zeit im offenen Vollzug kam er gelegentlich mit einem 500er Mercedes bei mir vorbei und holte sich immer einen kleinen Obolus ab, meistens waren es 500 DM. Das war in Ordnung. Es gehörte sich so, hatte er bei seiner Verhandlung doch nichts über irgendwelche Mittäter gesagt.
Mit Botscha und Karlheinz hatte ich auch nach Manfreds Verhaftung noch Kontakt.
Diese Geschichte musste ich erzählen, weil sie in die Zeit meiner Ausbildung fiel. Ich wollte die Zusammenhänge herausstellen.

Mit dem Anstaltsleiter gab es immer häufiger Differenzen, weil ich ihn immer öfter im Tischtennis schlug. Wegen seiner vorherigen großspurigen Sprüche wurden meine Forderungen nach und nach dreister, obwohl er ansonsten in Ordnung war. In meiner Zeit hatte ich es durchgesetzt, dass jeder so viel Privatwäsche haben durfte, wie er mitbrachte, es musste nichts zur Kammer. Die Folge war, dass es auf manchen Zellen aussah wie in einem Warenhaus. Es wurde jede Menge gestohlener Bekleidung angeboten und auch gekauft. Sollten die Beamten jemals einen Überblick gehabt haben, war dies jetzt mit Sicherheit nicht mehr der Fall. Es wurden also Stubenkontrollen angeordnet und durchgeführt, jeder durfte nun nur noch eine bestimmte Menge an Privatkleidung auf der Stube haben. Und so gab es jede Menge Reibereien mit den Bediensteten. Die Gefangenen kamen zu mir und ich ging wieder zum Anstaltsleiter.
Ansonsten war Herr Großmann ja ganz korrekt, aber bei mir hatte er sich ziemlich weit aus dem Fenster gelehnt. Und so konnten wieder einige Kleinigkeiten wie Strümpfe oder Sportkleidung von der Kammer geholt werden. Nach vier Wochen sah es genauso aus wie vor der großen Stubenkontrolle. Der Anstaltsleiter Großmann muss froh gewesen sein, als ich dann irgendwann weg war. Er befürwortete auch eine vorzeitige Entlassung nach Beendigung des Lehrgangs – erfolgrei-

cher Abschluss vorausgesetzt. Meinem Antrag wurde damals entsprochen.

Wir begannen diesen Lehrgang mit zweiunddreißig Personen und am Ende waren sechs zur Prüfung zugelassen. Davon bestanden vier direkt, während zwei die Prüfung im zweiten Anlauf bestanden. Ich bestand meine Prüfung direkt mit einer Zwei minus in der Theorie und einer Drei in der Praxis. In dieser Zeit baute ich mir ein eigenes Thermostat, einen eigenen Sender zum Abhören von Gesprächen, machte mich mit Alarmanlagen vertraut und dergleichen mehr.

Bei meiner ersten Teilnahme und Ausbildung zum Starkstromelektriker hatte ich mich auch über das Arbeitsamt bemüht und wollte in diesem Beruf arbeiten. Bei diesem zweiten Abschluss hatte ich ein fertiges Konzept in der Schublade liegen, um es dem Arbeitsamt vorzulegen.

Ich muss hier noch erwähnen, dass sich bei meinem ersten Abschluss folgender Vorfall ereignete. Etwa zwei Monate vor meiner Entlassung kam ein Bewährungshelfer zu mir ins Ausbildungsgefängnis. Er kam in Begleitung einer Praktikantin und wollte mir wohl zeigen, was er doch für ein toller Hecht war. Nicht weil er einer war, sondern um der Praktikantin zu zeigen, wie man mit einem Rechtsbrecher umging.

Er fing dann auch an: „Also, Herr Massat, bei mir können Sie nur klarkommen, wenn Sie gewisse Regeln, die ich aufstelle ..."

An dieser Stelle unterbrach ich ihn: „Entweder verfahren wir nach den Regeln, die der Gesetzgeber vorgegeben hat oder nach den Anordnungen des Gerichtes, welches sich allerdings auch an die Vorgaben des Gesetzes halten muss. Außerdem bin ich ein erwachsener Mann, ich bin verheiratet und habe Kinder. Glauben Sie ernsthaft, dass Sie mich noch beeinflussen oder bevormunden können? Wenn ich eine erneute Straftat begehen wollte, dann würde ich es Ihnen nicht sagen. Außerdem könnten ausgerechnet Sie mich auch nicht von irgendeiner Straftat abhalten. Wenn das Ihre Regeln sind, können wir zusammenarbeiten, ansonsten sagen Sie es mir und ich beantrage einen neuen Bewährungshelfer." Ich hatte ihm wahrscheinlich seinen Auftritt verdorben, aber das war mir egal.

Wir kamen dann auch einigermaßen klar, aber ein Zwischenfall hielt mich später davon ab, ihm jemals ganz zu vertrauen oder ihm mehr als nötig mitzuteilen.

Meine Tochter war bei meiner Entlassung etwas über ein Jahr alt und dieser Bewährungshelfer sagte zu einer Bewährungshelferin: „Ist das nicht ungerecht? So ein Einbrecher und Dieb bekommt eine Tochter, gesund, wohlgestaltet, während ich eine Tochter bekommen habe, die viel zu früh geboren wurde. Ich weiß nicht, wie sie sich später entwickelt, ob sie geistig völlig gesund wird beziehungsweise bleibt. Das ist doch nicht gerecht! Ich hätte eine gesunde Tochter haben müssen, nicht dieser Mensch. Unser Herrgott ist nicht gerecht."

Ich dachte, mich tritt ein Pferd. Nun war mir klar, was er tatsächlich von seinen Probanden hielt. Es ging immer nur um ihn.

Diese Ansichten über Gefangene oder ehemalige Gefangene waren die Regel, die ganz sicher auch von wenigen Ausnahmen bestätigt wurde. Ich weiß von einigen – ja, es waren mindestens drei – Personen, die bei der Justiz beschäftigt waren, was die Gefangenen oder Probanden für sie tatsächlich waren. Nämlich eine Ware, Arbeitsmaterial, durch das sie ihr Geld verdienten. Eine von ihnen sagte zu mir: „Wenn ihr nicht da sein würdet, müsste ich mein Geld als Friseuse oder wer weiß was verdienen. Nur durch euch habe ich einen gut dotierten und sicheren Arbeitsplatz."

Einige wenige Gefangene, die erfolgreich und intelligent waren, zählten für sie nicht. Es zählte die Masse, der Durchschnitt der Gefangenen, an ihnen konnten sie sich zumindest abreagieren.

Dies ist bei fast allen im Staatsdienst Beschäftigten der Fall, insbesondere wenn sie es mit von ihnen abhängigen Personen zu tun haben. Da wären wir wieder bei den Heimen, Jugendstrafanstalten, Arrestanstalten, Gefängnissen, eben allen, die von und durch diese Personen leben. Insbesondere Sozialarbeiter/innen, Psychologen und Justizbedienstete in jeder erdenklichen Form. Dies ist Fakt, nur wird das wohl kaum jemand zugeben wollen.

Ergänzend sei noch vermerkt, dass aus der Tochter des genannten Bewährungshelfers ein wohlgeratenes Mädchen und eine gesunde Frau wurde.

Bei meiner zweiten Entlassung kam kein Bewährungshelfer ins Ausbildungsgefängnis.

Eine ähnliche Geschichte aus Oberems.
Ich war – wie schon erwähnt – ein Mann, der überall eingesetzt werden konnte. Ich hatte kein Sittlichkeitsdelikt begangen – diese Personen sollen auch nur unter den strengsten Auflagen in den offenen Vollzug verlegt werden –, war nicht drogenabhängig und auch kein Alkoholiker. Ich wurde bei einem Viehhändler als Einzelgänger eingesetzt. Er holte mich morgens im Lager ab und brachte mich nachmittags wieder zurück. Ich war dort „Mädchen für alles", versorgte die Schweine, reinigte die Viehtransporter, den Hof und reparierte alles, was so anfiel, den Stall der Ferkel, die Fahrräder der Familienangehörigen und so weiter.
Der Bruder des Viehhändlers wohnte auf der anderen Seite der Straße und hatte einen großen Getränkevertrieb. Für ihn fertigte ich eine Illumination im Garten, beleuchtete die Bäume und den Teich. Als der Bruder das sah, wollte er so etwas auch gern haben.
Der Viehhändler hatte eine Tochter, die circa zwölf oder dreizehn Jahre alt war, einen Sohn und noch ein jüngeres Mädchen. Gegessen wurde gemeinsam. Ich saß immer mit am Tisch. Wenn es irgendetwas zu reparieren gab, wurde ich mit meinem Vornamen gerufen.
Die älteste Tochter des Viehhändlers kam eines Tages nach der Schule zu mir und fragte mich, ob ich ihr helfen könne, etwas aus der Zeitung abzupausen, also die Zeitung mit Benzin oder Petroleum zu tränken, damit das möglich war. In der Schulkasse war das Teil eines Projekts. Ich half ihr und es gelang uns sehr gut.
Als abends der Vater hinzukam, erzählte das Mädchen ihm, dass wir einige Bilder abgepaust hätten. Ehe er sich das Ergebnis genauer angeschaut hatte – es waren verschiedene Gebäude wie der Eiffelturm und bekannte Plätze – schrie er: „Was sind das für Bilder? Wo habt ihr das gemacht?" Und dergleichen Müll mehr.
Das Mädchen zeigte ihm die Bilder, erst dann war Ruhe. Was hatte dieser Mann nur von mir gedacht, dass er erst einmal so ausflippen

musste? Nun, das wollte ich gar nicht schreiben, etwas anderes war doch gerade das Thema.

Wenn ich mit einem vom Hof zusammen war, rief man mich mit meinem Vornamen. Ich dachte, das wäre auch sonst so, aber dem war nicht so.

Ich war in der Halle und verrichtete eine Arbeit, als ich hörte: „Wo ist der Gefangene?" Es war die Stimme des Viehhändlers.

Seine Frau antwortete: „Der Knastologe ist in der Halle."

Am nächsten Tag bat ich darum, einen Raum für mich zu haben. Ich aß von nun an allein und erklärte, dass mir das lieber wäre.

Was mich an diesen Äußerungen immer so ärgert: Warum versucht man mir etwas vorzumachen? Ich habe diese Leute nicht darum gebeten, mich beim Vornamen zu nennen. Und sie gaben nach außen vor, dass ich zu ihresgleichen gehörte, aber in Wahrheit dachten sie doch: „Nur gut, dass ich nicht so bin wie dieser Verbrecher."

So etwas ist unmöglich! Ich kann hundert Mal eher mit der Wahrheit umgehen als mit einer falschen Freundlichkeit oder einer solchen Heuchelei.

Auch mit diesem Beispiel wollte ich aufzeigen, dass man, als Verbrecher abgestempelt, benutzt und ausgenutzt wird und dass einem auch noch die Schuld daran gegeben wird. Na klar, ich habe selbst Schuld. Beklage ich mich? – Nicht wirklich!

Ich kann und muss mich nur über die erste Behandlung durch das Jugendamt, sprich Frau Nurmann, beklagen, alles andere habe ich mir selbst zuzuschreiben. Aber ich habe etwas gegen diese vorgespielte Freundlichkeit, diese Heuchelei. Es wird nach außen hin freundlich getan, in Wirklichkeit denken viele: „Hoffentlich weiß er nicht, wo ich wohne? Nicht, dass dieser Typ noch bei mir einbricht!"

Dies sind die Fakten und belegt werden diese durch das Vorgehen und das Verhalten der Mitarbeiter des Arbeitsamtes.

Wieder nur ein Beispiel:

Ich erstellte in dieser Zeit ein Konzept, um mich selbstständig zu machen, und zwar im Bereich Sicherheitstechnik mit dem Schwerpunkt auf Einbruchsschutz.

Es ist doch so: Wer weiß besser, wie man sich schützt, als derjenige, der diesen Schutz zu umgehen versucht oder ihn gar außer Kraft setzt. Niemand anderes als ein Einbrecher weiß besser, wie man sich vor Einbrüchen schützt. Das ist mein Standpunkt.

Ich habe bei meinem Konzept eine Kosten-Nutzung-Rechnung aufgestellt und dabei errechnet, dass ich einschließlich einer Überbrückungszeit von drei Monaten 17.000 DM als Kredit vom Arbeitsamt benötigen würde.

Der Angestellte des Arbeitsamtes fand diese Idee auch ganz prima, ihm gefiel mein Konzept und er sagte: „Ich befürworte dies voll und ganz. Ich kann natürlich nicht allein entscheiden, aber gehen Sie einmal davon aus, dass wir die Geschichte unter Dach und Fach bekommen."

Zwei Wochen später musste ich wieder zum Arbeitsamt, doch der Angestellte, dem ich mein Konzept vorgestellt hatte, war sehr betrübt: „Leider kriegen wir das nicht genehmigt, Herr Massat. Es tut mir aufrichtig leid, aber ich bekomme Ihren Antrag nicht durch."

Ich fragte: „War mein Konzept nicht in Ordnung? Soll ich es noch einmal überarbeiten?"

„Nein", sagte er, „das ist es nicht, aber der Leiter der Hauptgeschäftsstelle sagte: ‚Wollen Sie den Bock zum Gärtner machen? Stellen Sie sich vor, der Mann baut eine Alarmanlage ein und später wird dort trotzdem eingebrochen! Der Mann weiß doch, was er wo und wie eingebaut hat, lässt einige Zeit vergehen und bricht dort später ein. Und wir sind es dann, die ihm die Möglichkeit dazu gegeben haben. Ja, wir haben das dann sogar noch finanziert! Einmal ein Einbrecher, immer ein Einbrecher.'" Dies frei nach dem Motto: Einmal ein Lügner, immer ein Lügner.

Ich war wirklich und wahrhaftig bedient, hatte ich doch den festen Vorsatz gehabt, nicht mehr straffällig zu werden. Ich war verheiratet, hatte Familie und dadurch eine Verantwortung, der ich auch nachkommen wollte.

Ich versuchte, zunächst bei der Deutschen Bank und, nachdem dies fehlgeschlagen war, bei der Sparkasse ein Darlehen zu bekommen, aber auch dies gelang mir nicht.

Das Ergebnis war, dass ich es mir leicht machte. Ich dachte: Was soll die Mühe? Es lohnt eh nicht. Sie wollen es so haben, sie sollen es so haben. Und so legte ich eine Einbruchs- und Raubserie vom Allerfeinsten hin, nach meinen damaligen Ansichten auch sehr erfolgreich.

Im Nachhinein muss ich gestehen, dass ich zu schnell aufgab. Ich hätte mich um Arbeit bemühen müssen, hätte sparen können, ja sparen müssen, um dann mein Projekt doch noch in Angriff nehmen zu können. Aber ich tat es nicht. Es war bequemer, mir das Geld auf kriminelle Art und Weise zu beschaffen als durch mühsame Arbeit, mit der ich gerade mal ein Zwanzigstel von dem hätte erwirtschaften können im Vergleich zu dem, was ich in einer Woche auf kriminelle Art verdienen konnte.

Das Raub- und Einbruchstrio

Wir waren zu dritt. Lothar, unser Fahrer, war ein guter, absolut zuverlässiger Mann, aber er hatte ein Faible für junge Mädchen – sogar sehr junge Mädchen, was ich jedoch erst viel später erfuhr. Lothar war ein guter und alter Räuber und immer nur als Fahrer tätig. Er war bei einem Sparkassenüberfall geschnappt worden, während ein Kollege eine Bank überfiel. Er hatte draußen mit einem Motorrad gewartet und sie waren nach gelungenem Überfall zum Treffpunkt geflüchtet. Es war ausgemacht, dass dort Karlheinz mit einem Auto auf sie wartete. Doch dieser war nicht am vereinbarten Ort, so dass Lothar und sein Komplize die Flucht mit dem Motorrad fortsetzen mussten. Bei dieser Flucht rammte ein Polizeifahrzeug das Motorrad und Lothar zog sich einen komplizierten Fußbruch zu. Er wurde von einem Gefängnisarzt operiert, was sich jedoch als einzige Katastrophe herausstellte. Erst nach einigen später durchgeführten Operationen konnte der Fuß so weit hergerichtet werden, dass Lothar wieder – fast – normal gehen konnte. Es war ein Jahre dauernder Prozess.
Als Lothar und sein Kollege verhaftet wurden, kam Karlheinz zu mir und bat mich, Lothars Wohnung leerzuräumen, weil mich in dem Ort niemand kannte. Ich räumte alles aus und säuberte die Wohnung so gründlich, dass keine Fingerabdrücke und keine persönlichen Gegenstände gefunden werden konnten.
Karlheinz versuchte mir zu erklären, warum er nicht zum vereinbarten Treffpunkt gekommen war. Nach seinen Aussagen hatte die Polizei ihn im Visier gehabt.
Geplant war der Überfall wie folgt:
Lothar und der Kollege sollten mit dem Motorrad zur Bank fahren, wo Lothar mit dem Krad warten würde, während der Kollege in die Sparkassenfiliale hineingehen und kurz darauf mit der Beute wieder herauskommen würde. Er sollte sich zu Lothar auf das Krad schwingen, damit sie gemeinsam zum Treffpunkt fahren konnten. Dort war geplant, die Kleidung zu wechseln, alles Verdächtige einzupacken und zu

Karlheinz ins Auto zu steigen. Nur weil dieser nicht da war, kam es überhaupt zu dem Unfall und die anschließende Verhaftung.

Die beiden wurden verurteilt. Lothar bekam elf und der Kollege dreizehn Jahre. Beide waren bereits wegen Raubes vorbestraft, verrieten Karlheinz aber nicht. Nur so war es mir möglich, damals mit Karlheinz und Kurt die Einbruchsserie durchzuziehen, die mir sieben Jahre und sechs Monate Gefängnis einbrachte. Lothar bekam zum damaligen Zeitpunkt Urlaub und ich lernte ihn durch Karlheinz kennen. Wir kannten durch Karlheinz einen Teil unserer Vorgeschichten und wussten, dass wir uns aufeinander verlassen konnten.

Ich hatte gerade meinen negativen Bescheid vom Arbeitsamt erhalten und Lothar hatte Urlaub, als wir nach dem zweiten Kennenlernen beschlossen, gemeinsam zu arbeiten.

Wir kauften schwere Vorschlaghämmer, auf deren quadratischem Flachstück wir vier Meißelspitzen an den Ecken aufschweißten, in der Mitte die Spitze einer Spitzhacke. Mit diesem speziellen Werkzeug schlugen wir Scheiben von Juwelieren ein, wir verwendeten sie also bei den sogenannten Blitzeinbrüchen.

Die erste Scheibe, die ich einschlug, hatte ein viel zu großes Loch. Ich arbeitete noch ziemlich unprofessionell und musste erst einmal lernen, wie es am effektivsten ging. Es geschah noch etwas bei diesem ersten Mal. Ich griff nach dem Schmuck – die Auslage war voller Glasscherben –, da packte mich von drinnen jemand am Handgelenk und versuchte mich festzuhalten, um mich daran zu hindern, Schmuckstücke zu entwenden. Es war die Hand der Besitzerin des Ladens, die bei dieser Aktion laut um Hilfe rief.

Ich befahl ihr: „Lass meine Hand los, sonst hacke ich dir deine ab!"

Die Frau war so erschrocken, dass sie unverzüglich meine Hand losließ und ich noch einige Schmuckstücke in meinen Beutel packen konnte. Darin befanden sich später sehr viele Glasscherben sowie Kunststoffteile, auf denen die Schmuckstücke in der Auslage drapiert gewesen waren. Es war noch lange nicht das Gelbe vom Ei, ich hatte nur knapp 20.000 DM erbeutet. Dies brachte gerade einmal 7.000 DM ein – und das geteilt durch drei, war also eine sehr magere Beute. Doch niemand sagte etwas, war es doch für mich das erste Mal.

Irgendwann bekam ich doch ein mulmiges Gefühl wegen dem, was ich der Frau in dem Geschäft zugerufen hatte, aber ich gehörte ja beileibe nicht zu den ehrenhaften Musterknaben. Ich wusste wohl zuzugreifen, wenn es etwas zum Zugreifen gab. Ich fragte mich, ob ich Skrupel hatte. Nein, davon wollte ich mich nicht plagen lassen.

Was hatte ich nicht alles gelesen über schwerreiche Industriebarone, über Ölmagnaten, über Stahlkönige und Privatbankiers. Sie würden nicht sein, was sie sind, wenn sie sich vom sogenannten Gewissen beeinflussen ließen. Warum sollte ich, der Kleine, der Winzige, ein edleres, ein feineres und besseres Gewissen haben als jene, die als Sterne, als Glanzlichter der Nation bezeichnet und die in Zeitungen, Zeitschriften und Büchern als die großen Beispiele der Tatkraft, der Willenskraft und des Erfolges hingestellt wurden?
Dann fiel mir noch der Spruch ein: „Nur wer gefährlich lebt, lebt ganz." Ich lebte, war vollgepumpt mit Adrenalin und dachte: „Scheiß drauf, entweder ganz oder gar nicht!"
Ich werde an dieser Stelle nicht die vielen Blitzeinbrüche schildern, die wir verübten. Doch einige Begebenheiten möchte ich Ihnen doch nicht vorenthalten. Jeder Blitzeinbruch oder Banküberfall wäre es wert, eine Geschichte für sich zu sein, nicht um darzustellen, was ich doch für ein smarter Typ war, sondern um aufzuzeigen, was es bedeutet, ein Räuber zu sein. Ich kann sagen, ich lebte äußerst exzessiv, ich litt und bangte, musste immer auf der Hut sein. Ich lernte die Stärken und Schwächen der Menschen kennen, auf üble, aber auch auf angenehme Art und Weise.
So manches Mal sehnte ich mich nach einem bürgerlichen Leben, welches ich nach außen hin ja auch lebte. Aber dann wurde ich wieder gebraucht, von den Kollegen gebraucht, außerdem benötigte ich auch das Geld, das mir die Beute einbrachte. Meine Kinder sollten es besser haben. Sie besuchten eine Privatschule und die Reisen der Kinder mit der Schule waren kostspielig. In den Schulferien ging es nach Kanada. Als die Tochter kleiner war, ging es zum Ballett und ins Theater, der Jüngste spielte Tennis und so weiter.

Dann eröffnete ich einen Kiosk, damit ich einen offiziellen Einkommensnachweis bieten konnte. Karlheinz machte eine Spedition auf, nur Lothar konnte nichts investieren, war er doch auf der Flucht. Er investierte in eine Familie, die es ihm übel dankte. Ich dachte auch an die sogenannten „Braven", diejenigen, die jeden Sonntag in die Kirche gingen, aber die Schlimmsten waren die Menschen, die mit dem Kreuz und auf den Knien nach Maria Laach unterwegs waren und einem im Vorbeirutschen das Portemonnaie klauten. Von dieser Sorte lernte ich einige kennen. So heuchlerisch wie die wollte ich niemals werden.
Ich stand immer zu dem, was ich tat und war beileibe nicht so schlimm, wie mich die Polizei oder die Gerichte sahen. Ich verstehe bis heute nicht, warum mir so viel zweifelhafte Ehre zuteilwird beziehungsweise wurde. Wenn ich tatsächlich getan hätte, was mir die Polizei zutraute, hätte ich so einiges bewerkstelligen müssen und wäre nicht dazu gekommen, etwas anderes zu tun.
Ich muss, ehe ich mit den Einbrüchen und anderen Taten fortfahre, noch einige Worte zum Gewissen niederschreiben. Mein Gewissen meldete sich nur dann, wenn Strafe drohte oder wenn ich Angst hatte, entdeckt zu werden. Sobald keine Gefahr mehr bestand oder die Strafe abgesessen war, gab es auch nicht mehr die Frage nach dem Gewissen.
Man denke nur an den Krieg, an Mörder, Kinderschänder, Vergewaltiger und Rauschgifthändler, ich kenne Hunderte von ihnen, weiß aber von keinem – ich wiederhole: keinem –, der wegen irgendwelcher Gewissensbisse nicht schlafen könnte. Im Gegenteil, die Schlimmsten schlafen am besten.
Aus Sicht mancher Personen ist die Sache aber die: Wenn man an ein Gewissen glaubt, dann hat man eines und dann meldet es sich auch. Wenn man nicht an ein Gewissen glaubt, dann hat man keines und infolge dessen belastet es einen auch nicht. Dies ist eine Art von Lebensphilosophie, allerdings nicht die meinige, aber ich wollte diese Denkweise vieler einsitzender Personen doch wiedergeben.

Zurück zu den Fakten.
Bei jeder von uns durchgeführten Tat brauchten wir zunächst ein Tatfahrzeug und dann ein Fluchtfahrzeug. Beide Fahrzeuge mussten

sich in Form und Farbe deutlich voneinander unterscheiden. Für die Tat benutzten wir in allen Fällen einen Golf, meistens einen GTI oder einen G60 16 V. Damit fuhren wir zum Tatort. Dort stiegen Karlheinz und ich aus, während Lothar im Wagen blieb. Wir hatten jeder unseren Hammer bei uns und Lothar nahm die abgesägte Schrotflinte mit, außerdem trugen wir Pistolen hinter dem Gürtel. Zuerst benutzten wir Plastiktüten für den Transport der Beute, aber schon beim dritten Mal entwickelte ich eine neue Art des Beutetransportes. Ich kaufte eine Sportbeutel mit Kordelzug. In den Stofftunnel, in dem sich die Kordel befand, führte ich einen Blumendraht ein. Bei der Tat hing der Sportbeutel um meinen Hals und ich drückte ihn auf. So blieb er in dieser Stellung und ich konnte den Schmuck gut in den Beutel werfen. Bei der Flucht drückte ich den Beutel zu und es ging keines der Schmuckstücke verloren. Einfach, aber effektiv.

Karlheinz und ich schlugen jeweils eine Scheibe des Juwelierladens ein und rafften alle Schmuckstücke, derer wir habhaft werden konnten, zusammen. Wir versuchten die Hämmer jedes Mal wieder mitzunehmen, was aber nicht immer gelang.

Nach einem Blitzeinbruch fuhren wir mit dem Tatfahrzeug nur ein paar Straßen und Ecken weiter, um in unser Fluchfahrzeug umzusteigen. Dies war auf jeden Fall eine Limousine. Auf der einen Straße stiegen wir aus und auf der anderen Straße stiegen wir ein. Dann ging es weiter zu dem von uns vorgesehenen Versteck und wir verbrachten dort die Nacht, um am nächsten Morgen mit dem Berufsverkehr und unseren eigenen Fahrzeugen den Heimweg anzutreten. Karlheinz nahm meistens Lothar mit, weil sie dicht beieinander wohnten, oder Lothar fuhr mit dem Fluchtfahrzeug.

Wir waren mit einem Funkabhörgerät ausgerüstet und hörten während der Tat, auf der Flucht und auch während der Nacht den Polizeifunk ab, waren also immer über den Verlauf der Fahndung informiert.

Während des Wartens zählten wir den Wert der geraubten Schmuckstücke zusammen. Ich hatte eingeführt, dass jeder für sich die Beute begutachtete und dann die ermittelte Summe auf ein Stück Papier schrieb. Meist stimmten die Summen überein. Ich hatte diese Methode deswegen eingeführt, weil ich die Schmuckstücke an einen Hehler verkaufte und keine Missverständnisse aufkommen lassen wollte.

Wir verübten unsere Blitzeinbrüche in den Abendstunden, bevor die Rollläden heruntergelassen wurden, oder in den frühen Morgenstunden, wenn die Rollläden schon wieder oben waren, dies war aber nur einmal der Fall.

Einmal, es war Winter, hatten wir gerade zugeschlagen. Wir wechselten das Fahrzeug und fuhren zu unserem vorher ausgesuchten Warteplatz. Dieser war diesmal ein kleines Wäldchen in der Nähe einer Hochhaussiedlung. Es war eisig kalt und wir standen auf einem kleinen Stückchen Pappe und konnten uns nicht rühren. Es bestand die Gefahr, dass wir von einem der Hochhäuser aus gesehen würden und dann wäre eine logische Folge die Verhaftung gewesen. Denn wer versteckte sich des Nachts im Wald – vor allem im Winter? Zu unseren Autos konnten wir nicht, denn man hätte unsere Spuren im frisch gefallenen Schnee verfolgen können. Also mussten wir still und stumm auf diesem Fleckchen Pappe ausharren. Auf dem blanken Boden waren unsere Füße innerhalb einer Viertelstunde Eiszapfen, auf der Pappe dauerte es circa eine Stunde. Manchmal war es wirklich abenteuerlich, was wir alles in Kauf nahmen, um an anderer Leute Geld zu kommen. Wir froren wirklich erbärmlich und die Folge davon war, dass wir im Winter zusätzlich lange Unterhosen und warme Unterhemden trugen. Diese durften aber nicht zu dick sein, weil sonst unsere Beweglichkeit einschränken gewesen wäre.

Übrigens nutzte dieser Juwelier den Einbruch, um für sich Reklame zu machen. Sinngemäß lautete seine Werbung: „Unsere Schmuckstücke sind so begehrt, dass sich die Einbrecher nicht beherrschen können und sie so ... einkaufen."

Das Loch im Fenster wurde von innen zugemacht und es waren diverse Zeitungsartikel über diesen Einbruch zu lesen.

Der Winter lehrte uns aber noch etwas: Bei einem Blitzeinbruch schlug ich – bei vereistem Boden – auf eine Scheibe und saß prompt auf meinem Hintern, weil ich so viel Schwung in meinem Schlag gelegt hatte, dass ich auf diesem Boden weggerutscht war. Der Einbruch war trotzdem sehr erfolgreich. Karlheinz und ich zogen jedoch von dem Tag an im Winter Fahrradüberschuhe mit Spikes über unser normales Schuhwerk.

Bei einem anderen Überfall klatschten einige Männer Beifall. Sie waren aus der benachbarten Spielhalle gestürmt, nachdem die Alarmanlage bei dem Juwelier losgegangen war, und schauten uns nun bei der Arbeit zu. Es waren fast nur Männer mit Migrationshintergrund. Später kam einer von ihnen sogar in Untersuchungshaft, weil bei ihm eine Armbanduhr gefunden wurde, die aus diesem Einbruch stammte. Er hatte diese Uhr auf dem Boden gefunden und mitgenommen. Die Sache klärte sich allerdings auf, trotzdem war der Mann wegen dieser Sache ein paar Wochen in Haft.

Bei einem weiteren Einbruch schlug ich mit einem angefertigten Hammer auf eine Scheibe, aber er prallte wieder zurück, ohne ein Loch zu hinterlassen. Die Funken sprühten und der Hammer flog nur ein paar Zentimeter an meinem Kopf vorbei. Hätte er mich getroffen, hätte ich mich selbst erschlagen. Ich war bei der Prüfung der Scheibe nicht sorgfältig genug gewesen.

Die Polizei fahndete nach Südeuropäern, weil einige Zeugen angegeben hatten, die Täter hätten eine braune Gesichtsfarbe gehabt. Dabei hatten wir uns nur mit Schminkpaste eingecremt ...

Eine andere Sache hätte fast zu meiner Verhaftung geführt.
Es war der zweite Weihnachtstag und ich wollte partout nicht aus dem Haus. Doch Lothar und Karlheinz – der dringend Geld brauchte – brachten mich dazu, ihm zu helfen. Wir wollten zwei Juweliere auf einen Schlag überfallen, Karlheinz den einen und ich den anderen. Lothar postierte sich zwischen beiden Geschäften. Ich schlug ein Loch in die Scheibe, griff mit der Hand in die Auslage und raffte einige Schmuckstücke zusammen, um sie im Beutel zu verstauen und dann erneut zuzugreifen. Plötzlich sauste hinter der Fensterscheibe der eiserne Rollladen herab. Der Abstand zwischen Rollladen und Scheibe betrug vielleicht zehn Zentimeter. Ich wollte meinen Unterarm und meine Hand aus dem Loch herausziehen. Doch meine Hand war zu

einer Faust geballt, weil ich etliche Schmuckstücke aufgesammelt hatte. So kam ich nicht durch den Zwischenraum von Rollladen und Fenster. Ich versuchte den Rollladen mit meinem Unterarm nach innen zu drücken, doch es gelang mir nicht, also ließ ich die Schmuckstücke los und zog mit erheblicher Mühe meine Hand aus dem Loch. Und das ausgerechnet zu Weihnachten. Ich hatte erst einmal wieder die Faxen dicke und lieh Karlheinz Geld, damit sein Betrieb weiterlief. Ich tat es nicht gern, zog ihm aber beim nächsten Bruch den geliehenen Betrag von seinem Erlös wieder ab. Die Zeiträume, in denen Karlheinz Geld von mir lieh, wurden immer kürzer.

Eine Sache noch: Wir hatten uns ein Juweliergeschäft ausgesucht, das wir als Nächstes überfallen wollten. Wir standen vor dem Laden und wollten gerade aussteigen, als ein paar Männer mit ihren Hunden am Laden und an unserem Auto vorbeigingen. Karlheinz duckte sich hinter den Sitzen – ein unmögliches Verhalten! Ich schimpfte mit ihm.
Die Männer hatten das wohl beobachtet und kamen zurück. Und wieder verhielt sich Karlheinz auffällig. Er drehte sich weg, damit sein Gesicht nicht zu erkennen war.
Ich sagte zu Lothar: „Komm, lass uns eine Runde drehen. Und wenn dann keine Bullen da sind, schlagen wir zu."
Allerdings kam uns schon beim Wenden ein Polizeiwagen entgegen. Auch dieser wendete und folgte uns. Ich drehte mich um und sah einen jungen Polizisten am Steuer, während sein Kollege fleißig über Funk kommunizierte.
Lothar gab Gas und wir fuhren in eine sehr schmale Straße. Auf beiden Seiten parkten die Autos und zwei Fahrzeuge konnten nicht aneinander vorbeifahren. Mit circa 210 Stundenkilometern rasten wir dort entlang, dicht gefolgt von dem Polizeifahrzeug.
Karlheinz ging mir mit seinem „Jetzt haben sie uns! Jetzt haben sie uns!" dermaßen auf die Nerven, dass ich dieselbigen fast verlor und ihn anschrie: „Jetzt halt endlich deine verdammte Schnauze und reich mir lieber einen Hammer rüber."
Im selben Moment hörte ich Lothar sagen: „Der gibt doch nicht auf!"

Karlheinz und ich drehten uns um und ich sah, wie das Polizeifahrzeug immer langsamer wurde und schließlich ganz aus unserem Sichtfeld verschwand.

Ich hätte an deren Stelle schon früher die Verfolgung aufgegeben, denn wenn uns ein Fahrzeug entgegengekommen wäre, hätte es sich für uns alle – auch für die Polizisten – bei dieser Geschwindigkeit und dieser Straße erledigt gehabt.

Ich schätze einmal, dass dies dem rasanten jungen Fahrer durch den Kopf gegangen war oder sein Kollege hatte ihn gewarnt, auf jeden Fall waren wir unsere Verfolger los.

Nach etwa zwei Kilometern kamen wir auf eine große vierspurige Straße und bogen ab, um uns vom Ort des Geschehens möglichst schnell zu entfernen. Auf einmal tauchte aber das Polizeifahrzeug wieder auf. Es war nicht allein, sondern es waren bestimmt fünf Polizeiwagen, die hinter uns herrasten. Ich öffnete das Seitenfenster und warf den Hammer, den ich mittlerweile zwischen den Knien stehen hatte, mit Schwung zurück den Polizeiwagen entgegen. Diese gingen daraufhin abrupt vom Gas, der Abstand vergrößerte sich wieder.

Auf einmal riefen wir alle drei fast im Gleichklang: „Straßensperre!"

Etliche Hundert Meter vor uns war die Straße durch Polizeiwagen blockiert und zur Hälfte auch die Gegenfahrbahn. Neben dem Straßenrand verlief ein kleiner Grünstreifen, dahinter ein Fahrradweg. Auf dem Grünstreifen befanden sich in regelmäßigen Abständen circa 120 Zentimeter hohe, mit Katzenaugen versehene weiß gestrichene Begrenzungspfeiler. Früher waren diese aus Beton, in jüngster Zeit sind sie wohl aus Kunststoff.

Vor uns die Polizeisperre, hinter uns der dauernd brabbelnde Karlheinz mit seinem „Jetzt haben sie uns! Jetzt haben sie uns!" Ich begann darüber nachzudenken, Karlheinz eine zu verpassen.

Lothar fragte: „Was meinst du, sollen wir es riskieren?"

Ich antwortete: „Drauf und dran, so oder so im Arsch."

Wir rauschten mit enormer Geschwindigkeit auf die Straßensperre zu und konnten sehen, wie sich die Polizisten in Sicherheit brachten. Kurz vor der Straßensperre verringerte Lothar die Geschwindigkeit ein wenig. Er fuhr auf den Grasstreifen und voller Wucht auf einen dieser

Begrenzungspfeiler zu. Der Pfeiler flog im hohen Bogen weg – er war zum Glück aus Plastik! Hinter der Sperre brachte Lothar unser Fahrzeug wieder auf die Straße und ab ging die Post. Nach ein bis zwei Kilometern tauchte auf der linken Seite ein Waldrand auf.

„Los!", sagte ich zu Lothar. „Rüber auf die linke Seite und in den nächstbesten Seitenweg zum Wald rein."

Lothar steuerte den Wagen unbeschadet über die Gegenfahrbahn und wir fuhren über einen Feldweg in den Wald. Bei der Durchfahrt entdeckten wir einen Teich, in den Lothar den Golf hineinfuhr.

Die Polizisten hatten bei der Fahndung schweres Geschütz aufgefahren, sie kamen sogar mit Hubschraubern. Doch die Dunkelheit und die Bäume waren auch hier unsere Freunde.

Wir trennten uns und jeder versuchte sich allein zum eigenen Auto oder zum Bahnhof durchzuschlagen.

Die letzten Fehlschläge brachten uns dazu, die Art unseres Vorgehens zu überdenken. Die Arbeit mit einem Hammer war unsicher geworden, die Zuverlässigkeit des Hammers wurde durch die Entwicklung von neuartigen Scheiben in Frage gestellt.

Obwohl, wenn ich darüber nachdenke: Tausend Hämmer erzählen tausend Geschichten, aber dieser eine erzählte nur eine Geschichte – meine.

Einige Geschichten von meinem Hammer haben Sie nun kennengelernt. Es gäbe noch einiges darüber zu berichten, allerdings glaube ich, dass meine Berichte, die nichts mit dem Heim oder Gefängnis zu tun haben, doch zu schnell den Bericht eines Abenteuers darstellen. Zumindest mag es sich so lesen.

Leben hinter Gittern

Ich kann nur immer wieder darauf hinweisen: Es gibt nichts Schlimmeres, als sich selbst seiner Freiheit zu berauben. In Unfreiheit leben zu müssen, in dem Gewaltsystem der Gefangenschaft leben zu müssen, ist nicht nur eine körperliche Bestrafung, nein, die geistige Bestrafung ist die viel schlimmere. Die sich einstellende Entmündigung, die permanente Willkür, die, täglich ausgeübt, kaum noch spürbar ist. Der sich einnistende Virus des „Ich kann ja eh nichts ändern", dieses tägliche belogen werden und das sich damit abfinden.

Es ist schlimm, mit niemandem über die eigenen Probleme reden zu können – Vertrauen zu den Bediensteten ist eine Schwachheit und Dummheit, die nach spätestens zwei Jahren abgelegt wird, und wenn nicht, kann einem sowieso niemand helfen.

Vertrauen zu den Mitgefangenen gab es früher einmal, heute findest du unter hundert Inhaftierten einen, dem du eventuell vertrauen kannst, ohne dass die eigene Offenheit zu einem späteren Zeitpunkt gegen dich verwendet wird.

Die täglichen Demütigungen, das sich auf deine Kosten lustig machen, deinen Kaffee trinken, dein Essen vertilgen, aber bitte vergiss nicht, dass dies ja eine „Ehre" für dich sein sollte, dass er dein Essen verschlingt und immer fetter wird.

Das sich über dich lustig machen. Sonnabend und Sonntag um 15 Uhr Gute Nacht wünschen mit den Worten: „Mach es gut, amüsiere dich, treibe es nicht zu doll."

Hunderte dieser kleinen Sticheleien, die sich auf die eine oder andere Art tagtäglich wiederholen. „Diesen Film schaue ich mir als Erster an. Du hast doch Zeit genug und kannst ihn auch später noch sehen." So klingt ein Beamter, der zu einem Gefangenen in der Bücherei spricht. Der Beamte, der keine Zeit für dich und deine Probleme hat, weil er auf einer anderen Abteilung mit den Kollegen Kaffee trinken muss. Der Beamte, der – obwohl die Notruflampe brennt – erst einmal zum Kollegen ins Büro oder wer weiß wohin geht, nach einer Stunde oder später zu dir kommt und dich fragt: „Ist alles in Ordnung? Was war denn los?"

Ausnahmen bestätigen auch hier nur die Regel.

Als bei mir die Notrufanlage defekt war, sagte die Leiterin für Sicherheit und Ordnung: „Du bleibst nicht auf der Zelle. Du gehst so lange auf eine Gemeinschaftszelle, bis die Anlage repariert ist. Was meinst du, wenn dir etwas passiert! Nicht bei mir." Egal aus welchem Grunde auch immer sie es so handhabte, entscheidend für mich war, dass Sie überhaupt etwas tat. Erst als ich selbst die Notrufanlage repariert hatte, war für sie das Thema erledigt.

Hier nun ein Beispiel für das genaue Gegenteil: Ich drückte, nachdem die Gruppen ausgerufen worden waren, auf den Licht-Knopf, um zu meiner Gruppe zu kommen. Ich musste durch den Spion mit ansehen, wie die Beamtin, die Blonde – ja, die mit dem nickenden Kopf auf dem Klappstuhl –, an meiner Zellentür vorbeikam und mich nicht zur Gruppe ließ.

Bei Erlebnissen dieser Art stieg mir das Blut zu Kopf und ich dachte, er würde platzen. Ich haute dann provokativ vor die Tür. Selbst dann wurde noch ein paar Minuten gewartet. „Wo kommen wir denn hin, wenn ich sofort losrenne, wenn ein Gefangener klopft ..." Die Tür ging auf und die Beamtin, die Blonde – mit dem auf dem Klapp- oder Jägerstuhl sitzenden nickenden Kopf und geöffnetem Mund – fragte mich, was denn los sei. Sie wusste, was los war, und ich auch, aber warum ich heute dran war, wusste ich nicht. Wahrscheinlich war ich beim Empfang des Abendessens nicht freundlich genug gewesen oder ein anderer Beamter hatte sie zur Schnecke gemacht. Und wo reagiert sich ein Schlüsselknecht ab, egal ob weiblich oder männlich? Richtig, beim Gefangenen!

Ich sagte zu ihr, ich müsse zur Gruppe.

Daraufhin fragte sie: „Ja, warum drückst du dann erst jetzt die Rufanlage?"

Ich erwiderte: „Ich habe sie gedrückt!"

„Nein", entgegnet sie, „ich habe nichts gesehen."

„Gut", fuhr ich schnippisch fort, „dann schließen Sie mich ein. Die kommen mich eh gleich holen. Die von der Gruppe rufen gleich in der

Zentrale an, und wenn sie hören, wer hier Dienst hat, kommen sie schon vorbei."

„Was soll das heißen?", war ihre Reaktion und im Weiteren kam nur Müll, geistiger „Dünnschiss", und sie sagte unwirsch: „Na, gehen Sie schon, ich bringe Sie zur Gruppe."

Bei dieser Beamtin hatte ich nur ein einziges Mal so reagiert, wie sie es von einem Häftling erwartete, nämlich ganz am Anfang. Danach begegnete ich ihr nur noch so, wie es ihrem Verhalten angemessen war.

So, wie ich es gerade geschildert habe, wurden Inhaftierte von bestimmt sechzig Prozent der Bediensteten behandelt und es war so etwas wie Normalität.

Bei diesem System, diesem bewussten Erniedrigen, diesem Kleinmachen, aufrechten Ganges zu bleiben, ist hart. Vor alles Dingen muss man hart gegen sich selbst sein, gegen den Schlendrian ankämpfen, gegen das Aufgeben, sich nicht damit abfinden, sich nicht erniedrigen lassen, gegen die Respektlosigkeit ankämpfen.

Das Wichtigste überhaupt war für mich die Disziplin, genauer gesagt die Selbstdisziplin. Wenn um sechs Uhr die Türen geöffnet wurden, war ich gewaschen und korrekt angezogen, ich gab den Bediensteten nicht das Gefühl, auf mich herabblicken zu können – „Guck mal, wie der aussieht! Und so geht der sicher auch zur Arbeit." Damit fing nämlich alles an.

Die Anstaltsleitung, die Justiz, wollte mich einfach zermürben – steter Tropfen höhlt den Stein.

Nicht bei mir!

Ich habe schon einmal erwähnt, dass mit der Einführung beziehungsweise der Erlaubnis zur Benutzung eines Fernsehgerätes im Haftraum der Justiz ein richtiger Clou gelang. Sie stellten nämlich einen scheinbaren Frieden innerhalb einer Justizvollzugsanstalt her. Die Gefangenen können heute auch telefonieren, allerdings werden die Gespräche überwacht. Doch meine ich, dass diese vermeintlichen Freiheiten den Gefangenen viel mehr einsperren als alles andere. Es wird kaum noch geschrieben und ebenso wenig gelesen. Das Gehirn braucht sich nur noch berieseln zu lassen und kann beim Konsumieren der täglichen Fernsehserien und Filme auf ein Minimum zusammenschrumpfen.

Und was passiert? Nicht einmal mehr die Minimalanforderungen können erfüllt werden. Es werden kaum noch richtig begründete und formulierte Anträge gestellt, also ist es für die Justiz ein Leichtes, sie abzulehnen.

Kaum einer wagt es noch, seine sowieso auf ein Minimum reduzierten Rechte wahrzunehmen, zumal kaum einer weiß, welche Rechte ihm denn zustehen.

Bei einer Landtags- oder Bundestagswahl nehmen gerade einmal drei Personen einer Abteilung an einer Briefwahl teil.

„Mann, da muss ich ja was ausfüllen!"

„Was? Ich muss die Unterlagen bestellen und sie dann wieder wegschicken? Das artet ja in Stress aus!"

Was will man dazu noch sagen?

Es gibt allerdings auch genug Fachwissen auf einer Abteilung. Während meiner letzten Haftzeit ließ ich mir von einem Zellennachbarn einen Kurs in Geschichte erteilen. Hermann war leider lebenslänglich verurteilt, war aber ein fundierter Kenner der Geschichte. Außerdem verfügte er über ein sehr gutes Allgemeinwissen und war während der Zeit, in der wir auf einer Abteilung lagen, mein Umschlusspartner. Wir kochten zusammen, diskutierten, schmiedeten Pläne oder weinten. Er war ein äußerst gebildeter Mensch. Ich mochte ihn sehr.

Menschen wie Hermann, die Gespräche, meine Bücher und die Musik ließen mich die Zeit in diesem Gewaltsystem überstehen.

Ich muss dies zwischendurch immer wieder einmal zum Ausdruck bringen. Nicht dass der Eindruck entsteht, dass die Trauer, die Einsamkeit, der Zorn über erlittene Unbill, die Demütigungen und die Erniedrigungen gar nicht so schlimm waren, denn sonst wäre ich ja nicht immer wieder ins Gefängnis gekommen.

Trotzdem nahm ich das Risiko der Verhaftung immer wieder in Kauf, holte mir bei meinen Taten meine „Streicheleinheiten", meine Bestätigung. Ich war zwar auf der falschen Seite, aber da war ich einer, war der Siggi, und ich war gut in meinem Job.

Über dieses Rätsel, das ich bis heute nicht vollständig lösen konnte, kam ich schon so manches Mal ins Grübeln und ich fragte mich: Was war oder bin ich für ein Mann? Ein Mann, der andere ihres Besitzes beraubt und der trotzdem von sich sagt, dass er ein ganz normales Leben führt. Ein Mann, der über ein Drittel seines Lebens im Gefängnis verbrachte und sich selbst als einen völlig normalen Familienvater ansieht.

In der Einstellung vielleicht, im Wunschdenken vielleicht, aber im wirklichen Leben, in der Realität muss ich verneinen. Kein „normaler" Mann überfällt zum Beispiel eine Bank.

Und damit bin ich wieder bei der Rekapitulation meiner traurigen damaligen Realität angekommen.

Mein permanentes Lernen

War es mir denn nicht möglich, aus meinen eigenen Fehlern zu lernen? Zu diesem Thema las ich Auszüge einer Rede, die der Schriftsteller David Foster Wallace vor Absolventen des Kenyon College in Ohio hielt. Es war die Abschlussrede. Er sprach über das alte Klischee, dass man in einem geisteswissenschaftlichen Studium nicht das Wissen lerne, sondern das Denken.
Wallace erzählte den College-Absolventen, wie er als durchschnittlicher Erwachsener jeden Tag die grausamsten Situationen durchleben musste. Nicht nur die großen Verzweiflungen, sondern vor allem die Kleinigkeiten wie den Feierabendgang in den Supermarkt: Stau auf dem Hinweg, Schlangen an der Kasse, eine unfreundliche Kassiererin.

... Und dann müssen Sie mit Ihren Lebensmitteln in den schauderhaften, hauchdünnen Plastiktüten im Einkaufswagen mit dem eiernden Rad, das immer so nervtötend nach links zieht, draußen über den überfüllten, holprigen und zugemüllten Parkplatz gelangen und die Tüten möglichst so im Wagen verstauen, dass nicht alles rausfällt und auf der Heimfahrt im Kofferraum herumkullert ...

Weiterhin sagte Wallace:

Das Erwachsenenleben besteht zum Teil aus solchen Momenten, die frustrierend sind wie das eiernde Rad am Einkaufswagen.

Wenn Sie aber wirklich zu denken gelernt haben und aufmerksam sein können, dann wissen Sie, dass Sie eine Wahl haben. Dann steht es in Ihrer Macht, eine proppenvolle, heiße und träge Konsumhölle als nicht nur sinnvoll, sondern als heilig anzusehen, weil sie mit Energie geladen ist, die Sterne erschaffen könnte ...
Nicht dass so ein mystischer Murks unbedingt wahr wäre: Im Vollsinn des Wortes wahr ist nur, dass es Ihre Entscheidung ist, wie Sie die Dinge sehen wollen.

Diese Rede ist für mich eine klare Antwort auf die bohrende Frage nach dem Lernen.

Es ist ganz einfach: Ich werde natürlich enttäuscht, wenn ich lerne, Dinge anders zu machen. Nicht weil ich Dinge anders zu machen nicht lernen könnte – dies wird schon klappen, aber das Gelernte hilft mir in wichtigen Momenten nicht weiter. Ich werde nicht erfolgreich, weil ich lese, wie ich erfolgreich werde. Eigentlich weiß dies jeder.
Das wirklich Wichtige lerne ich nicht, wenn ich die Dinge anders mache – nein, ich lerne es, wenn ich die Dinge anders sehe.
Wer dies einmal verstanden hat, kann aus allem lernen. Ich kann in der Schule, im Gefängnis lernen, von den Menschen um mich herum, egal wo und von wem. Selbst in dem Gewaltsystem eines Gefängnisses kann ich lernen. Auch wenn mir die Umgebung wie ein einziger großer Müllhaufen vorkommt, kann ich von einem Menschen lernen, diesen Müllhaufen als einen großen Spielplatz oder als eine Schule zu betrachten. Aus diesem Grunde mochte ich Hermann so gern. Ja, es sind manches Mal Plattitüden, die ich so von mir gebe.
Auch das Folgende gab Wallace den Absolventen mit auf den Weg:

Tatsache ist aber, dass Plattitüden in den alltäglichen Grabenkämpfen des Erwachsenendaseins eine lebenswichtige Bedeutung haben können."

Dies ist meiner Meinung nach die „Moral von der Geschichte". Ich kann voller Überzeugung sagen: Ich habe gelernt, denn ich sehe heute die Dinge anders als früher. Dies muss man wirklich und wahrhaftig anders sehen. Dadurch, dass ich die Dinge anders sehe, ist mir auch klar geworden, dass mir eigentlich niemand etwas beibringen kann, nur ich selbst.
An meiner Lebensgeschichte gibt es einiges, was zu bereuen wäre. Ich würde, wenn ich es noch einmal tun könnte, heute in meinem Leben einiges anders machen. Und doch denke ich: Ich bin ich geblieben. Ich bin zwar demütiger geworden, aber immer noch ich. Ich habe meinen Kopf behalten, ein Charakterkopf wie der meinige ist mir hundert Mal lieber als der Kopf des Jura studierten Vorsitzenden eines Landgerichtes, der lügt, der das Recht beugt, wie es ihm beliebt, und der sich als eine der Säulen der Menschheit betrachtet. Ich sage, es ist ein voreingenommenes, das Recht verbiegende, ein menschenverachtendes und

charakterlich verkommenes heuchlerisches Wesen. Da bleibe ich lieber der, der ich bin.

Dies mag jetzt wieder so aussehen, als würde ich mich über andere Personen stellen wollen. Aber dem ist nicht so. Ja, ich bin demütiger geworden. Bei Personen der Justiz und des Jugendamtes bin ich als Geschädigter vielleicht nicht immer ganz objektiv, aber wer kann das schon sein mit einer Vorgeschichte wie meiner?

Ansonsten habe ich mir meinen Optimismus bewahrt und Disziplin an den Tag gelegt, nicht zu vergessen mein Engagement für Jugendliche, im Speziellen für gefährdete Jugendliche. Die anderen, die sowieso gute Lehrmeister in ihren Eltern oder anderen Bezugspersonen haben, bedürfen meiner Hilfe nicht. Die Gefährdeten brauchen neue Ideale, neue Ziele. Auch wenn diese illusorisch erscheinen, sollte man schon mal nach den Sternen greifen und sich nicht zu schnell zufriedengeben.

Wie gesagt: Optimismus und Disziplin begleiten mich bis zum heutigen Tage. Beide Eigenschaften befähigen einen Menschen, etwas anzugehen, etwas zu wagen. Glauben Sie nur nicht, dass ich ohne Optimismus und Disziplin als Einbrecher oder Räuber etwas hätte erreichen können. Nein, auch hier wird vor den Erfolg der Fleiß gesetzt. Von nichts kommt nichts, egal was man tut.

Dieser mehrseitige Exkurs sei mir erlaubt, wobei ich feststellen muss, dass ich hiermit nicht vom Thema abweiche, sondern dass es nur nicht unbedingt hierher passt. Dennoch ist es wichtig zu erklären, wie sich das Gefängnisleben darstellt und was mich befähigt, nicht mehr in einem solchen leben zu müssen.

Einbruchswerkzeug Lkw

Ich werde im Folgenden noch manche traurige, fast schon traumatische Begebenheit niederschreiben müssen.
Wie gesagt, die letzten Fehlschläge brachten Lothar, Karlheinz und mich dazu, unsere Arbeitsweise zu überdenken. Egal wie die Fehlschläge zustande gekommen waren, wir mussten etwas ändern.
Wir entschlossen uns, in Zukunft bei Überfällen auf Juweliergeschäfte mit einem Lkw in die Scheibe zu fahren. Die Einzelheiten spare ich mir, denn ich möchte niemanden ermutigen, etwas Ähnliches zu riskieren, es gehört nämlich mehr dazu, als einfach nur mit einem Lkw in eine Juwelier-Schaufensterscheibe zu fahren.
Unser Spezialist für Autos war Lothar. Und das, obwohl wir alle unsere Erfahrungen mit Autos hatten. Karlheinz hatte im Gefängnis den Lkw-Führerschein gemacht, während ich zusammen mit Heinz, dem Bruder von Peter, der bei mir Sore vom Einbruch unterbaut hatte, eine Autowerkstatt aufgemacht hatte. Wir hatten uns auf Mercedes-Benz spezialisiert und ich lernte alles, was ich über diese Autos wissen musste, von Heinz. Er war ein absoluter Mercedes-Benz-Spezialist, kannte und wusste alles von diesen Autos. Wir hatten eine Richtbank und verschiedene Richtsätze, wir bauten eine neue Werkstatt in einer Größe von 15 mal 30 Meter mit Hebebühnen und allem Schnickschnack, zum Teil unterkellert, zum Teil mit Dachboden. Wir verfügten über einen versteckten Raum unterhalb der Garagen. Hier bauten wir die gestohlenen Autos auseinander. 25 Prozent der Werkstatt gehörten mir. Ich war wegen 112 Mercedes-Benz-Diebstählen angeklagt, wurde aber nur für 12 verurteilt.
Heinz und ich gingen im Streit auseinander und die Werkstatt wurde für 600.000 DM versteigert, obwohl sie das Doppelte wert war. Von dem Erlös sahen wir beide nichts, denn wir wurden rechtskräftig verurteilt. Die Auto-Diebstähle brachten mir eine Haftzeit von zwei Jahren und sechs Monaten ein. Es gäbe zu viel zu lesen, wenn ich näher darauf eingehen würde. Dieser kurze Einblick soll nur zeigen, dass ich auch mit Autos meine Erfahrungen hatte.

Übrigens hatten sich damals zwei Ingenieure von Daimler-Benz bei mir angesagt. Sie wollten wissen, wie ich bei den Diebstählen die Türen der Fahrzeuge geöffnet hatte. Nachdem ich mich erkundigt hatte, was sie für diese Information zahlen würden, ließen sie mir ausrichten, dass ich doch einiges gutzumachen hätte. Ich sollte helfen, dass sich derartige Diebstähle nicht wiederholen. Ich lehnte es ab, mit ihnen zu sprechen. In der damaligen Zeit war ich eben so.

Meine Komplizen und ich einigten uns also auf 7,5 Tonnen, um damit die Schaufensterscheiben zu zerstören. Allerdings mussten die Lkws über eine Laderampe verfügen.
Karlheinz, der von uns dreien der beste Lkw-Fahrer war, fuhr den 7,5-Tonner, Lothar wie immer den Fluchtwagen und ich stahl den Schmuck aus dem Schaufenster.
Wir verübten zahlreiche erfolgreiche Blitzeinbrüche, stellvertretend sind hier einige wenige geschildert.

Einer der Juweliere, die wir ausraubten, hatte sein Geschäft in einer Fußgängerzone. Karlheinz fuhr den Lkw, während ich auf dem Beifahrersitz saß. Wir fuhren bis kurz vor das Geschäft, dann dirigierte ich ihn. Lothar folgte uns im Fluchtauto, es ging fast einen Kilometer über die Fußgängerzone. Nachdem wir das Schaufenster zertrümmert hatten, holte ich für eine knappe Million Schmuck aus dem Laden, genau waren es 997.000 DM.
Über den Polizeifunk hörten wir später die Meldung: „Hier ist es, als ob eine Bombe eingeschlagen hätte, es sieht aus wie im Krieg." Zu der Zeit waren wir schon längst im Fluchtauto unterwegs.

In einer anderen Stadt, ebenfalls in einer Fußgängerzone, brachte uns ein Einbruch mit jeder Menge Zerstörung vor und im Geschäft „nur" knapp 200.000 DM. Hier kann ich sagen, dass ich einen Schutzengel hatte, denn die Schaufensterscheibe war in der Mitte durch den Lkw durchtrennt worden, aber ein etliche Zentner schweres Stück der Scheibe hing oben fest, allerdings nicht mehr sehr fest, und ich hatte großes Glück, dass mir beim Greifen des Schmucks nicht mein Arm durchtrennt wurde. Wenn das obere Stück heruntergekracht wäre, hätte ich mit Sicherheit schwerste Verletzungen davongetragen, wenn nicht sogar meinen rechten Unterarm verloren.

Hinweg mit Schaden! Was dich nicht umwirft, macht dich nur noch härter. Das war früher einer meiner beliebtesten Sprüche. Ich bin mir aber gar nicht so sicher, ob ich tatsächlich so hart war.

Karlheinz hatte durch die letzten guten Jobs, die wir gemacht hatten, neue Lkws angezahlt und musste sich um seine Spedition kümmern. Das Geschäft lief allerdings sehr schlecht und er konnte kaum die Raten für die Lkws aufbringen. Trotzdem wollte er erst einmal kürzertreten.

Lothar und ich hatten für seine Situation Verständnis, denn das Auskundschaften der richtigen Objekte nahm viel Zeit in Anspruch. Wir fuhren durch die gesamte Bundesrepublik, um geeignete Objekte zu finden, es mussten Wege abgefahren und Wechselparkplätze gesucht werden, ebenso Warteplätze und einiges mehr. Wenn wir weit weg von zu Hause waren, blieben wir meist zwei bis drei Tage vor Ort. Wichtig war auch zu bedenken, dass wir uns nicht in unmittelbarer Nähe des Objekts einquartierten. Es gab vieles zu beachten. Also arbeiteten Lothar und ich zwei Objekte allein aus und führten sie auch allein durch.

Vorher gab es aber noch eine Sache zu bereinigen. Lothar war nämlich in der Wohnung, in der er untergekommen war, überfallen worden. Er wohnte dort mit einem Mädchen in einem Zimmer. Die Mutter des Mädchens, seine Vermieterin, hatte sie Lothar quasi verkauft. Sie bekam auch jeden Tag Geld von ihm, was mir letztlich egal war. Ich ging davon aus, dass er nur die Miete für die gesamte Wohnung bezahlte. Eines Nachts ging die Tür auf, zwei Burschen standen im Raum und raubten Lothar das Geld, das er bei sich hatte, ich meine, es waren 7.000 oder 8.000 DM. Einer der Räuber hielt eine Pistole auf Lothar gerichtet, während der andere seine Kleidung durchwühlte. Mit dem Geld machten sie sich aus dem Staub. Lothar konnte nicht einmal zur Polizei gehen, denn er war doch auf der Flucht. Er rief mich noch in der Nacht an und wir trafen uns am nächsten Tag.

Er hatte einen der beiden Männer erkannt, es war der Bruder des Mädchens, mit dem er das Zimmer teilte. Die Familie des Mädchens wusste, das Lothar auf der Flucht war, und dieser Bursche hatte Spielschulden. Um diese begleichen zu können, wurde der Plan gefasst, Lothar zu überfallen. Schließlich konnte er nicht zur Polizei gehen.
Wir nahmen uns etwas Zeit, und Lothar, der nicht erkennen ließ, dass er den Mann erkannt hatte, erfuhr, in welcher Kneipe dieser gewöhnlich spielte. Wir nahmen die drei hoch, befahlen ihnen, ihr Bargeld auf den Tisch zu legen – es waren knapp 2.000 DM –, und Lothar sagte zu dem Sohn der Vermieterin: „Noch einmal und ich mach dich alle! Dies gilt auch für deine Freunde. Schau zu, dass du mir mein restliches Geld besorgst, dann ist die Sache für mich erledigt."
Lothar erzählte mir später noch, dass die Kumpanen dieses Mannes ihm noch eine Faust ins Gesicht verpasst hatten.

Einen weiteren Juwelierladen überfielen Lothar und ich einer Großstadt, und zwar mitten in der Innenstadt in der Fußgängerzone. Ganz in der Nähe war die Polizeiwache. Von anderen Einbrechern hatte ich gehört, dass sie in diesem Bundesland nicht so gern „arbeiteten", weil das Gefängnis so schlimm sei. Ich wollte wissen, was so schlimm war und sagte: „Egal wo du im Knast bist, es ist überall scheiße." Und doch hielt sich hartnäckig das Gerücht, die Polizei in diesem Bundesland sei härter bei der Verhaftung. Wer dies behauptet, kennt die Polizei in anderen Bundesländern nicht. Wahrscheinlich ist es überall gleich, nur empfindet jeder die Behandlung anders.
Lothar und ich blieben zwei Tage vor Ort. In dieser Zeit besorgten wir ein Tatfahrzeug, ein Fluchtauto und einen Lkw, alles so kurz wie möglich vor der Tat. Ferner wählten wir einen Fluchtweg und fuhren diesen einige Male ab.
Gegenüber des Juwelierladens war ein Gebäude der Stadt mit einem Arkadengang. In diesem hielten sich einige Menschen auf, die irgendwelche Bilder malten, sich unterhielten und rauchten.
Außerdem befand sich ein Eingang zur U-Bahn in unmittelbarer Nähe. Ich will damit sagen, dass auch zu später Stunde immer Betrieb in diesem Teil der Stadt war.

Lothar fuhr den Lkw, ich das Fluchtauto. Lothar rammte die Juwelierscheibe, als ich gerade den Fluchtwagen mit laufendem Motor in Position gestellt hatte. Ich stieg aus, kroch in den Laden und verstaute die Schmuckstücke und Uhren in meinem Beutel.

Eine Besonderheit gab es hier, deswegen erzähle ich das so genau.

Als Lothar in die Scheibe fuhr und ich bereitstand, um den Schmuck einzusammeln, sprang plötzlich ein Mann vom Boden in die Höhe und blieb stocksteif an einer Stelle stehen, er bewegte sich nicht, sagte nichts, sondern stand nur wie ein Denkmal dort.

Ich hatte zügig gearbeitet und die eine Hälfte des Ladens war so gut wie leer. Ich sah allerdings noch eine Rolex komplett in Gold an einer etwas weiter entfernt liegenden Stelle des Ladens glitzern. Lothar hatte aber schon gerufen und ich wusste, die Zeit wurde knapp. Wenn ich nun noch die Uhr holen würde, könnte es eng werden.

Ich drehte mich zu dem jungen Mann, der wie ein HB-Männchen hochgesprungen war, um und sagte zu ihm: „Hör einmal, da hinten liegt noch eine goldene Rolex. Wenn du dich beeilst, kannst du sie dir einsacken, ehe die Polizei hier ist." Und schon war ich weg. Die Flucht gelang gut, wir hörten zwar die Polizeisirenen, sahen aber die Fahrzeuge nicht.

Ich weiß nicht, ob sich der junge Mann die Uhr holte und ob er mich überhaupt verstanden hatte. Seinem Aussehen nach zu urteilen war er ein Vietnamese.

Von den Malern in den Arkaden kam keiner auch nur auf die Straße, wahrscheinlich waren sie alle zugedröhnt.

Für uns hatte sich die „Arbeit" gelohnt, die Beute bestand aus Uhren und Schmuck im Wert von knapp 500.000 DM.

In einer Großstadt am anderen Ende der Republik lief es ganz anders. Lothar und ich wollten das Objekt auskundschaften, doch ich war zu dieser Zeit mit meinem jüngsten Sohn in Urlaub. Und weil ich ihn auf keinen Fall allein lassen wollte, fuhr ich mit ihm zu der Familie, bei der Lothar wohnte. Ich sprach mit einer etwa zwanzig Jahre alten Tochter der Vermieterin und bat sie, für etwa zwei Tage auf Dennis aufzupassen. Dafür gab ich ihr 200 DM, 100 DM für Dennis und 100 DM für sich.

Nun konnte ich beruhigt mit Lothar losfahren.

Alles war wie gehabt: Tatwagen, Fluchtwagen und Lkw.

Das Geschäft befand sich an einer sehr belebten Stelle in der Innenstadt. Hier war immer etwas los. Leider machten wir einen Fehler. Die Schaufensterscheiben des Juwelierladens waren von der äußeren Wand aus gesehen ziemlich weit nach hinten versetzt, außerdem waren die Mauern zum Fenster hin abgerundet, aber sehr schön mit Marmor gefliest. Vor den Schaufensterscheiben befanden sich Kellerroste, aus denen warme Luft aufstieg, und auf einem dieser Roste lag ein Mann, wahrscheinlich ein Obdachloser. Wir kümmerten uns nicht weiter um ihn. Lothar fuhr mit Schwung in Richtung Scheibe, aber wir konnten aufgrund der Tiefe nicht so dicht heranfahren, dass ein Loch zustande gekommen wäre. Die Wände waren zerstört, ebenso die Scheibe, jedoch hatte sie kein Loch. Also kamen wir nicht an den Schmuck heran.

Der Obdachlose, der sich inzwischen aufgerichtet hatte, rief pausenlos: „Ich habe nichts gesehen, ihr könnt euch drauf verlassen, ich habe nichts gesehen."

Ein Taxifahrer, der an dem Geschäft vorbeifuhr, blieb stehen und schaute uns zu, bis ich ihm klarmachte: „Genug gesehen, verpiss dich!" Da fuhr er weiter, er rief aber mit Sicherheit die Polizei.

Wir kamen trotz allem gut weg, zwar ohne Beute, aber auch ohne weitere Komplikationen.

Lange nach meiner Verhaftung bekam ich die Akten zu lesen. Bei diesem Fall hatte der Obdachlose tatsächlich ausgesagt, er hätte nichts gesehen.

Und es war eben so: Außer Spesen nichts gewesen.

Einige Tage, einige Taten

Ich brachte Lothar nach Hause und holte meinen Sohn ab.
„Alles okay?", fragte ich die junge Frau.
„Ja, alles in Ordnung."
Auf der Fahrt zu unserem Urlaubsziel machten wir auf einen Rastplatz Halt und spielten mit einer Frisbee-Scheibe. Auf einmal hielt Dennis inne und sagte: „Die hat mich gehauen."
Ich wollte wissen warum und er erzählte mir, dass sie ihm etwas, das er gern gehabt hätte, nicht gekauft hatte, obwohl ich ihr doch Geld für ihn gegeben hatte. Ich hatte ihr auch klipp und klar gesagt: „Komm nicht auf die Idee, meinen Sohn zu hauen, egal wo oder warum." Ich hatte dies schon in weiser Voraussicht gesagt, weil ich wusste, wie in der Familie der jungen Frau mit Kindern umgegangen wurde. Ich versicherte Dennis: „Wir kehren um und dann rede ich mit ihr. So etwas gibt es nicht, keiner hat dich zu hauen."
An der nächsten Abfahrt verließen wir die Autobahn und fuhren ein paar Hundert Kilometer zurück. Ich erwischte die junge Frau auch und stellte sie zur Rede. Ihre Erklärungen waren für mich nicht maßgebend, sie hatte meinen Sohn nicht zu schlagen, egal was auch geschehen sein mochte.
Ich gab ihr aufgrund dieses Vorfalls ebenfalls eine Ohrfeige. Zudem versprach ich Dennis, ihn nirgends mehr allein zu lassen. Und dieses Versprechen hielt ich.

Eine andere Sache erlebte ich mit Karlheinz. Dieser hatte sich von Lothar und mir mehrmals Geld geliehen, um seine Fahrer, seine Raten, Reifen und Diesel zu bezahlen. Er hatte mit einem Logistikunternehmen einen Vertrag abgeschlossen und musste von jeder Fahrt vom Brutto-Verdienst fünfundzwanzig Prozent hergeben – es war einfach nicht zu glauben.
Später fand er ein Unternehmen, bei denen er die üblichen Konditionen von fünf Prozent angeboten bekam.

Wie dem auch sei, wir wollten unser Geld zurückhaben und Karlheinz machte einen Juwelier aus, den wir ausrauben konnten.

Unseren Überfall planten wir für sechs Uhr morgens. In unmittelbarer Nähe des Geschäfts befand sich der Zugang zur U-Bahn, davor baute gerade ein Obsthändler seinen Stand auf. Das Schwierigste war, wir konnten das Geschäft nicht direkt von der Straße aus anfahren, weil der Bürgersteig mit Zementpollern bestückt war. Um das Geschäft zu erreichen, mussten wir bis zu einer Seitenstraße zurückfahren, um von dort aus hundert Meter über den Bürgersteig bis zum Juweliergeschäft zu gelangen. Bei dieser Fahrt hinterließen wir ein einziges Schlachtfeld. Alle Geschäfte an dieser Straße hatten Markisen, die mehr oder weniger weit über den Bürgersteig ragten. Sie waren aus Kunststoff oder Glas, zum Teil als Schutz vor Regen oder manchmal auch nur zu dekorativen Zwecken. Weil der Lkw höher als die Markisen und der Bürgersteig nicht so breit war, dass wir daran hätten vorbeifahren können, fuhr Karlheinz die Markisen einfach ab.

Auf der Straße und rund um den U-Bahnschacht herrschte bereits ein reges Treiben. Viele Menschen waren auf dem Weg zur Arbeit. Wir hatten gewusst, was hier um diese frühe Tageszeit los sein würde, hatten uns maskiert und waren bewaffnet. Ich trug einen Staubmantel, darüber einen Gürtel und hinter diesem steckte ein Revolver. Lothar, der im Fluchtauto auf der Straße vor den Pollern wartete, hielt unsere abgesägte Schrotflinte aus dem Fenster, während Karlheinz immer wieder die Schaufensterscheibe des Juweliergeschäftes rammte, er fuhr bestimmt sechs Mal vor und wieder zurück.

Es war eine außergewöhnlich starke Scheibe und er schaffte es gerade einmal, nur einen Spalt in die Scheibe zu bekommen. Lothar hupte schon von der Straße her, außerdem hörten wir bereits die ersten Polizeisirenen. Ich musste mich beeilen und angelte mit Mühe und Not sechs Rolex-Uhren aus dem Fenster, diese waren noch nicht einmal aus Voll-Gold. Zwei der Uhren waren aus Stahl und die anderen vier aus Stahlgold. Wir konnten entkommen, aber es war schon ziemlich knapp. Nach der Verhaftung und nach Durchsicht der Akten stellte ich fest, dass der Angestellte in der Schadensaufstellung zusätzlich zu den geraubten Uhren sechs goldene Rolex-Uhren aufgeführt hatte.

Dies war beileibe kein Einzelfall, aber ist es nicht auch kriminell?
In einer Stadt war es sogar üblich, dass ganz bestimmte Polizisten immer möglichst schnell zu einem Einbruchstatort fuhren. Dort luden sie ein, was es einzuladen gab: Fernsehgeräte, Kochtöpfe, Bekleidung – einfach alles. Erst als sich nach einigen Jahren herausstellte, dass bei Einbrüchen, die diese vier Polizisten vor Ort untersucht hatten, immer mehr fehlte, als der Einbrecher tatsächlich mitgenommen hatte, wurden sie überführt und bestraft.
Ja, es sind deine Freunde und Helfer, sie helfen dir, deine Sachen verschwinden zu lassen.
Nachdem bei mir einige Gegenstände sichergestellt und in die Asservatenkammer des Polizeipräsidiums verbracht worden waren, fehlten in dem Tütchen mit Diamanten alle Steine über 0,5 Karat, zudem eine goldene Corum-Uhr und eine neue Pistole. Wohlgemerkt – in der Asservatenkammer der Polizei.
Noch Fragen?

Wie ich ja weiter oben schon erwähnt habe, wird sich bei der Justiz teilweise im großen Stil selbst bedient. Und wenn es bei einem der Beamten zu auffällig wird, heißt es: „Nun ja, ein Einzelfall. Es sind alles nur Menschen."
Natürlich sind es alles nur Menschen und ich bin der Letzte, der irgendjemanden wegen eines Eigentumsdeliktes verurteilt, im Gegenteil. Aber diese Heuchelei, alles nach dem Prinzip „Haltet den Dieb!" kotzt mich einfach an. Keiner geht hin und posaunt durch die Gegend, dass er ein Dieb ist.
Aber warum halte ich nicht einfach meinen Mund, anstatt mich aufzuspielen, als sei ich der Bruder Jesu.

Zwei Blitzeinbrüche noch und einen Banküberfall, danach komme ich zu unserer Verhaftung.

Bei einem der Blitzeinbrüche erbeuteten wir 60 Ebel-Uhren, Damen- wie Herrenuhren aus Stahl, Stahl-Gold und Voll-Gold. Diese Uhren brachte ich jetzt zu meinem alten Spezi, Botscha. Mein Hehler kam mit

dem Verkauf nicht nach und hatte immer Schulden bei uns beziehungsweise bei mir, Karlheinz und Lothar kannten ihn überhaupt nicht.
Ich gab Botscha die Uhren in Kommission. Ich wollte eine bestimmte Summe für das Diebesgut haben und wir einigten uns auf einen Preis. Ich wusste, dass ich mein Geld bekommen würde.
Nach circa sechs Wochen zahlte mich Botscha aus und es war mir egal, wie viel er daran verdiente. Ich gab ihm auch Schmuck und immer verliefen unsere Geschäfte reibungslos. Insgesamt bekam Botscha Uhren und Schmuck für schätzungsweise 2 Millionen DM, es kann auch mehr gewesen sein, weniger war es auf keinen Fall. Eine goldene Ebel verkaufte ich meinem alten Mithäftling, darauf gehe ich jetzt aber nicht näher ein.

Ein weiterer Einbruch galt einem persischen Teppichhändler. Dort nahmen wir zwanzig Hereke-Seidenbrücken und einige andere Seidenteppiche – Isfahan, Ghoum und Keshan – mit. Die Hereke-Brücken waren in einem Schrank gelagert, die anderen im Schaufenster. Mit dem Hammer schlug ich die Scheibe ein, dann brachte ich den Hammer ins Auto zurück und stieg zusammen mit Karlheinz in den Laden ein. Ich kümmerte mich um die Seidenbrücken im Schrank und Karlheinz um die anderen Teppiche. Wir lösten natürlich den Alarm aus, und als ich zum zweiten Mal aus dem Geschäft kam, beide Hände voll mit Seidenbrücken, kam mir im Laufschritt ein Wachmann entgegen, mit Funkgerät an den Lippen. Er sah mich, lief aber an mir vorbei. Ich eilte mit den Teppichen ins Auto und ab ging die Reise. Während der Fahrt hörte ich über Funk, wie der Wachmann der Polizei Folgendes mitteilte: „Vier Typen, alle so um die 180 bis 200 Zentimeter groß, breitschultrig, riefen sich etwas zu, ich meine, es wären Osteuropäer gewesen, ich kann es aber nicht genau sagen."
Das war schon sehr merkwürdig. Der Mann war an mir vorbeigelaufen und ich bin alles, nur nicht 180 Zentimeter groß. Er hatte unser Fahrzeug gesehen, aber der Polizei erzählt, dass er das Fahrzeug nicht erkannt habe, angeblich sei es eine Limousine gewesen und das Kennzeichen wäre nicht zu erkennen gewesen. Er hatte den viertürigen Golf sehr wohl erkannt, wahrscheinlich auch das Kennzeichen. Wir verstan-

den es nicht, aber so lief es gut für uns und ich beklagte mich nicht über die Aussagen des Wachmannes.

Ein Juweliergeschäft, das wir für einen Raub ins Auge gefasst hatten, befand sich in einem Einkaufszentrum. Wir trafen einige Vorbereitungen, sodass uns die Wachleute nicht gleich stören konnten. Wir stiegen alle drei aus den Fahrzeugen und schlugen insgesamt drei Fenster ein, die wir anschließend so gut wie leer räumten. Lothar hatte sich allerdings vertan und eine Scheibe eingeschlagen, hinter der nur Silberschmuck lag. Diesen verschenkten wir später oder warfen ihn weg. Es war nicht schlimm, denn der Wert der übrigen Beute war hoch genug.
Wir hatten die Flügeltüren, die in das Einkaufszentrum führten, vorher verkeilt und verließen das Gebäude nun auf dieselbe Art und Weise, wie wir hineingekommen waren, nämlich mit dem Auto. Es war schon eine ziemlich spektakuläre Aktion. Unser Fluchtweg war auch vom Feinsten, wir fuhren einen Weg, den man eigentlich gar nicht fahren konnte. Schnell waren wir außer Gefahr, verfolgt und erwischt zu werden.

Dasselbe Einkaufszentrum suchten wir später noch einmal auf eine noch spektakulärere Art und Weise heim. Wir gelangten über die außen gelegene Treppe nach oben zu einem Möbelgeschäft mit gleichzeitigem Teppichhandel, schlugen dort die Scheibe ein und liefen durch den ganzen Laden bis zu einem Glaskasten, der mit edlen Teppichen bestückt war. Diesen zerstörten wir, um anschließend mit den Teppichen unter dem Arm denselben Weg wieder zurückzulaufen. Das war schon ein dreistes Stück.
Ich hörte und las später die Aussagen verschiedener Zeugen und erfuhr, dass einige von ihnen gedacht hatten, es würde gerade ein Film gedreht werden.

Wir überfielen auch eine Sparkasse. Dass wir dort eine Person mit einer Waffe bedrohten, bereitet mir heute noch Kopfschmerzen. Es ist die eine Sache, eine Aktion wie oben geschildert durchzuführen, aber es ist eine andere Sache, jemanden mit einer Waffe zu bedrohen. Wenn es ebenfalls ein Ganove ist, gibt es unter Umständen untereinander Stress, aber bei fremden Personen, die nicht damit rechnen, ist es etwas anderes. Ich dachte schon ziemlich früh über die Folgen solcher Taten nach und vermied es bis auf dieses eine Mal, Diebstähle auf diese Art und Weise auszuführen. Ich benutzte nie eine Waffe, was auch nicht nötig war. Was heißt, ich benutzte keine Waffe? Das ist nicht ganz richtig. Ich benutzte sie schon, feuerte sie nur nicht ab. Da ich aber mit der Waffe Personen bedrohte, benutzte ich sie auch.

Wir gingen zu zweit in diese Sparkasse, Karlheinz lief durch bis zum verschlossenen Kassenhäuschen und ich bedrohte die anwesenden Personen mit unserer abgesägten Schrotflinte. Bei Überfällen taten wir immer so, als seien wir Ausländer, die gebrochen Englisch sprachen. „Close your eyes!" und „On the floor!" gehörten zu unseren Standardsprüchen.

Ein Kunde oder ein Angestellter wurde mit einer Waffe bedroht und schon öffnete sich das Kassenhäuschen. Bei diesen Überfällen ging es mir um das Geld der Bank. Während der Tat gingen wir sehr professionell vor und mein Mitgefühl hielt sich in Grenzen. So war es fast immer. Doch wenn alles vorbei war und ich die Tat reflektierte, hatte ich schon sehr oft ein mulmiges Gefühl. Dieses Gefühl wurde umso geringer, je öfter ich eine solche Tat beging.

Bei diesem Sparkassenüberfall benutzten wir einen Weg, der parallel zur Hauptstraße verlief. Auf der Hauptstraße fuhr die Polizei, auf der Nebenstraße fuhren wir, und zwar an der Polizei vorbei. Das Tatauto stand dann vierzehn Tage an ein und derselben Stelle in dieser Stadt, und obwohl die Angestellten es beschrieben hatten, übersah die Polizei es immer. Zunächst hatten wir den Verdacht, dass die Polizei den Wagen dort bewusst stehen ließ, um zu beobachten, wer ihn abholte, bis wir feststellten, dass sie ihn überhaupt noch nicht entdeckt hatte. Nach vierzehn Tagen holten wir den Wagen dort weg, um ihn später für einen anderen Einbruch erneut zu benutzen.

Zu diesem Überfall muss ich später noch etwas schreiben.

Zwischenzeitlich hatte das Landeskriminalamt unter anderem eine Sonderkommission gebildet, die „SOKO Blitz". Alle Diebstähle von

Fahrzeugen der Marke Golf wurden nicht nur bei der örtlichen Polizei, sondern auch bei einer dafür eingerichteten Stelle im Ruhrgebiet gemeldet. Und der Golf war ja unser bevorzugtes Fluchtfahrzeug, bevorzugt GTI oder G60 16 V, die allerdings seltener zu finden und vor allem auch schwerer zu stehlen waren.

Das Landeskriminalamt sammelte Informationen zu allen in der Bundesrepublik verübten Blitzeinbrüchen und das Kriminalkommissariat im Ruhrgebiet bündelte alle Diebstähle von VWs der Marke Golf. So versuchte uns die Polizei von zwei Seiten dingfest zu machen.

Mein Hehler war verhaftet worden, die Polizei hatte ihm eine Falle gestellt.

Der gute Peter verkaufte Schmuck in die Boxszene, unter anderem an einen Mann, der immer noch dort ist. Unter anderem ging auch eine goldene Rolex bis zum schönen René, es ging um Kokain und Schmuck beziehungsweise die goldene Rolex, und so wurde (siehe weiter oben meine Abhandlung zum Thema „Der rote Faden") die Geschichte durchleuchtet. Die Rückverfolgung von einer Person zur nächsten endete bei Peter. Der letzte Käufer wollte von Peter jetzt alles haben, was er noch besaß, und dieser brachte den gesamten Schmuck etlicher Einbrüche zum Treffpunkt.

Ich hatte Peter immer gesagt, er solle erst die gesamte Ware eines Einbruchs verkaufen, bevor er von mir neue Ware bekäme. Er hatte das bestätigt, handelte dann aber anders. Alles, was er nicht gleich verkaufen konnte, versteckte er im Keller hinter einem losen Ziegelstein. Und so kam es, dass er, als er mit dem Käufer zusammentraf, den Schmuck von zwölf Einbrüchen im Kofferraum hatte.

Als Treffpunkt hatte der Käufer eine Unterführung in der Stadt vorgeschlagen. Da wäre ich schon stutzig geworden. Der Käufer wartete bereits, und als Peter seinen Tresor im Kofferraum öffnete, sprang eine zehn Mann starke Polizeitruppe aus ihren Verstecken und er wurde verhaftet. So war für besagte zwölf Einbrüche zumindest klar, wo das Diebesgut geblieben war.

Zwei Tage hielt Peter es aus. Dann begann er zu „singen". Ich nahm es ihm nicht übel, war er doch das erste Mal in Haft. Er erzählte den

Beamten folgende Geschichte: Den Schmuck bekomme er angeblich von einem Siggi aus V. Dieser fahre einen roten Audi. Er arbeite mit Italienern zusammen, diese seien sehr gefährlich und sie würden seiner Familie etwas antun, wenn er irgendeine Aussage mache. Wo der Siggi wohne, wisse er nicht, nur dass er aus V. komme.
Diese Geschichte ging weiter an das LKA, das mich daraufhin observierte."
Nachdem ich von Peters Verhaftung erfahren hatte, das war noch am selben Abend, fuhr ich mit meinem Sohn in den Urlaub. Ich hatte vor nicht allzu langer Zeit eine Herzoperation hinter mich gebracht, bei der mir vier Bypässe gesetzt worden waren, und wollte mich erholen. Wir mieteten uns in eine sehr schöne Privatpension ein und mein Sohn war der Sonnenschein des ganzen Hauses. Im benachbarten Hotel machte ich eine Sauerstoff-Therapie und ließ es mir gut gehen, während meine Ehefrau in unserem Laden schuftete.

Die Verhaftung

Das LKA beobachtete unser Zuhause, beobachtete den Laden, aber ich war nicht zu finden.
Nach sechs Wochen kehrte ich wieder nach Hause zurück, ich dachte, Peter hätte nichts gesagt. Ich telefonierte mit seiner Frau, die mich auf dem neusten Stand hielt – dachte ich zumindest. Als ich ein eindeutiges Angebot von ihr ablehnte, wurden Peters Aussagen heftiger, seine Frau brachte ihn gegen mich auf.
Peter wurde nach einem halben Jahr aus der Untersuchungshaft entlassen, er hatte alles gesagt, was er wusste.
Bei seiner späteren Verhandlung bekam er zwei Jahre auf Bewährung. Wohlwollend wurde dabei zur Kenntnis genommen, dass er seine Aussagen gegen mich bestätigte, dies drückte sich auch in seinem Strafmaß aus.
Die gesamten bekannten Fälle wurden an das LKA abgegeben. Dort gab man sich allerdings mit Peters Aussagen nicht zufrieden.
Sie kannten meine Akten und gingen davon aus, dass ich nichts sagen würde beziehungsweise sagen könnte, ich hätte den Schmuck von Ausländern erhalten, die ich aber nicht namentlich kenne. Damit hätten sie immer noch nichts. Folglich wurde erst ich, später wurden wir alle drei überwacht.
Trotz der Überwachung durch das LKA verübten wir noch einige Blitzeinbrüche, es gelang mir, mich jedes Mal – wenn ich es denn wollte – der Überwachung zu entziehen. Wir wurden dann auch nicht vom LKA gefasst, sondern von der „normalen Verkehrspolizei".

Folgende Situation ergab sich aufgrund verschiedener Umstände.

1. Der Juwelierladen, den wir uns diesmal ausgesucht hatten, verfügte über einen großen vorstehenden Sims, der über dem Schaufenster angebracht war. Daher war ein rückwärtiges Einfahren in die Scheibe nicht möglich. Wir wären mit dem Aufbau an das Sims geprallt und hätten die Schaufensterscheibe nicht erreicht.

2. Weil wir keinen Lkw ohne Aufbau, der aber mit einer Laderampe versehen sein musste, fanden, blieb uns nichts anderes übrig, als einen Aufbau komplett abzubauen.
3. Wir fanden eine Firma, die Lkws vermietete. Zwischen diesen Lkws gelang es uns, einen Lkw abzuplanen und das Stahlgerüst abzubauen. Der Nachteil war, dass sich eine Tankstelle, die Tag und Nacht geöffnet hatte, in unmittelbarer Nähe befand.
4. Das letzte Problem war Lothars Wasserflasche. Diese lag noch auf dem halb abgebauten Lkw, als wir abhauen mussten, weil der Tankwart die Polizei benachrichtigt hatte. Diese Flasche mussten wir dort wegholen, weil auf ihr Lothars Fingerabdrücke waren. Dieser befand sich noch immer auf der Flucht, und wenn die Polizei mit dem Fund der Flasche feststellen konnte, dass er noch fleißig arbeitete, würden sie die Fahndung nach ihm enorm verstärken. Damit würden auch Karlheinz und ich ins Visier der Fahnder geraten.

Wir wussten nicht, dass das LKA uns schon seit Längerem im Fokus hatte. Ich hatte zwar manches Mal das Gefühl, verfolgt zu werden, aber bislang hatte ich die vermeintlichen Verfolger immer abschütteln können. Ich wusste zu diesem Zeitpunkt nicht, dass ich tatsächlich einige Verfolger des LKA abgeschüttelt hatte.

Wie dem auch sei, es war dies die letzte Nacht in Freiheit, aber das wussten wir nicht, als wir damit begannen, den Lkw abzuplanen, um anschließend den Aufbau zu entfernen.

Wir hatten das dementsprechende Werkzeug mitgebracht, Schraubenschlüssel, Kreuz- und Schlitzschraubendreher, Kombi- und Kneifzangen, nicht zu vergessen Lothars Wasserflasche.

Wenn wir auf Tour waren, trugen wir zwar immer unsere Handschuhe, aber in diesem Falle waren wir uns nicht sicher, ob Lothar die Flasche nicht auch ohne Handschuhe angefasst hatte.

Wir hatten die Plane bereits vollständig entfernt, auch ein Teil des Aufbaus war schon demontiert, als wir einen Streifenwagen an der Tankstelle ausmachten. Der Tankwart sprach mit den Polizisten und sie schauten zu diesem Stellplatz der Lkws. Dann kam der Streifenwagen in das umzäunte Areal der Verleihfirma und somit war klar, dass der

Tankwart uns gesehen hatte. Für diese Nacht konnten wir unsere Aktion vergessen.

Wir hatten unser Werkzeug eingepackt und befanden uns schon in unserem Tatfahrzeug, als Lothar einfiel, dass seine Wasserflasche noch auf dem Lkw lag.

Die Frage war: Was tun? Liegen lassen oder wegholen?

Wir stellten das Tatfahrzeug ab, holten unseren Fluchtwagen und fuhren einmal am Gelände der Verleihfirma vorbei. Karlheinz war von außen nicht zu sehen, er hatte sich hinten zusammengekauert. Aber von der Polizei war auch nichts zu sehen.

Ich sagte: „Es ist sicherer, wenn ich schnell die Flasche hole. Und dann machen wir uns vom Acker."

Gesagt, getan. Lothar fuhr auf das Gelände ich sprang aus dem Auto, dann auf den Lkw, holte die Flasche und sauste zurück ins Auto.

Als wir vom Gelände fuhren, ging es los. Ein Polizeiwagen kam aus Richtung der Tankstelle – er hatte sich verborgen gehabt, auf jeden Fall hatten wir ihn nicht gesehen –, ein zweiter Polizeiwagen kam aus einer Seitenstraße.

Nun gab Lothar Gas und ich sagte: „Jetzt gilt es! Gib Stoff und zeig ihnen, wer der bessere Fahrer ist."

Lothar war wirklich ein guter Fahrer. Das Wichtigste dabei war, er wurde nicht nervös. Ein früherer Komplize, mit dem ich schon gefahren war und der von sich behauptete, ein sehr guter Fahrer zu sein, war das genaue Gegenteil, nämlich ein miserabler Fahrer. Von diesem Franz gäbe es auch eine Menge zu berichten, doch das gehört nicht hierher.

Lothar kam auf jeden Fall weg, aber wir hatten keinen Polizeifunk dabei und konnten so nicht hören, welche Straßen bereits gesperrt waren.

Mittlerweile waren circa zehn Streifenwagen hinter uns her und Lothar fuhr immer noch vorneweg. Er nahm nun einen Weg, von dem er sagte: „Wenn ich hier durch bin, haben wir es geschafft."

Und dann kam „Meister Rambo" höchstpersönlich angerauscht. Er kam von vorn und fuhr hinter einem anderen Streifenwagen, und als Lothar auf eine Grasfläche ausweichen wollte und an dem ersten Polizeiwagen vorbeikam, fuhr Rambo seitwärts in unser Fahrzeug. Er drückte uns bis zu einem Zaun, der sich an der anderen Seite der

Grasfläche befand. Wir konnten nur an meiner Seite aussteigen, was wir auch schleunigst taten. Karlheinz rannte in eine Richtung, ich in eine andere und Lothar versuchte über den Zaun zu entkommen.

Während der Verfolgungsjagd hatten wir unsere Pistolen unter die Sitze geschoben, um sie notdürftig zu verstecken. Nur Lothar hatte seine Pistole noch in der Jackentasche, weil weder er selbst noch ich sie während dieser rasanten Fahrt aus seiner Innentasche hatten nehmen können.

„Bleib stehen!", schrie der Polizist, der mich verfolgte, aber ich rannte weiter. Plötzlich sprang mich dieser Rambo von hinten an und schlug mir, als ich kurz darauf auf dem Boden lag, mit seiner Pistole auf den Kopf. Sofort rann mir das Blut in den Nacken und über mein Gesicht. Das Anspringen und der Schlag hatten meinen kurzen Ausflug abrupt beendet.

Dieser Rambo, ein circa 185 Zentimeter großer Klotz, saß auf mir und ich sah, dass seine Hände die Pistole umklammerten, aber ich sah auch, wie diese Hände zitterten, als ob sie einen Veitstanz aufführten.

Auf einmal schrie einer der Polizisten: „Die Schweine haben Waffen mit."

Ich blieb ruhig liegen, während nun die Pistole an meine Schläfe gedrückt wurde.

„Keine Panik", sagte ich, „nur keine Panik!"

Ein anderer „Grüner" erschien auf der Bildfläche. Ich wusste nicht, ob er meine Worte gehört hatte, aber ich merkte, dass sich Rambo über das Gesagte ärgerte, denn nun bekam ich wieder einen Schlag zu spüren.

Ich hatte gerade einmal acht Monate vor dieser „Verhaftung" in London meine Bypässe erhalten, von daher war ich noch lange nicht der Alte – das würde ich wahrscheinlich auch nie wieder werden. Mich überkam ein Anflug von Panik, aber ich zwang mich zum ruhigen Atmen und nach einer halben Minute war der Anfall vorbei. Trotzdem waren meine Gedanken mehr als trostlos. Ich dachte: Jetzt ist es aus, so oder so. Lebe wohl, du schöne Welt.

„Komm hoch, du Sau!" Diese Worte rissen mich aus meinen Gedanken. Rambo hatte seinen Sitzplatz auf meiner Brust verlassen und riss mich hoch. Er zerrte meine Hände nach hinten und legte mir Handschellen an. Diese drückte er so grob zusammen, dass die Narbe noch heute zu sehen ist. Meine Hände schwollen bis auf die dreifache Größe ihres Normalzustandes an.

„Guck dir dieses Ding an!" Die Rede war von einer der Pistolen, die sich im Wagen befunden hatten. Die Pistolen von Lothar und Karlheinz – der sie unter dem Rücksitz versteckt hatte – waren noch nicht gefunden worden.

Ich bekam wieder einen Schlag vor meinem Kopf.

Nun wurden auch Lothar und Karlheinz herangeführt und ich sah, dass Lothar eine Schwellung im Gesicht hatte.

Es war mir nicht mehr möglich, mit auch nur einem von beiden zu sprechen. Jeder von uns wurde in einem eigenen Polizeifahrzeug zur Wache gebracht.

Hier muss ich kurz das Verhaftungsprotokoll erwähnen, das „Rambo" zu diesem Einsatz verfasste. Er war der Einsatzleiter der Aktion und vermutlich auch der Schichtleiter. Er schrieb, er hätte keine andere Möglichkeit gesehen, als uns zu rammen, damit wir endlich gestoppt werden konnte. Danach sei er aus dem Fahrzeug gesprungen, über zwei Fahrzeuge hinweg, dabei habe er zwei der geflohenen Straftäter zu Boden gerissen. Einer sei von seinen Kollegen übernommen worden, während er bei mir den heftigsten Widerstand brechen musste. Damit nicht genug. Angeblich habe sich mein Widerstand auch noch auf der Polizeiwache fortgesetzt und musste dort mit Gewalt gebrochen werden.

So war der Tenor des Verhaftungsprotokolls, das er später noch unwesentlich veränderte.

In der Polizeiwache wurden mir vorübergehend die Handschellen abgenommen. Ich musste mich ausziehen und stand in Unterhose und Unterhemd mit dem Gesicht zur Wand an der Heizung.

„Mach deine Sachen ab!", wurde mir befohlen. Gemeint waren meine Uhr, Hals-, Arm- und Fußketten. Diese Schmuckstücke waren immer meine „eiserne Reserve" gewesen. Bei einer Flucht hätte ich davon einiges verkaufen können und wäre so noch eine Weile unabhängig gewesen. Die Platinkette um mein Fußgelenk hatte einmal knappe 12.000 DM gekostet.

„Zieh die Unterhose runter!" Diese Aufforderung kam von einem Polizisten, der hinten im Raum stand. Ich drehte mich um, und erst jetzt nahm ich wahr, wie viele Polizisten sich im Raum befanden.

Eine Polizistin saß auf dem Tisch, baumelte mit den Beinen und schaute interessiert zu, wie ich mich auszog. Außerdem zählte ich noch „Rambo" und fünf andere Polizisten.

Ich zog die Unterhose wieder hoch, nachdem sie gesehen hatten, dass ich darunter weder Waffen noch andere verbotene Dinge deponiert hatte.

„Setzen!", hörte ich „Rambo" sagen. Ich musste mich auf den Boden setzen und meine Hände nach hinten strecken, wo sie am unteren Rohr der Heizung mit Handschellen angekettet wurden.

Es kamen noch einige Polizisten hinzu und es wurde eng, aber wieder andere verließen den Raum und schließlich waren sieben Polizeibeamte und ich in diesem Raum.

„Rambo" kam auf mich zu und fragte: „Wer hat den Wagen gefahren?" Ich sah, dass er und auch die anderen wussten, wer der Fahrer gewesen war. „Rambo" sah allerdings auch, dass ich dies wusste.

Ich sagte: „Ich bin nicht gefahren."

„Rambo" stand vor mir und schlug mir mit der leicht gewölbten Hand vor beziehungsweise auf mein Ohr. Der Typ hatte schon ganz schöne Schaufeln als Hände und auf einmal pfiff mein Ohr leise vor sich hin, außerdem brummte mein Kopf wie ein alter Dieselmotor.

„Was soll das? Lassen Sie den Blödsinn!", forderte ich ihn auf.

Als Antwort kam nur: „Wer ist gefahren?"

„Ich nicht." Diesmal bekam ich einen Schlag auf meine Nase. Sofort ergoss sich ein kräftiger Strahl Blut auf mein Angora-Unterhemd. Es war ein gutes Unterhemd, schön weich und beige – aber jetzt wurde es rot, blutrot.

Mir gingen die unmöglichsten Gedanken durch den Kopf, einfach nicht zu glauben. Ich sah, wie alle Polizisten – aber auch alle! – zu mir hinschauten. Sie sahen zu, wie ihr Kollege mich misshandelte. Es war still im Raum.

In diese Stille hinein sagte plötzlich die Beamtin: „Ich muss mal pissen", und fasste sich in den Schritt.
Jetzt war es erst recht ruhig, absolut still. Eigentlich war es eine ganz Nette, wie sie da gesessen hatte mit ihren baumelnden Beinen und ihrer adretten Uniform.
Für mich gab es auf dieser Wache aber nichts zu sehen oder zu hören, was halbwegs nett war, denn er war wieder da, es ging wieder los: „Wer ist gefahren?"
Es war offensichtlich, er wollte mich fertigmachen, er wollte meinen Willen brechen. Er wollte sich beweisen, wollte sich durchsetzen. Ich kannte solche Spielchen, ich kannte sein Spiel – aber er kannte mich nicht.
Diesmal bekam ich einen Schlag auf die Brust. Wieder durchzuckte mich dieser infernalische Schmerz und ich sagte: „Lassen Sie das, ich habe gerade eine Herzoperation hinter mir, es wurden vier Bypässe gelegt und ich bin nicht besonders fit. Warum habt ihr mich nicht sofort totgeschlagen, als ihr mich verhaftet habt?"
„Hätten wir das nur getan, dann hätten wir jetzt keinen Ärger mit dir. – Wer ist gefahren?"
„Ich nicht!"
Jetzt war es ein Tritt vor das Schienbein. Ich dachte: Verdammt, was so ein Knochen doch für Schmerzen verursachen kann! Ich wurde wirklich wütend. Ich hatte ja schon einiges an Verhaftungen mitgemacht, aber so eine noch nicht.
Ich saß also vor der Heizung, meine Hände waren grün und blau. Voller Blut saß ich da und wartete.
Der Typ fragte noch einmal, sah aber, dass von mir nichts mehr kam. Es ging nichts mehr. Ich sprach nicht mehr, sagte kein einziges Wort, ich hatte abgeschaltet, war weg. In diesem Moment war mir egal, was sie mit mir machten. Sie hätten mich totschlagen können, dabei hätte ich ihnen zugesehen, hätte das Geschehen beobachtet, als ob es mich nichts anginge.
Ich muss fürchterlich ausgesehen haben.
Auf einmal sah ich, wie „Rambo" seinen Kollegen einen Wink gab. Sie verließen den Raum. Während sie hinausgingen, hörte ich ihn sagen:

„Wir müssen zusammenhalten, wir müssen uns einig sein ..." Dann hörte ich nichts mehr.

Sie kamen kurz darauf zurück. Einer von ihnen bückte sich, um meine Handschellen zu lösen, damit ich aufstehen konnte. Ich merkte, wie er zusammenzuckte. Meine Hände waren unmöglich geschwollen. Er sagte: „So nicht, so geht das nicht."

Ich rappele mich langsam hoch. Der Typ sagte: „Zieh dich an, wir fahren dich ins Krankenhaus. Und versuch ja nicht abzuhauen. Dann legen wir dich um. Aber du kannst es ruhig versuchen, du Sau. Hast du mich verstanden?"

Ich konnte mich kaum anziehen, so sehr schmerzten meine Hände, aber ich merkte auch, wie das Blut wieder zu zirkulieren begann. Meine Hände gewannen langsam ihre alte Form zurück und ich konnte sie nach und nach wieder besser bewegen.

Ich sagte nichts, gab ihm keine Antwort, schaute ihn nur an, wie er mich anzuschauen versuchte.

Erneut wurden mir die Handschellen angelegt. Sofort war der Schmerz an meinen Händen wieder da, obwohl die Handschellen diesmal wahrscheinlich nicht so stark eingedrückt worden waren wie beim ersten Mal.

Im Krankenhaus angekommen wurde ich geröntgt. Ich sah, wie Rambo mit einem Arzt sprach. Als ich, von zwei Beamten begleitet, vom Röntgen wiederkam, sah ich ihn immer noch beim Arzt stehen. Ich hörte, wie er dienstunfähig geschrieben wurde, weil er angeblich eine mittelschwere Gehirnerschütterung hätte. Pfui Teufel, sage ich da nur. Allerdings konnte ich meinen Glauben an die Legislative und die Exekutive nicht mehr verlieren, denn dieser war mir schon vor vielen Jahren abhandengekommen.

Die Schamlosigkeit dieses Menschen war unbegreiflich. Niemand – und schon gar nicht ich – hatte ihn auch nur berührt.

Ich fand später bei meiner Recherche die Krankenblätter, die bei der Untersuchung im Krankenhaus erstellt worden waren.

Ich könnte heute noch durchdrehen, wenn ich im Begleitschein für klinische Konsultation lesen muss, was der Konsiliararzt in seiner Stellungnahme geschrieben hat: „Pat. in Schlägerei mit der Polizei verwickelt, dabei hat er sich eine Kopfplatzwunde zugezogen, die hier versorgt wurde, außerdem eine Trommelfellperforation rechts. Beim Röntgen wurde eine Thoraxprellung festgestellt ..."

Das absolut Unverständliche für mich war, dass mir niemand die Handschellen abnahm, ich wurde nicht nach dem Hergang befragt oder wie ich zu den Verletzungen gekommen war. Warum sollten sie mich auch fragen, am Ende würde man doch der Polizei Glauben schenken.

Ich bekam von einem anderen Arzt Tabletten für die Ohrenschmerzen, aber diese wurden mir von der Polizei ebenso abgenommen wie meine Herztabletten.

Wer das Tatfahrzeug gefahren hatte, verriet ich nicht. Auch Lothar tat das nicht. Karlheinz bestätigte später, dass Lothar gefahren war.

Der Untersuchungsrichter schaute mich nur ganz interessiert an, jedoch fragte er nicht, wie ich zu diesem farbenprächtigen Gesicht gekommen war.

Meine Frage zu meinen Tabletten wurde abschlägig beschieden, dies hatte der Arzt in der Untersuchungshaft zu befinden.

Ich kam in U-Haft in einem kleineren Gefängnis, weil Lothar und Karlheinz bereits im großen Gefängnis untergebracht waren.

In diesem kleinen Gefängnis traf ich zwei Männer, die ich noch von früher kannte. Sie waren ganz in Ordnung und taten, was sie tun konnten.

Ich wurde zu vier Rumänen gelegt, hatte Schmerzen, keine Tabletten, hörte Rumänisch, verstand kein Wort. Nun konnte ich mir vorstellen, wie es manch einem Ausländer erging, der nur mit Deutschen zusammen war und ebenfalls kein Wort verstand.

Lothar kam nach Werl, um seinen Reststrafe abzusitzen.

Auch Karlheinz hatte eine Reststrafe, die es abzusitzen galt. Er kam in seine Mutteranstalt.

Nachdem Karlheinz und Lothar verlegt waren, brachten die Polizisten mich in das größere Gefängnis im Ruhrgebiet.

Als ich dort die Umstände meiner Verhaftung schilderte, war ich der Knaller. Mich begleitete immer ein Beamter, egal wo ich hinmusste. Zum Arzt – ein Beamter ging mit. Zum Duschen – ein Beamter ging mit. Einzelfreistunde und dergleichen Annehmlichkeiten mehr – überall die strengste Überwachung.

Zwischenzeitlich war mein Rechtsanwalt da. Er machte Fotos von meinem Gesicht und ich erstattete Strafanzeige gegen den Polizeibeamten, der mit das angetan hatte, hauptsächlich wegen Körperverletzung im Amt.

Meine Ehefrau kam zu Besuch. Mit Nachdruck und sehr deutlichen Worten sagte sie: „Entweder du machst Schluss mit deinen Straftaten, ziehst einen Schlussstrich oder ich lasse mich scheiden."

Die Ermittler des Landeskriminalamtes ließen sich Zeit. In der zweiten Woche erschienen zwei von ihnen bei mir. Entgegen meinen Grundsätzen sprach ich mit ihnen. So erfuhr ich, dass nicht nur Karlheinz bereit gewesen war, mit ihnen zu reden, sondern dass auch mein Hehler schon einiges zum Besten gegeben hatte. Die Ermittler waren inzwischen bei mir zu Hause gewesen und hatten meine Wohnung durchsucht. Dabei hatte sich meine Tochter energisch gegen meine vorübergehende Trennung von ihr und meiner Frau gewehrt. Die Polizisten wollten mit meiner Frau und meiner Tochter getrennt reden, was meiner Tochter nicht gefiel. So kam es zu einer Rangelei, bei der meine Tochter den leitenden Kriminalhauptkommissar kratzte. Dies erzählte mir der KHK bei einem Besuch, bei dem er auch meine Ehefrau mitbrachte. Endlich konnte ich mit ihr allein sprechen und sie betonte noch einmal, dass es nun ein Ende haben müsse mit der Kriminalität.
Ich versprach es ihr.
Der 1. KHK, der der Leiter der Kommission war, zog die Anzeige gegen meine Tochter wegen Körperverletzung zurück. Darüber kamen wir ins Gespräch. Ich teilte ihm mit, dass ich nun Tabula rasa machen würde. Ein unbeschriebenes Blatt konnte ich nicht mehr werden, aber einen reinen Tisch konnte ich machen, was ich in der nachfolgenden Zeit auch rückhaltlos tat.
Mit meiner Ehefrau war der Sachverhalt geklärt. Sie wusste, dass ich mein Wort halten würde, das ich ihr gegeben hatte.

Ich gab den gesamten Schmuck, den ich zum Teil von unrechtmäßigem Geld erworben hatte, an die Polizei zurück. Der Wert betrug etwa 250.000 DM. Ich konnte nicht mit Bestimmtheit sagen, welches Schmuckstück ich von meinem eigenen, zum Teil in unserem Laden verdienten Geld oder welches ich von anderweitig erworbenem Geld gekauft hatte, weil eins ins andere floss.

Zu dem eigenen Laden sei noch hinzugefügt: Wir hatten einen ehemaligen Töpferladen übernommen und komplett umgebaut. 1A-Lage Altstadt, Kirche, Bushaltestelle und Videothek – alles war in greifbarer Nähe. Wir eröffneten eine Trinkhalle mit Schankkonzession auf den Namen meiner Frau. Weil wir Kapital zur Verfügung hatten, waren wir unabhängig und konnten überall einkaufen. Wir brauchten nichts auf Kommission kaufen, sondern zahlten in bar und waren Eigentümer der gekauften Waren. In der guten Zeit erwirtschafteten wir mit dieser Trinkhalle einen Umsatz von einer Million DM im Jahr.

Als Revierarbeiter in Untersuchungshaft

Ich wurde vom Ruhrgebiet in die Nähe des LKA verlegt. Dort wurde ich als Revierreiniger in der Krankenstation eingesetzt und von der normalen Abteilung ins Innere der Krankenstation verlegt. Auf dieser Station hatte ich eine größere Zelle, die fast immer offen war. Hier hatte ich meinen eigenen Bereich.
Meine Zelle befand sich gegenüber vom Arztzimmer – das war der private Raum des Arztes –, hatte ein großes Fernsehgerät und mein kleines Fernsehgerät, wie es jedem Gefangenen in der Zelle erlaubt war. Ich erwähne dies, weil ich nun einige Erlebnisse aus dieser Untersuchungshaft berichten werde.
Ich war also Lazarett-Kalfaktor und hatte dadurch einige Annehmlichkeiten. So konnte ich mich zum Beispiel innerhalb der Abteilung beziehungsweise des Flügels ziemlich frei bewegen.
Auf der Abteilung BVI befanden sich das Rundfunkstudio und auch das Krankenrevier.
Ich konnte auf dem großen alten Fernsehgerät nur einige wenige Programme empfangen und sprach deswegen mit dem Rundfunk-Kalfaktor. Dieser meinte: „Wenn du ein langes Koaxialkabel hättest, könnte ich es vom Rundfunkraum bis in deine Zelle verlegen. Dann hättest du so viele Programme, so viel könntest du gar nicht gucken."
Gesagt, getan. Ich bat meine Ehefrau, mir ein solches Kabel zu besorgen und es zur Haftanstalt zu bringen. In dieser Untersuchungshaft hatte ich kaum Besuch, weil ich in meiner dortigen Haftzeit dauernd Ausführungen hatte und auch regelmäßig nach Hause konnte.
Vor der Pforte traf meine Frau sich mit dem dicken Frieter, einem Sanitätsbeamten, und übergab diesem das Kabel. Der brachte es für mich ins Gefängnis. Nach Einschluss, also in der Zeit von 18 bis 21 Uhr, verlegte ich das Kabel in den bereits für andere Leitungen vorhandenen Kabelkanal. Dieser war aber nur auf der Abteilung vorhanden. Im Krankenrevier verlegte ich das Kabel unter der Decke bis in meine Zelle, um es dort an das Fernsehgerät anzuschließen. Am ande-

ren Ende war das Kabel im Rundfunkraum an die dort vorhandene Buchse für ein Kabelprogramm angeschlossen.

Der dicke Frieter brachte auch Essen mit, das meine Frau bei ihm abgegeben hatte, oder Geld. Dafür kaufte er dann Lebensmittel ein. Manchmal kochte ich uns mitten in der Nacht Nudeln, Gulasch, Würstchen oder Suppe.

Die Beamten des LKA holten mich mindestens drei Mal in der Woche aus der JVA ab und ich machte meine Aussagen oder fuhr mit ihnen zu ehemaligen Tatorten.

Trotz dieser Ausführungen hielt ich das Revier immer in Ordnung und manches Mal machte ich die notwendigen Reinigungsarbeiten nach dem Abendessen beziehungsweise nach dem Einschluss.

Der damalige Leiter des Reviers, Amtsinspektor Schaumann, spritzte sich jede Woche eine Ampulle mit Vitamin-B-Komplex, mindestens eine, manchmal auch zwei. Ich weiß das deswegen so genau, weil ich seinen Mülleimer reinigte und darin nur diese Ampullen vorfand.

Dieser Mann betrieb in der Stadt, in der auch ich wohnte, eine Praxis für Naturheilkunde. Er arbeitete in seiner Freizeit als Heilpraktiker. Ich sage mal so: Besser hätte er es ja nicht haben können. Beruflich Leiter des Krankenreviers in einer verhältnismäßig großen JVA, der sämtliche Bestellungen machte und die Lieferungen entgegennahm. Zu Hause dann die Praxis, in der er als Heilpraktiker tätig war. Wie viel Verbandsmaterial, Tabletten oder Vitaminpräparate er wohl kaufte? Ein Schelm, wer Böses dabei denkt.

Eines Morgens höre ich, wie der Leiter des Krankenreviers laut herumbrüllte. Es waren etliche Gefangene im Warteraum, weil an diesem Tag die HNO-Ärztin da war. Seine Worte waren sinngemäß: „Meine Bank hat er überfallen, meine Bank! Ich habe heute zum ersten Mal die Ermittlungsakte gelesen und festgestellt, was für ein Bursche das ist." Zu diesem Zeitpunkt war ich bereits seit acht Monaten im Revier als Kalfaktor tätig.

Als er aus seinem Büro kam, ging ich zu ihm und fragte herausfordernd: „Was erzählen Sie für einen Blödsinn? Bin ich schon verurteilt? Steht fest, was ich getan habe und was nicht? Warum schreien Sie hier

rum? Sie wussten doch, weswegen ich angeklagt bin. Hören Sie mit diesem Mist auf. – Und seit wann haben Sie denn eine Bank?"
Dieser Mensch hatte gelesen, dass ich in dem Ort, in dem er wohnte, eine Sparkasse überfallen hatte. Und eben dort hatte er sein Konto oder eines seiner Konten, deswegen „meine Bank".

Eine Woche später war ich mit den Beamten des LKA unterwegs, und als ich wieder in der JVA in meiner Zelle war, wollte ich das große Fernsehgerät einschalten, um eine bestimmte Sendung zu sehen. Aber das Gerät ging nicht an. Ich suchte die Ursache am Fernsehgerät, lief zum Rundfunkraum, fand jedoch nichts. Ich ging wieder ins Revier und schaute mir das Kabel an. Und was musste ich sehen? Es war oben an der Wand durchtrennt worden.
Der zweite Mann im Revier – wieder einmal einer der Korrekten, der sich nichts zuschulden kommen ließ und nicht die Ärmsten der Armen beklaute – hatte Dienst. Ich holte ihn, zeigte ihm das durchgeschnittene Kabel und frage: „Hast du das gemacht?"
Er antwortete: „Wenn ich so etwas mache, dann wärst du dabei. Bei mir hättest du das Kabel gar nicht verlegen dürfen."
Wie sich herausstellte, hatte der Amtsinspektor Schaumann heimlich das Kabel durchgeschnitten. Als er nach oben ging, sauste ich hinter ihm her und sagte: „Was muss das für ein armes, kleines Würstchen sein, welches mir heimlich das Kabel durchschneidet. Statt zu sagen: Gibt es nicht, das läuft hier nicht, du hast ein kleines Fernsehgerät wie jeder andere auch und damit basta, das Kabel kommt weg. Der Chef vom Revier, der Amtsinspektor, ein Schreihals, sagt mir, dem Gefangenen, nicht, was Sache ist. Traurig, sehr traurig, aus Sicht der Beamtenschaft mehr als beschämend."
Sein Kopf war rot wie eine Tomate, aber er sagte nichts. Nach diesem Vorfall war er für mich erledigt. Er war ein Großer, an Zentimetern gemessen, aber ansonsten war er ein ganz kleiner Wicht.

Ein anderer, ebenfalls im Revier beschäftigter Beamter kam aus dem Osten Deutschlands und wollte mir eine Pistole verkaufen.
Folgender Sachverhalt ergab sich:

Er kam zu mir in die Zelle, wir tranken einen Kaffee und er fragte mich: „Siggi, kannst du mir 1.000 DM leihen, ich zahle sie dir in Raten zurück."
Ich dachte. Was ist denn mit dem? Wie komme ich dazu? Ich kannte ihn nur von einigen kurzen Begegnungen.
„Nein", sagte ich. „Das kann ich nicht. Ich habe hier kein Geld und meine Frau kann dir kein Geld leihen."
Am nächsten Tag war er wieder da und bohrte weiter: „Mensch, Siggi, ich brauche unbedingt 900 DM. Meinst du nicht, dass es doch irgendwie geht, dass du mir die Summe leihen kannst?"
Wieder verneinte ich. „Ich würde es gern tun, aber ich kann es wirklich nicht."
„Hör zu", lockte er mich. „Ich verkaufe dir meine Pistole für 900 DM." Er nannte die Marke und ich wusste, dass die genannten 900 DM tatsächlich ungefähr der Verkaufspreis waren. Auf dem Schwarzmarkt würde ich dafür 2.000 DM erhalten.
Er fuhr fort: „Ich kann dir die Pistole natürlich nicht hier geben, aber ich würde sie deiner Frau geben und die gibt mir dann das Geld."
Da kannte er meine Frau schlecht. Die nämlich fasste solche Gegenstände nicht einmal an, und schon gar nicht nahm sie diese mit nach Hause.
Ich erklärte ihm den Sachverhalt noch einmal und damit hatte sich die Geschichte erledigt. Aber ich frage mich bis heute, was für ein Mensch das ist, der ohne irgendwelche Skrupel einem Straftäter eine Pistole verkaufen will. Ich war in Haft und er sollte für die Sicherheit der Menschen in Freiheit sorgen. Aber er kümmerte sich nicht um seine Aufgabe, sondern beklagte sich bei mir, wie wenig er doch verdiente.
Was wusste er schon, zu welcher Sorte Mensch ich gehörte. Ich hätte mit einer Waffe wer weiß was anrichten können. Aber das interessierte ihn nicht, ihm war nur das Geld wichtig.

Ein anderer komischer Vogel war der stellvertretende Flügelleiter. Er gab vor, der kumpelhafte Typ zu sein, natürlich nur bei den Gefangenen, die irgendwie wichtig waren. So zum Beispiel bei einem Loddel – vielleicht bekäme er eine Frau für eine Nacht, ohne sie zu bezahlen –, bei einem erfolgreichen Betrüger – vielleicht gab es etwas abzustauben – oder bei einem erfolgreichen Einbrecher – vielleicht konnte er sich etwas schnappen.

Junkies, Abschiebehäftlinge oder andere Inhaftierte ohne Geld und ohne Lobby waren nur zum Einschließen und Wegschließen da.

Ich traf ihn auf dem Flur. Man sagte: „Hallo, wie geht's?" und anderes Knastgewäsch. Aber eines Tages fragte er: „Siggi, meine Frau hat nächste Woche Geburtstag. Hast du nicht eine Kette, ein Armband oder einen Ring für sie? Es können auch alle Teile sein." Er lachte laut und polternd und legte dabei seinen Arm um meine Schulter.

„Natürlich könntest du etwas von mir haben, wenn ich denn etwas hätte. Du weißt doch, die Kripo hat mir alles, aber auch alles weggenommen. Nichts ist mehr da. Aber sollte ich wider Erwarten doch noch irgendetwas finden, werde ich an dich denken, das ist doch klar", schmeichelte ich ihm und lachte ebenfalls. So laut wie er konnte ich allerdings nicht lachen, mir blieben ja schon die Worte fast im Halse stecken.

Ich musste so mit ihm umgehen. Nur so konnte er mir nichts anhaben. Ich musste trotz allem immer aufpassen, auf die Mitinhaftierten, die neidisch auf meinen „Posten" waren, und auch auf die Beamten, wenn ich ihnen einen Wunsch abschlug.

Während meiner Zeit in dieser JVA gab es auch einige Gefangene, die als besonders gefährlich galten. Sie wurden in Sicherheitszellen untergebracht und waren von den anderen isoliert. Wenn eine dieser Türen geöffnet wurde, leuchtete über der Tür und in der Zentrale je eine Signallampe. Obwohl sie nicht zusammenkamen, gelang es diesen Personen, untereinander in Kontakt zu treten und zu bleiben, und zwar über Kassiber, die Hausarbeiter oder Beamte gegen Bezahlung überbrachten.

Zwei Hausarbeiter erzählten mir, wie das ging. Botschaften wurden unter der Schüssel oder zwischen den Brotscheiben versteckt. Die Beamten übergaben die Kassiber dann mit der Post.

Untersuchungsgefangene waren deswegen in Untersuchungshaft, weil Wiederholungsgefahr, Fluchtgefahr und Verdunklungsgefahr bestand.

Aber die Verdunklungsgefahr wurde jeden Tag x Mal unterlaufen. Es gab zum Beispiel eine Sozialarbeiterin mit einem Faible für das Rotlichtmilieu. Dort konnten die Loddel anrufen, ohne dass ihre Anrufe kontrolliert wurden. Diese Personen bedrohten, schmeichelten oder boten Geld an, damit Aussagen geändert, komplett fallen gelassen oder neu formuliert wurden. Einige dieser Straftäter kamen so ohne Strafe oder mit einem sehr milden Urteil davon.

Das Schuld- beziehungsweise das Unrechtsbewusstsein bei diesen Personen hielt sich sehr in Grenzen oder war überhaupt nicht vorhanden. Was sie damit den betroffenen Frauen antaten, war ebenfalls nicht von Belang.

Wenn solche Anrufe aus der „normalen Haft" geschahen, also bei den verurteilten Strafgefangenen, war dies nicht so tragisch, aber in Untersuchungshaft war es manches Mal eine Katastrophe für die Beteiligten.

Ich selbst erkannte sehr oft die Vorteile einer solchen Gleichgültigkeit oder was immer es auch sein mochte, was diese Personen dazu bewegte zu tun, was sie taten. Ich spiele mich hier beileibe nicht als „Rächer der Entrechteten" auf, nein, ich zeige nur auf, wo es stank, wo es faulte, wo Sand im Getriebe war.

Ich will und werde nicht die Moralkeule schwingen, dies steht mir auch gar nicht zu. Allerdings bin ich im Laufe der Jahre zu der Einsicht gelangt, dass man mit dem „Kölner Klüngel" in der Justiz keinen Deut weiterkam, aber dieser Klüngel – er war nicht auf Köln beschränkt – durchzog die Justizvollzugsanstalten wie ein roter Faden.

Die alten Sprichwörter bewahrheiteten sich immer wieder, denn hier war es so: „Der Fisch beginnt vom Kopf zu stinken."

In Düsseldorf war ich in der Gefangenenmitverantwortung der Sprecher der Abteilung. Ich war der Abteilungssprecher der Abteilung BVI. Wir Abteilungssprecher hatten in regelmäßigen Zeitabständen eine Versammlung mit dem Anstaltsleiter Süper und konnten mit Wünschen, Vorschlägen oder Fragen zu ihm kommen. Der Anstaltsleiter war bei fünf Prozent der Gefangenen gut gelitten. Er trank auch gerne einen und erschien dann mit Spuren von Zahnpasta im Mundwinkel bei den Versammlungen.

Warum war der Anstaltsleiter bei fünf Prozent der Gefangenen gut gelitten? Es waren eben diese fünf Prozent, die irgendwelche „Posten" innehatten, die Ausgang erhielten, obwohl sie noch in Untersuchungshaft waren und dergleichen mehr. Wenn einer für Kölner Klüngel stand, dann er.

In der JVA befanden sich zu meiner Zeit circa 600 Gefangene, der größte Teil davon saß dreiundzwanzig Stunden am Tag auf der Zelle. Es gab zwar Sportgruppen, aber wenn ich großzügig rechne und die Küchenarbeiter hinzuzähle, dann war es vielleicht 150 Personen möglich, an irgendwelchen Gruppenveranstaltungen teilzunehmen. 450 Personen konnten also nur die Freistunde für Bewegung nutzen, ansonsten saßen sie zu zweit oder zu dritt auf einer Einzelzelle. Wer allein eine Zelle bewohnte, der konnte von Glück reden, denn die JVA war chronisch überbelegt.

Bei einer dieser Versammlungen sprach ich den Amtsleiter auf diese Verhältnisse an.

Anstatt zu versuchen, mir eine halbwegs vernünftige Antwort zu geben, zum Beispiel: „Es ist schwierig, uns fehlen die Räumlichkeiten" oder etwas in der Art, fuhr er mich an und sagte: „Was wollen Sie denn, Sie haben doch alles. Sie sind den ganzen Tag auf dem Flur oder unterwegs, machen ein bisschen sauber und das war es, Sie können sich doch nicht beklagen."

„Sehen Sie", sagte ich, „das ist die Krux. Sie sehen nicht die Belange und die Schwierigkeiten der Personen, die nicht aus der Zelle kommen können. Sie sehen nur die anderen, die sich wehren können, die sich artikulieren können. Diese haben ihren Freiraum und haben von Ihnen nichts zu befürchten. Aber was ist mit den anderen? Die anderen zählen sowieso nicht, sind Zellenfüller, und wenn sich wieder einmal einer aufhängt, nun ja, dann ist es Pech, Schwund gibt es überall. Wichtig ist doch nur, dass die JVA in der Presse gut dasteht. Selbstmorde sind nur aus diesem Grunde nicht gern gesehen. Eigentlich interessiert es doch keine Sau, ob einer stirbt oder nicht. Was ärgerlich ist, ist der Schreibkram danach, die Stellungsnahmen, die abgegeben werden müssen. Dies alles ist sehr ärgerlich, aber sonst?"

Ich muss gestehen, dass ich meinen Freiraum immer gern in Anspruch nahm. Aber wenn ich nicht fähig bin, irgendwann einmal zu lernen und den Finger in die Wunde zu legen, dann kann ich mich auch gleich in die Kiste legen. Ich weiß, ich weiß, viele hätten es gerne so, aber sie mögen sich beruhigen, das kommt noch früh genug. Jetzt wird erst einmal aufgearbeitet, mein Fazit kommt zum Schluss, wie es sich gehört!

Auf jeden Fall konnte ich mir damals einiges erlauben, weil ich, wie schon erwähnt, jede Woche mindesten drei Mal vom LKA abgeholt wurde. Die Beamten wussten auch, dass ich einiges zu erzählen hatte, wenn ich denn bereit war zu erzählen. Ansonsten wurde ich in Ruhe gelassen.
Der Anstaltsleiter mochte mich nicht. Aber er konnte nicht viel ausrichten, zumindest was mein „Abholen" durch das LKA betraf.

In dieser Zeit wurde auch mein Loch im Trommelfell genäht, nachdem der persische/iranische Arzt diese Ausführung angeordnet hatte. Ich fuhr nicht mit den „Grünen", den Justizbediensteten, die mir wahrscheinlich auf der Fahrt auch noch Handschellen angelegt hätten. Beamte des LKA begleiteten mich zu der HNO-Klinik, die direkt am Rhein gelegen war. Die Klinik genoss einen guten Ruf.
Die Operation war für mich der reinste Horror. Ich wurde nur örtlich betäubt und die „Arbeit" im Ohr war eine Katastrophe. Es hörte sich an, als wäre der Arzt mitten in mein Gehirn eingedrungen. Ich sah aber die Notwendigkeit dieser Operation ein.
Der Polizeibeamte, der durch seine Schläge für dieses Loch gesorgt hatte, hatte sich damit keinen Gefallen getan, denn er musste dafür richtig „bluten". In Teil 3 meiner Trilogie mehr dazu, wenn ich zu seiner Verhandlung komme.

Auf jeden Fall bin ich froh, dass mir damals nichts Schädliches durch das Trommelfell ins Gehirn gelangt war, denn so befreite ich mein Gehirn und tue es heute noch. Ich befreie es von all dem Widerwärtigen, das es erleben musste. Ich befreie es von den Machtmenschen, die von ihm Besitz ergriffen, von denen, die, von keinerlei Schuldgefühlen befallen, ihre Macht benutzten und missbrauchten. Sie tobten sich an mir aus, stillten ihre Gier und ihren Sadismus an meiner Person, es kennzeichnete sie keinerlei Schuldgefühl, diese maßlosen Machtmenschen hatten ein „erfülltes Leben".

Im Gegensatz zu mir, der diesen Müll, den Müll der Machtmenschen, fünfundfünfzig Jahre mit sich herumschleppte und unter dieser Last fast zerbrochen wäre.

Jetzt befreie ich mein Gehirn, ich werfe diesen unnötigen Ballast über Bord. Eigentlich viel zu spät, aber besser spät als nie.

Der Prototyp des Machtmenschen war Pfarrer Drangsal gewesen, seine Droge war die Macht, er hatte sie benutzt, wie er wollte, wo er wollte und wann er wollte, seine Schläge hinterließen tiefe Wunden in meinem Gehirn, sie sind zugeschüttet, aber nicht verheilt.

In den letzten Jahren begann ich damit, diese Wunden zu „vernähen". Bei einigen Wunden ist es mir bereits gelungen und ich bemerke, dass sie dabei auch langsam verheilen. Doch die Narben bleiben, sie bleiben für immer.

Was gibt es Schlimmeres, als ein Kind zu missbrauchen? Wer das kann, wer das tut, ist ein Unmensch. Was kann es Schlimmeres geben, was soll da noch kommen?

Man soll es nicht für möglich halten, aber es kann noch mehr kommen, nämlich ein Kind zu ermorden, nur danach kommt nichts mehr, mehr geht einfach nicht.

Ich sah einige von diesen Menschen. Sie sehen normal aus, sind es aber nicht. Und was hilft? Nichts hilft, nur das Wegsperren hilft zumindest den möglichen Opfern.

Ein Machtmensch hat seine Droge, die Macht, und hier kann eine Therapie unter Umständen noch etwas bewirken. Es ist schwer, aber möglich. Ein Unmensch aber, der so weit geht, dass er ein Kind umbringt, ist meiner Meinung nach nicht mehr zu therapieren. Es stellt sich doch die Frage: Wie lange trägt er diese Fantasien schon mit sich herum? Nur in den seltensten Fällen wird ein Kind aus der Situation heraus, also spontan, umgebracht. Wie krank muss einer sein, der keine Grenzen seiner Macht mehr akzeptiert!

Hier sind wir wieder bei den damaligen Heimen, bei den Eltern, den Jugendämtern und ähnlichen Institutionen.
Ich möchte nicht wissen, wie viele Kinder Anfang der Fünfzigerjahre verschwunden sind, wie viele einfach nicht mehr da waren. Wer kümmert sich darum?
In Irland bei den Patres in den Klöstern wurden etliche Kinderleichen entdeckt, die missbraucht, und wenn nicht mehr gebraucht, einfach getötet wurden.
Näher muss, braucht, kann man auf dieses Thema einfach nicht eingehen.

In der heutigen Zeit wird von Seiten des Jugendamtes einiges für auffällige Jugendliche getan. Die jugendlichen Straftäter sollen wieder auf den rechten Weg gebracht werden. Sie fahren in die Ukraine, nach Australien, nach Argentinien und wer weiß wohin noch. Aber mit welchem Ergebnis?
Diese Maßnahmen mögen für die Begleiter der Jugendlichen ja ganz nett sein, aber für den Jugendlichen selbst wage ich die Erfolgsaussichten in Frage zu stellen.
Das Problem beginnt bei den Familien, hier muss die Betreuung beginnen, hier muss begleitet und geleitet werden.

Wieder zurück in die JVA.
Das LKA hatte mittlerweile festgestellt, dass ich wirklich Tabula rasa machte, dass meine Angaben der Wahrheit entsprachen und sich mit den objektiven Tatortergebnissen deckten. So entstand eine Vertrauensbasis, die später sogar zu einer Freundschaft wurde, zumindest mit einem der Beamten.
Bei einem Gespräch ging es um Kindesmissbrauch. Lothar, unser Fahrer bei den Blitzeinbrüchen, hatte ja mit einem Mädchen, das er wohl auch liebte, in einem Zimmer zusammengelebt. Bei ihm fand man ein Foto, das er selbst gemacht hatte. Es zeigte, wie dieses Mädchen ihn

oral befriedigte. Er wurde hierfür später zu einer dreijährigen Haftstrafe verurteilt. Verrückt, in dieser Beziehung war er ganz und gar nicht normal. Ansonsten war er ein prima Kollege und guter Fahrer gewesen.

Als ich damals einige Geschichten hörte, sprach ich ihn darauf an. Ich sagte ihm, er solle diesen Mist sein lassen. Ich wusste zwar nicht, ob es stimmte, was erzählt wurde, aber er sollte derartige Aktivitäten unterlassen. Er sagte, dass er mit solchen Dingen nichts zu tun hätte, aber meine Tochter erzählte mir eine Geschichte aus dem Urlaub. Dort war Folgendes vorgefallen:
Meine Tochter, meine beiden Söhne und ich hatten an der Ostsee auf einem Campingplatz einen großen Wohnwagen gemietet.
Lothar, der ebenfalls auf diesem Campingplatz Urlaub machte, hatte ein Zelt für sich und seine Begleitung, die er aus dem Haus mitgebracht hatte, in dem er auch wohne. Das Mädchen war fünfzehn Jahre alt. Sie erzählte meiner Tochter, dass Lothar sie bedrängt habe, sie immer wieder zu küssen versucht und auch andere Annäherungsversuche unternommen habe.
Ich sprach mit Lothar, das Mädchen fuhr wieder nach Hause und ich dachte, diese Geschichten seien aus der Welt und das Thema erledigt. Wie ich später beim LKA erfuhr, war dies nicht so gewesen.

Auf jeden Fall kamen wir über dieses Thema zu einer anderen Sache.
In der JVA saß ein Mann ein, ein Metzger und Inhaber einiger Metzgereigeschäfte, die er jedoch vermietet hatte. Diesem Menschen konnte kein strafrechtlicher Vorwurf gemacht werden, trotzdem war er wegen des Besitzes von Kinderpornos verhaftet worden.
Er hatte in seinem Haus einen Raum, in dem die Wände mit Fotos von toten Kindern beklebt waren. Es waren Zeitungsfotos, Kriegsbilder und Ähnliches, hauptsächlich vom afrikanischen Kontinent. Es waren Fotos vom Baby bis zum circa zwölfjährigen jungen Mädchen. In seinem Besitz befanden sich noch etliche CDs mit ebensolchen Fotos.
Das Schlimme an der ganzen Geschichte war, dass er sich beim Anschauen der Fotos selbst befriedigt hatte, die Beamten vom LKA hatten getrocknete Spuren von Sperma auf den Fotos entdeckt.

Ich weiß nicht, ob dies ein relevanter strafrechtlich zu verfolgender Tatbestand ist, aber wer solche Fotos an den Wänden hat und diese als Vorlage für seine Befriedigung nimmt, der will das, was auf den Fotos zu sehen ist, unter Umständen auch einmal in die Tat umsetzen.

Die Beamten des LKA wussten nicht, wie lange sie den Mann noch in Untersuchungshaft halten konnten. Daher fragten sie mich, ob ich nicht dafür sorgen könne, dass dieser Mensch eine richtige Abreibung erhielt.

Ich sprach daraufhin mit einigen Farbigen und erklärte ihnen den Sachverhalt. Als ich ihnen dann noch einen zusätzlichen Anreiz in Form eines Geldbetrages anbot, war die Sache klar. Auf dem Weg zum Anwalt wurde diesem Mann eine Tracht verabreicht, die er so schnell nicht mehr vergaß.

Dies waren einige Erlebnisse aus der Zeit in der JVA. Erlebnisse, die bis heute haften geblieben sind.

In dieser Zeit wurde ich auch von einem Psychologen und einem Psychiater untersucht. Wieder einmal sollte festgestellt werden, ob ich eine Gefahr für die Allgemeinheit darstellte und ob aus diesem Grunde gegen mich eine Sicherungsverwahrung angeordnet werden sollte.

Die Geschichte dauerte drei Wochenenden. Sie kamen an einem Samstagmorgen und blieben bis zum Nachmittag im Revier, am nächsten Samstag wiederholte sich das und so weiter.

Als ich das erste Mal auf sie traf, nahm ich eine Thermoskanne voll Kaffee mit und auch Tassen. Ich hatte ja meine Zelle im Revier, deswegen war dies kein Problem. Nach circa zwei Stunden intensiver Gespräche machten sie eine Pause und ich bot ihnen eine Tasse Kaffee an. Beide lehnten entrüstet ab und ich fragte: „Was denken Sie eigentlich? Glauben Sie, ich will Sie mit einer Tasse Kaffee bestechen?"

Ich benahm mich ihnen gegenüber völlig normal, so wie ich mich jedem anderen gegenüber verhalten hätte. Dass ich mich so gab, wie ich wirklich war, erschien ihnen am Anfang wenig glaubhaft, weil sie bei anderen Begutachtungen davon ausgingen, ausgehen mussten, ständig belogen zu werden oder dass man sie auszutricksen versuchte.

Sie bemerkten sehr schnell, dass ich anders war und dass ich mich bemühte, in allen Belangen die Wahrheit zu sagen. Dementsprechend positiv fiel für mich das Gutachten aus.

Im Jahr 1994 war ich zu sieben Jahren und sechs Monaten Gefängnis verurteilt worden. Nun wurde der Haftbefehl aufgehoben und ich konnte erst einmal nach Hause gehen.

Fortsetzung folgt ...

Dank

Auch beim zweiten Band meiner Trilogie gebührt meiner Lektorin Birgit Rentz mein besonderer Dank. Ich weiß, was ich an ihr habe, und ich hoffe, sie weiß es auch, dass ich es weiß. Ihre fundierten Kenntnisse sind mir immer eine große Hilfe bei der endgültigen Fertigstellung meiner Bücher, obwohl sie von der subkulturellen Welt, in der ich zeitweilig lebte und die ich hier wiedergebe, wohl so manches Mal sehr stark gefordert wurde. Sie blieb immer wissbegierig, um auch diese Welt zu verstehen.

Bedanken möchte ich mich auch bei den Personen, die stets an mich glaubten und mich in Wort und Tat unterstützten. Insbesondere meine Ehefrau brachte viel Geduld und Hilfe auf. Und meine Kinder unterstützten mich mit ihrem Zuspruch.

Der Autor

Der Autor des Buches, Siegfried Massat, ist ein Mann, der zeit seines Lebens konsequent einen negativen Weg ging. Beginnend im Heim über den Jugendstrafvollzug bis hin zum Erwachsenenvollzug hat er fast dreißig Jahre seines Lebens hinter Gittern verbracht. Nun zieht er ein gnadenloses Fazit über sich selbst. Heute möchte er aufklären und helfen, andere davor zu bewahren, einen Weg wie den seinen zu gehen. Möge ihm dieses Vorhaben gelingen.

Lesen Sie auch Teil 1 meiner Trilogie:

Mein Leben – ein Leben?!
So war ich

Taschenbuch, 178 Seiten, 12,80 Euro
ISBN 978-3-86268-986-6

Erschienen im Herbst 2012 im Engelsdorfer Verlag, Leipzig.